GÉNÉRATION H

DU MÊME AUTEUR

PANGÉE, LA LUNE SUR LE TOIT, 2012

SÉLECTION NATURELLE UN ROMAN CAPITALISTE,
LA LUNE SUR LE TOIT, 2014

ROMAN

ALEXANDRE GRONDEAU

GÉNÉRATION H

LA LUNE SUR LE TOIT

www.lalunesurletoit.com

ISBN: 978-2-9538834-1-1

Prologue

La vie peut commencer et finir dans un nuage de fumée haschischée. J'aime à croire qu'une rencontre, au hasard d'un voyage, peut changer une existence, celle de cette jeune femme en noir par exemple. Le regard doux, la démarche hésitante au moment de rentrer dans un wagon déjà occupé par cinq garçons aux cheveux gras. Essayant de ne rien laisser paraître de son trouble devant nos sourires complices, elle alla s'asseoir contre la vitre et porta son regard au loin sur le quai en feignant de nous ignorer.

— La fumée ne vous dérange pas ? demanda Johan au moment d'allumer sa cigarette.

— Non.

Satisfait de la réponse il fit claquer son Zippo et alluma d'une grande bouffée une cigarette roulée d'Amsterdamer. L'odeur délicate et poivrée du tabac hollandais emplit le wagon de seconde classe qui se mit en marche. En 1995 nous baisions déjà avec des capotes, mais nous fumions encore dans les lieux publics, et le CD n'avait pas encore remplacé la cassette. Le mp3 n'existait pas, les téléphones portables non plus. Le smartphone et l'iPad étaient encore totalement inconnus. Le temps ne passait pas si vite. Julio appuya sur son petit lecteur Philips noir, et une voix faiblarde commença à déchirer le silence gêné du moment.

— Vous aimez les Doors ?

— Heu, oui, plutôt.

La voix de la belle trentenaire était mal assurée et son regard toujours fuyant. Était-elle déstabilisée par cette question anodine ou, portée par une étrange intuition, inquiète pour le déroulement de son trajet ? La voix de Jim Morrison implorait le chaland, le suppliant de lui indiquer le bar à whisky le plus proche. Il fallait se saouler. La femme ne semblait pas comprendre où le chanteur maudit voulait en venir. Je suivais le rythme diabolique de John Densmore et les envolées électriques de Ray Manzarek, mes mains battant la mesure. Nos airs entendus n'étaient pas discrets et elle sortit un livre de son sac à main, bien calé entre son genou et le mur, décidée à ne plus nous prêter attention. Mathieu en décida autrement.

— C'est intéressant ?

— Pardon ?

— Le livre que vous lisez, il est intéressant ?

Non. Elle comprit qu'elle ne pourrait pas nous ignorer. Nous aimions parler – est-ce un mal ? – et il fallait être bien élevé avec une personne dont nous allions partager la vie pendant plus de dix heures. Elle ferma son ouvrage comme pour se rappeler le titre de l'histoire d'amour qu'elle avait projeté de terminer le temps de rejoindre son fiancé. Elle se sentait idiote d'être mal à l'aise ainsi, face à une bande de gamins attardés amateurs de rock psychédélique, et se résolut à montrer sa maturité afin de nous calmer.

— Pas vraiment, mais ça passe le temps.

— Il parle de quoi ?

Mathieu avait décidé d'engager la conversation mais il ne reçut aucune réponse car les portes automatiques du compartiment s'ouvrirent pour laisser apparaître un homme en uniforme gris usé et au képi siglé SNCF. Le contrôleur observa d'un air suspicieux la drôle d'équipe qui occupait notre compartiment. Son nez fut attiré par l'odeur de la cigarette de Johan et son ouïe ennuyée par *Alabama Song*.

— Vous pouvez éteindre cette musique, je vous prie.

— Bien sûr, répondit Julio en faisant taire Morrison d'un coup d'index.

— Contrôle des billets.

— Voilà.

Un à un nous présentâmes nos titres de transport, sans un mot, déjà tournés vers la suite du voyage. Guillaume mit un peu plus de temps à trouver sa carte Jeune et son ticket, éveillant du coup les soupçons du poinçonneur de billets. Il les trouva au moment même où le contrôleur s'apprêtait à rédiger son amende. Agacé, l'homme en uniforme nous commanda de ne pas déranger notre voisine, et nous conseilla de ne pas écouter trop fort « notre » musique. Il appuya sur le pronom pour marquer une différence de monde, d'âge, peut-être de classe, qui nous séparerait à jamais. Oui, nous étions jeunes, lui plus, c'était certain. Ses rêves de liberté, si tant

est qu'il en ait eus, étaient bien loin, mort-nés dans ses habitudes. Nous étions en plein dedans, enfin nous tendions vers eux.
En présentant son ticket, Guillaume s'excusa du temps qu'il avait pris. L'homme hocha la tête d'un air grave, heureux d'être considéré à sa juste valeur : quelqu'un à ne pas ennuyer, ni faire attendre.
Je remarquais un léger tic prenant sa narine gauche et la faisant s'ouvrir anormalement à chaque fois qu'il faisait marcher sa machine à poinçonner. Associé à son teint livide, cela lui donnait un air de mort-vivant désarticulé. Triste personne, triste destin.
La machine se déréglait. La poinçonneuse s'était bloquée, elle ne voulait pas composter le billet de notre ami. Le tic reprenait de plus belle à chaque nouvelle tentative. L'homme qui ne voulait pas attendre perdait maintenant son précieux temps. Il essayait de maquiller les errements de sa poinçonneuse, faisant passer ses gestes fiévreux pour une manœuvre tout à fait ordinaire mais, tragique comédie, aucun des coins du ticket ne semblait pouvoir être troué. De la sueur commença à perler sous son képi.
Pendant ce temps, compatissants, nous restâmes silencieux mais néanmoins observateurs. J'aimais deviner les origines des gens que je croisais à partir de leurs mimiques, de leur phrasé, de leurs expressions. Il devint un parfait cobaye.
Avec un petit effort d'imagination, je dessinai une hypothétique jeunesse. Ce vieux-là avait préféré les yé-yé à la révolution beatnik. Il avait misé sur le mauvais cheval et était passé à côté d'une jeunesse décomplexée, légère, utopique. Sa machine infernale le punissait maintenant de son erreur fatale. À moins que son air blasé ne cache mal l'absurdité et le ras-le-bol d'un métier par trop répétitif. Je divaguais. Il parvint à ses fins. Je ne saurais jamais.

La porte se referma sur mes supputations. Nous pouvions enfin commencer. Guillaume ferma le loquet du compartiment. La jeune femme leva les yeux en entendant le cliquetis. Ses yeux marquèrent l'incompréhension puis l'affolement quand Julio ouvrit son sac à dos pour en sortir un objet long et sombre, de la taille d'une petite matraque. Il la regarda avec un sourire désarmant.

— La fumée ne vous dérange pas ?

— Je… je viens de vous le dire, souffla notre voisine, totalement effrayée.

Un grand éclat de rire nous prit soudain. La jeune femme était déstabilisée comme jamais. Son regard nous passait en revue les uns après les autres, cherchant à comprendre les causes de notre hilarité et le pourquoi de cette soudaine envie de s'enfermer. Je rompis la bonne humeur pour la rassurer.

— Guillaume parle d'un autre type de fumée.

— Un autre… un autre ? bégaya la femme.

— Du shit, quoi ! expliqua Mathieu. On peut fumer du haschisch, ici ?

Une expression soudaine de soulagement éclaira le visage de la trentenaire, rassurée sur nos intentions et délivrée d'une soudaine inquiétude. Ses mains, contractées comme jamais une minute plus tôt, se détendirent, et elle en fit tomber son roman à l'eau de rose.

— Oui, pourquoi pas, répondit-elle en cherchant à retrouver un air plus serein.

— Vous fumez ? demandai-je.

— Non, pas vraiment. Enfin de temps en temps.

Nous n'écoutions déjà plus sa réponse. Son accord lui avait donné un statut de complice tacite, sinon d'observatrice passive. Elle en aurait pour le prix de son billet, une belle histoire de dingues à raconter lors des fêtes de famille, quand on n'a plus rien à se dire. Un ticket aller pour un aquarium haschisché, parsemé de fous rires, de grands discours, de refonte du monde et de ses multiples dimensions.

Mathieu se leva et attrapa son sac duquel il sortit un pack de vingt-cinq Kronenbourg.

« Ajoutons un peu d'ivresse à notre vision du monde », pensai-je.

Il en tendit une à tous les membres de cette équipée romantique. La femme refusa poliment. Julio effritait avec délicatesse un gramme d'afghan qu'il mélangea ensuite avec le tabac d'une Marlboro, préalablement toasté[1] à l'aide de son briquet, afin de le faire sécher et permettre une meilleure combustion du mélange tabac-haschisch. Il conserva le mix[2] dans une demi-coconut polie au papier de verre, et prit de sa main gauche l'objet oblong, fruit des plus grandes inquiétudes de notre voisine quelques minutes auparavant. Il s'agissait d'un shilom, ustensile indispensable à tout bon fumeur, mais pas n'importe lequel des shiloms, un Renzo, la Rolls du genre.

1 Le toast d'une cigarette correspond à l'action de sécher son tabac à l'aide de la flamme d'un briquet afin qu'il se mélange au mieux avec le haschisch effrité.

2 Mélange tabac-haschisch.

Peu d'hommes ont eu l'honneur de donner leur nom à un objet aussi beau et mystique qu'un shilom, Renzo était de cette trempe-là. Arrivé en Inde dans le milieu des années 60, avec les premiers freaks, le jeune Italien, issu d'une famille de potiers reconnue depuis plusieurs générations, n'avait pas mis longtemps à s'illustrer dans la fabrication de ces outils vénérés par les hippies partis vivre à Goa. Il faut dire que la concurrence indienne était quasi inexistante, les Indiens ne voyant pas trop l'intérêt de passer autant de temps à prendre soin de l'élaboration d'un shilom, et Renzo mettant parfois plus de trois semaines à fabriquer l'objet. Le potier italien n'utilisait en effet aucune machine, ne prenait aucune mesure, opérait toutes les fastueuses étapes de fabrication à l'œil et à la main, et avait acquis une telle notoriété que les fumeurs de haschisch du monde entier se bousculaient devant la porte de sa maison pour acquérir le fameux shilom aux trois bandes gravées à son sommet, la marque du maître.
Nous en devions la possession à Julio, dont le grand frère passait chaque année plusieurs mois à Goa, et qui, voyant l'intérêt de son petit frère pour la fume, lui avait offert un shilom unique pour ses dix-sept ans.
Il aurait été vain d'expliquer tout cela à notre compagne de compartiment. Elle s'était replongée dans sa bluette de gare sans pouvoir mesurer l'honneur d'utiliser un tel objet magique que seuls les amateurs de grande fume pouvaient apprécier à sa juste valeur. C'était notre cas.

Avant d'allumer le feu dans nos cerveaux, Julio changea la cassette et sortit de son sac une compilation de Noir Désir qu'il avait réalisée spécialement pour le trajet. Le poste noir commença à jouer *Les Écorchés*, chanson de circonstance qui emplit nos oreilles pendant que les premières bouffées de haschisch déchiraient nos gorges.

En quelques secondes, le compartiment fut totalement envahi par les effluves compacts de nuages blancs recrachés par nos poumons. Le premier shilom à tourner est toujours le plus violent. La première bouffée absorbée monte instantanément au cerveau, l'ankylose, et il est difficile de réfréner une grimace de satisfaction ou de décompression, selon. Les suivantes confortent la sensation de bien-être qui emplit l'esprit et le corps.

Les vapeurs cannabiques modelèrent l'atmosphère de la pièce au fur et à mesure que les heures passèrent et les kilomètres galopèrent. Fréjus, Toulon, Marseille, Montpellier, la mer, la plaine, les forêts, les champs, les maisons, les immeubles, les rues, les routes, les chemins défilaient aussi vite qu'un train Corail le permettait, c'est-à-dire modérément. Cela tombait bien, nous avions tout notre temps. Patients et appliqués, nous étions prêts à rejoindre le paradis tant de fois décrit par Johan : Mirande.

Un shilom de plus tournait.

Bôm ! cria Julio comme il était de coutume à chaque fois que le foyer du shilom s'éveillait.

Son frère nous avait également enseigné le respect du rituel moitié indien, moitié hippie, l'importance d'un cérémonial précis avant chaque tournée de shilom. D'abord l'obligation d'utiliser du bon haschisch, jamais de vulgaire marocain ; ensuite toujours offrir à quelqu'un le privilège d'allumer le shilom – éclater le shilom, nous disions – préparé par nos soins ; enfin poser l'ustensile magique contre son front en murmurant un « Bôm », repris ensuite par l'ensemble du cercle des fumeurs. Nous respections ces préceptes, conscients, ou non, qu'en reproduisant des gestes mystiques nous touchions un peu à notre quête d'absolu.

— Bôm ! lui répondit-on en chœur, envieux de cet honneur et avides d'une nouvelle bouffée de haschisch pendant qu'*En route pour la joie*, chanson prophétique s'il en est, nous ouvrait de furieuses perspectives d'avenir…

Au fond du compartiment un petit être discret écarquillait les yeux. Les cadavres de bières s'amoncelaient à ses pieds et les shiloms passaient devant elle sans que jamais Julio ne manque de lui proposer de venir faire un tour avec nous dans les délicieux paradis que nous explorions.

« Incroyable, ils sont complètement allumés », pensait-elle, incapable de terminer le premier paragraphe de son ouvrage. Elle avait raison. Nous étions barrés et fiers de l'être, impatients de le devenir encore plus.

Depuis l'été 95, j'ai souvent repensé aux quelques heures passées en compagnie de cette jeune femme. Je ne crois pas qu'elle nous ait oubliés. Non, ce n'est pas possible, car ce voyage en train était une courte mais parfaite introduction à deux mois de liberté totale où nous devînmes pour toujours des têtes chercheuses d'existence.

PREMIÈRE PARTIE

1

— C'est quoi, cette merde ? ne put s'empêcher de demander Mathieu.

Un lourd silence lui répondit. Devant nous s'étendait un vulgaire terrain vague en pente, en bord de départementale, parfaite illustration des zones de campagne en voie d'urbanisation qui perdent leur âme sans retrouver aucune identité. Une voiture klaxonna au loin pour se moquer de nous, à moins que cela ne fût mon ouïe qui me jouait des tours, sous l'effet de la fatigue et du voyage.

— Putain, Jo, y a personne, dans ce bled ! C'est ça, ton camping de fou ?

Une improbable étendue d'herbes folles, mal tondue, vaste paradis d'insectes en tout genre, qui devait se transformer en champ de boue à la moindre goutte de pluie, nous accueillait ce soir. Pas de sanitaires, aucun nouveau compère, seules deux tentures dressées à la hâte semblaient indiquer un point de ralliement secret.

— On s'est peut-être trompé, suggéra Julio.

Non. Aucune erreur n'avait été commise, nous étions arrivés à bon port. La terre promise de Jo s'appelait Mirande, ses bacchanales prenaient l'apparence d'un festival de country, et les jardins d'Éden ressemblaient à un pauvre terrain de foot amateur restauré à la hâte pour accueillir qui ne pouvait se payer l'hôtel ou voulait vivre une semaine d'orgies alcoolisées à proximité des lieux de beuverie. C'était notre cas.

Le choix pouvait paraître étrange pour des jeunes de dix-sept ans qui n'aspirent qu'à se défoncer. On aurait pu penser que nous eussions pris la route d'Amsterdam et de ses coffee shops accueillants, de Londres et de ses sound systems énervés, voire de Berlin et de ses clubs underground. Il aurait été cohérent de partir au nord découvrir une grande métropole et ses mondes de la nuit psychédéliques et décalés, cela tombait bien, nous ne l'étions pas, cohérents. Enfin pas tout à fait.

Du point de vue de nos adorables mais méfiants géniteurs dont nous dépendions encore, nous aurions été mal inspirés de partir à l'abordage d'une capitale européenne. Ils voulaient bien essayer d'ignorer nos abus, de se cacher une partie de la vérité et du contenu de nos après-midi, de nos soirées, de nos journées de cours séchées, ils avaient d'autres chats à fouetter, mais ils restaient néanmoins lucides sur nos aspirations épicuriennes. En proposant le Royaume-Uni, les Pays-Bas ou l'Allemagne, nous aurions sans aucun doute essuyé un refus catégorique. Alors qu'un festival de country perdu dans le Gers correspondait à des perspectives de vacances plutôt rassurantes pour nos chers parents.

— La campagne n'a jamais tué personne dans ce bon vieux pays, s'était exclamé le père de Mathieu pour convaincre son épouse de laisser son aîné quitter ses jupons.

Il n'était pas le seul convaincu des vertus apaisantes de la France profonde. Je revoyais mon père soupirant de soulagement quand je lui avais annoncé notre souhait de retourner sur les traces de mon ami Jo, dans sa campagne natale, là où il avait passé son enfance sans encombre, du moins le croyait-il, et où se tenait chaque année un petit festival dédié à la musique traditionnelle et identitaire de l'Amérique blanche.

Et à voir notre lieu de villégiature, je n'étais pas loin de penser qu'ils n'avaient pas tort.

— Non, c'est bien là, affirma Jo. On y est.

Guillaume laissa tomber son sac de dépit, Julio se gratta la tête, Mathieu râlait à demi-mot. L'unité de façade de notre fine équipe était déjà sur le point de rompre quand je mis enfin la main sur le prospectus vantant les attraits du camping gratuit mis à la disposition des festivaliers. Je me surpris à le découvrir pour la première fois, ou presque. Était-ce ma mémoire qui me jouait des tours ou ma désinvolture qui m'avait dit de faire confiance à Johan quand il avait pris les billets de train ?

— On s'est planté.

— Quoi ? demanda Julio.

— Ce n'est pas le bon jour. Le festival commence après-demain.

— Eh ben voilà, tout s'explique ! T'es un gros malin, toi, se moqua Mathieu en envoyant un grand coup d'épaule dans le dos de Johan.

Il faut être sacrément défoncé pour se tromper d'un jour dans l'ouverture d'un camping, surtout quand la date était écrite en grand sur toutes les brochures dont nous disposions. Nous l'étions, certes, défoncés, et nous en étions bien conscients, mais quand même, à cinq, pas un de nous n'avait remarqué que nos billets nous faisaient arriver quarante-huit heures avant le début des festivités. Pas un n'avait vérifié que Jo, le plus bohème de notre bande, ne s'égare pas au moment de réserver. Nous en étions quittes pour une nuit sans douches ni toilettes collectives.

Cela ne nous dérangeait pas outre mesure.

— Bon, les gars, ça y est, nous y sommes ! s'exclama Johan, confus mais tout heureux de déclarer ouvertes nos premières vacances communes.

Il avait sorti le grand jeu pour nous persuader de le suivre dans cette partie paumée de la France, le Gers : des promesses et de multiples histoires sur ses amis fêtards, sur les litres d'alcool gratuit que nous allions pouvoir boire, sur les superbes copines qu'il allait nous présenter, sur les fêtes au bord d'un lac, sur les balades dans la campagne, sur les couchers de soleil et les pique-niques au bord de la rivière, sur la liberté de fumer comme bon nous semblerait.

Julio s'assit pour préparer le premier shilom, Mathieu se proposa d'aller au Carrefour deux cent mètres plus bas pour acheter de quoi fêter notre arrivée. J'observai le terrain vague pour déterminer la meilleure place où poser nos tentes.

« Le coin le plus éloigné des deux routes adjacentes fera l'affaire », me dis-je.

Mais déjà le comité d'accueil débarquait. Des engins pétaradant comme seul l'enfer en accueille, deux pétrolettes de feu nous amenaient les amis de toujours de Johan. Crânes aussi rasés que nos cheveux étaient longs, baggys repassés comme les nôtres étaient troués, chaussures Nike Air Max impeccables alors que les coques de nos Doc Martens étaient usées, Ange et Martin s'avançaient, fiers comme des spartiates. Ils nous serrèrent la main avec une force que nous n'avions jamais eue.

— Alors te voilà enfin, mon vieux Jo !

— Je t'avais dis qu'on serait au rendez-vous.

— Vous n'allez pas le regretter, sourit Ange.

Je sentis vite que j'allais aimer ces deux jeunes. Martin sortit de sa poche un paquet de Marlboro rempli de joints d'herbe locale. Il m'en tendit un et fit de même avec Johan et Julio qui finissait tout juste d'enrouler la safi[3] autour de son Renzo. Le shilom était prêt. Il offrit à Ange l'honneur de l'éclater, magnifique offrande reproduisant le pacte d'amitié de deux tribus indiennes prêtes à festoyer ensemble. On n'en n'était pas loin, mais en moins exotiques, avec ces jeunes défoncés gersois qui fraternisaient avec leurs alter ego niçois.

— Ça commence fort, déclara sobrement Ange en encaissant le premier uppercut d'afghan.

— Je t'avais dit qu'on ne venait pas pour rigoler, plaisanta Jo.

Marquant un instant pour récupérer – il prenait sa claque –, Ange regarda Jo avec des yeux brillants. Ces deux-là s'aimaient et j'en ressentis une pointe de jalousie. Je ne connaissais Johan que depuis deux ans. Deux longues années folles, certes, intenses comme la vie entière de certains, mais deux années seulement qui ne valaient peut-être pas les anecdotes que nous raconteraient plus tard les deux amis, séparés depuis que les parents de Jo avaient décidé d'émigrer dans l'extrême Sud-Est.

---

3 Morceau de tissu qu'on met à l'embouchure du shilom et où l'on pose ses lèvres avant d'aspirer.

2

Nous n'eûmes pas bien longtemps pour profiter de ces retrouvailles. Mathieu ramena une bouteille de rhum et une de jus de fruits, Julio offrit deux autres shiloms, je fumais mon joint d'herbe locale et Guillaume mit une cassette de Buju Banton sur le poste. Le chanteur de Kingston révolutionnait le reggae avec sa voix rocailleuse et profonde. Depuis Marley on n'avait pas entendu un chanteur capable de se poser avec autant de force sur les rythmiques classiques du roots et sur celles plus tapageuses du dancehall[4] . Ses textes étaient puissants, profonds, ses gimmicks ravageurs, Buju était la nouvelle voix des ghettos jamaïcains et nous l'avions adopté depuis quelques mois comme notre artiste officiel. L'attention d'Ange fut captée par l'écoute de *Not an Easy Road.*

— Ce gars a une voix de dingue, c'est qui ?

— Buju Banton, lui répondit Jo, fier de faire découvrir l'artiste à son ami.

— Il fracasse tout !

— Tu l'as dis, consentis-je avec une certaine satisfaction.

Martin nous coupa :

— Les flics, attention.

L'avantage, dans un bled paumé de trois mille habitants, c'est que tout le monde se connaît et qu'on voit venir de loin les indésirables. Le problème, quand on fume des shiloms sur un terrain vague presque à la vue de tous, c'est qu'on risque d'attirer l'attention. L'équation était double et nous en étions l'inconnue.

— Bordel, faut planquer le shit, ordonna Guillaume.

4 Le dancehall est un dérivé du reggae dans une version plus digitale et saccadée.

Johan et Mathieu se levèrent pour nous masquer. D'un geste vif, Guillaume attrapa son sac et sortit de la poche de devant un bloc de vingt grammes qu'il balança discrètement dans l'herbe. Julio l'imita avec une légère hésitation, il espérait ne pas perdre son bout d'afghan, mais il n'avait pas d'autre choix que de s'en séparer un court instant.

— Le shilom aussi.

Là, le visage de Julio s'immobilisa. Se trouver délesté de son haschisch noir pouvait encore passer, mais se faire confisquer son Renzo était impensable.

— Non, je le garde.

— Balance-le, on va se faire choper.

— Dans tes rêves, je garde mon shilom.

— Déconne pas, Julio, on n'a pas le choix. Ils arrivent.

Le visage de notre ami était résolu. Personne ne le ferait changer d'avis. Les agents de police étaient de toute manière maintenant en train de sortir de leur véhicule tricolore. L'uniforme parfaitement repassé, d'un bleu immaculé, le dos droit comme un « i », les trois gardiens de l'ordre s'avancèrent d'un pas assuré vers notre petit groupe. Buju chantait maintenant son fameux duo avec Garnet Silk, *Complaint*. Le titre était puissant et les deux voix se mariaient à merveille, je ne pouvais m'empêcher de battre la mesure. Les poulets n'apportèrent aucune attention à la musique. Manque de goût ou manque de curiosité, ils assimilaient la mise en avant du duo basse-batterie caractéristique du reggae à du bruit cadencé inintéressant. Musique de jeunes, musique de sauvages.

Le plus petit des hommes en bleu, teint rougeaud et moustache rebelle, ressemblait à un mousquetaire, époque Cyrano de Bergerac. Il s'adressa à Ange.

— Qu'est-ce que vous fabriquez ici ?

— Nos amis sont arrivés pour le festival, on est venu les accueillir, répondit avec assurance l'ami de Jo.

— Et tes amis ne savent pas lire ? Le camping ouvre demain. Ils ne peuvent pas rester ici.

— Si, bien sûr, rétorqua Ange, mais nous avions rendez-vous ici pour que je les ramène chez ma mère.

À l'évocation de la maternelle de notre compère, l'œil du policier frisa ; je n'y prêtais pas attention, mais j'appris plus tard qu'ils avaient usé leurs culottes sur les mêmes bancs d'école. Le souvenir

facilita certainement le dialogue car, sans en demander plus, le petit homme nous ordonna de ramasser nos affaires et de déguerpir.
Pas de fouille des sacs, pas de vidage de poches, pas de remarques sur nos yeux rougis, c'était trop beau. Nous nous exécutâmes sans demander notre reste, et sans savoir que la mater d'Ange habitait deux kilomètres plus loin. Pour ne pas finir au poste, j'en aurais parcouru deux de plus s'il avait fallu. Julio, lui, aurait marché toute la nuit pour conserver son Renzo. Seul Guillaume fulminait d'avoir jeté ses vingt grammes. Je le regardais, moqueur, et en posant ma main devant ma braguette je lui rappelai :

— Depuis le temps que je te dis de mettre des slips et de cacher ton bédo[5] dedans.

— Oui c'est ça, pour fumer du shit au poil de couilles, répondit-il avec mauvaise foi.

Il ne servait à rien d'en rajouter. Guillaume était coléreux et se moquer de lui encore un peu l'aurait fait exploser. Il avait perdu notre consommation des vacances et si les flics étaient un tant soit peu méfiants ils avaient dû inspecter les environs et tomber sur le bloc de haschisch de notre ami.

— Tu as perdu beaucoup ? demanda Martin.

— Vingt meuges[6].

— Eh bien positivons, déclara Mathieu, cela ne commence pas si mal. On s'est trompé de jour, mais on a trouvé où dormir ; on s'est fait remarquer par les flics, mais ils ne nous ont même pas fouillés ; on a perdu notre shit pour les vacances, mais on a conservé notre shilom.

— Ouais, ouais, c'est ça, maugréa Guillaume, toujours tendu.

— T'inquiète pas, on reviendra ce soir pour retrouver ton matos… essaya de le consoler Martin.

Cherchant à changer de sujet, Jo demanda à Ange si notre installation pour la nuit ne le dérangeait pas.

— Pas du tout, ma mère va être contente d'avoir de la visite.

C'était vite dit. Arrivé devant le pavillon familial, Ange nous demanda d'attendre un instant qu'il aille expliquer la situation à sa mère. Deux minutes plus tard, il ressortit avec un sourire forcé.

— C'est bon, il n'y a aucun problème, vous planterez vos tentes dans le jardin, derrière.

---

5 Synonyme de haschisch.
6 Grammes en argot.

Nous pénétrâmes dans les lieux, par une entrée de maison ordinaire avec son plancher qui craque, sa commode en bois faisant office de table d'entrée, sur laquelle est posée une broderie d'un autre temps installée en biais, un téléphone à cadran, un vase avec une fleur fanée, et un cadre sur lequel on accroche les cartes postales de relations professionnelles, d'amis ou de gens de la famille qui vous narguent depuis des îles et des plages lointaines.
On nous indiqua la cour arrière pour poser nos affaires sous les yeux mauvais de la grand-mère, qui ne parlait plus mais crachait et se mouchait beaucoup. La mère d'Ange vint à notre rencontre, passablement énervée. Elle ne voyait pas notre présence d'un bon œil, mais elle ne savait pas dire non à son fils, seul souvenir d'un inconnu passé par hasard dans sa chambre une après-midi d'ennui. Elle était gentille, vieille belle des campagnes, aux seins usés par les indélicats invités qui s'invitaient après le travail, à l'heure où rosissent les nuages ; son teint et sa peau indiquaient un penchant certain pour la bouteille qu'elle cachait dans sa chambre depuis que son cadet l'avait traitée d'ivrogne ; le tremblement de ses mains laissait deviner une légère accoutumance aux anxiolytiques. Il n'y avait là rien de particulier pour nous. Nous avions tous presque la même mère en stock dans nos maisons, et trop heureux de fuir la nôtre, nous ignorâmes le désespoir de cette pauvre femme.
Touchée par notre indifférence et nos belles petites gueules de voyageurs égarés, la mère nous proposa à dîner mais personne n'osa accepter, on ne voulait pas déranger, on le faisait déjà assez. Et puis nous avions soif. Les flics avaient coupé nos retrouvailles, stoppé notre entrain.
Mathieu avait conservé la bouteille de rhum et celle de jus d'orange dans son sac et nous mourrions d'envie de faire le mélange. Ange comprit le coup et annonça qu'il avait quelque chose à nous montrer dans sa chambre et que nous allions y passer un bon moment.

— Ne nous dérange pas, aboya-t-il à sa mère, comme seul un enfant sans père, sachant qu'il ne récoltera pas une paire de claques, peut le faire.

Les deux femmes ignorèrent le ton désagréable de leur petit homme et retournèrent à leurs messes basses, devant la télévision et sa vulgarité du soir.
Nous passâmes la nuit à l'étage, dans la modeste piaule d'Ange,

à tester son bang[7], un bout de bambou magnifique sculpté parfaitement, et au milieu duquel un foyer fumant terminait une tige fragile. Le radiocassette d'Ange passait en boucle deux albums des Beastie Boys : *Licensed to III*, une tuerie totale, et *III Communication*, avec son titre phare, *Sabotage*. L'ambiance montait doucement et le rhum et la marijuana commençaient à nous chauffer les tempes. Bien inspiré, Ange enclencha alors l'opus *Black Sunday* des Cypress Hill, ces Latino-Américains hardcore et prolégalisation devenus les représentants du mouvement depuis leur tube *Hits From the Bong*, véritable première ode musicale dédiée à tous les tireurs de bang. Nous étions tous debout pour reprendre en chœur le refrain du morceau. Il avait fallu attendre des décennies pour que des artistes révèlent au monde entier le mode d'emploi du parfait fumeur de hasch :

Let's smoke that bowl, hit the bong
And then take that finger off of that hole
Plug it, unplug it,
don't straaaain, I love you Mary Jane

Et dire que les héroïnomanes, les cocaïnomanes, les gobeurs de buvards, avaient tous leur hymne depuis des décennies, et nous, petits fumeurs de bout de bambou et de shit, ne l'avions obtenu qu'en 1993 ! Cruelle injustice réparée fort heureusement par la clique de Sen Dog et B-Real. Deux ans plus tard, de Los Angeles à Tokyo, de Bogota à Mirande, Gers, toute la jeunesse contestataire connaissait le début de ce titre où l'on entend l'allumage du bang, l'eau qui frétille sous l'aspiration du fumeur, et l'on imagine le foyer rosir, rougir, s'enflammer, puis se vider sous l'effet de l'accélération soudaine de l'inspiration. Bonheur.

La chambre d'Ange était décorée de tout ce qu'il y a de plus commun pour une jeune homme à l'aube de sa majorité : des posters de playmates à moitié nues en face du lit et des draps froissés et sales, maculés par endroits de taches délicieuses, un drapeau des États-Unis avec un « A » entouré d'un cercle, signe de ralliement des hommes libres du monde entier, une affiche d'Al Pacino, héros surpuissant de *Scarface*, un autre de Tupac torse

7 Le bang est un instrument pour fumer qui peut se présenter sous forme de bambou, rempli d'un peu d'eau, au milieu duquel se situe un foyer qu'on remplit de cannabis ou d'herbe.

nu, bandana bleu sur le crâne et regard frondeur, des cassettes par dizaines de musiques inaccessibles aux gens de plus de trente ans, un petit poste de télévision au bout duquel était branchée une Super Nintendo poussiéreuse. Ange avait actionné *Super Mario Kart*, le jeu ultime de tous les *gamers* de l'époque. Les courses à quatre s'enchaînaient à un rythme effréné devant les commentaires envieux des compétiteurs à l'arrêt. À ce jeu, Guillaume et Ange étaient les meilleurs et ne lâchèrent pas leur manette de la soirée. Au bout d'une heure, on avait fait son compte à la bouteille de rhum, et Julio proposa d'aller acheter des bières.

— Impossible, annonça Martin, à cette heure tout est fermé. En plus, à la veille du festoche, les gens prennent des forces.

Déception. Nous avions soif, grand soif !, mais quelques bangs plus tard, et une dizaine de courses de *Mario Kart* gagnées par notre hôte, plus personne n'avait envie de boire quoi que ce soit. Nous étions épuisés et pas un d'entre nous n'eut le courage de descendre monter sa tente. Nous perdîmes conscience, bercés par les instrumentales urbaines et sombres de DJ Muggs, éparpillés dans la piaule d'Ange, un peu dans tous les sens, oubliant même qu'à deux kilomètres de là notre shit s'était perdu.

3

Le réveil fut douloureux malgré la basse de Kist Novoselic et la guitare / voix de Kurt Cobain qui, pour une fois, ne braillait pas et reprenait délicieusement *The Man Who Sold the World* de Bowie. Il fallait être fou pour ne pas voir dans le chanteur de Nirvana un génie artistique, torturé autant que talentueux, devenu un mythe grâce à une balle de fusil enfoncée entre les deux yeux.

« Joli coup, Kurt, en plein dans le mille. »

Il faudrait y penser si je voulais devenir un écrivain maudit, mais pour le moment, et à défaut d'écrire un jour, je souhaitais recouvrer mes esprits. Rhum et bang font rarement bon ménage. Mon crâne se fracturait de l'intérieur à chaque clignement d'œil. En bas, la mère d'Ange braillait déjà contre son chat, son fils, la radio, contre le monde entier en fait.

Dans la chambre aux volets à moitié fermés, Julio et Mathieu dormaient encore dans le lit d'Ange. Martin, Jo et moi étions à même le sol. Guillaume était assis sur une chaise, la tête posée sur ses avant-bras, eux-mêmes posés sur le bureau, essayant de reproduire le confort d'un oreiller. Un léger filet de bave blanche sortait de sa bouche et venait mourir sur la planche en bois.

Son teint livide faisait penser à un cadavre, et je tournai la tête de peur de m'imaginer ainsi.

Mon estomac criait famine, je voulais descendre, mais le rez-de-chaussée était un no man's land, où une mère de soixante ans et sa fille de quarante ans avaient décidé de se livrer une bataille infernale pour la possession de la télécommande du téléviseur. Les cris fusaient et je crus même deviner des coups étouffés.

« Ange était-il l'arbitre de ce terrifiant combat ? »

Martin se réveilla aussi et, le temps que mon esprit ordonne à ma bouche de le saluer, il me tendit un joint d'herbe qui m'acheva. Je reposai ma tête contre mon sac à dos, j'oubliais les courbatures nées de la rudesse du sol, malgré la présence d'un tapis au moins centenaire à voir la couche de crasse qui l'avait transformé de blanc en gris beige.
Deux heures plus tard, branle-bas de combat, il était midi. Guillaume était au bord de la crise de nerfs ; Ange l'avait remmené au camping et, malgré de méticuleuses recherches, ils n'avaient rien retrouvé. Ni marocain, ni afghan. Bilan de l'aventure : nous avions perdu les trois quarts de ce que nous avions prévu de fumer les premiers jours de cette semaine de vacances. Julio, Mathieu et moi étions dépités. Enfin jusqu'à notre premier bang et son effet « zap » destructeur. Si le shilom claque une tête et ankylose le cerveau, le bang fait l'effet d'une petite bombe qui explose derrière le crâne, à la jonction des parties pariétale et occipitale.

— Si vous voulez toucher, je peux vous présenter quelqu'un, proposa Ange.

— Parfait, allons voir ton pote, histoire d'avoir de quoi passer la semaine tranquille, répondit Guillaume.

Son analyse était cohérente. Le festival lancé, nous n'aurions plus envie de chercher à droite à gauche un plan pour acheter du shit. Autant s'approvisionner maintenant, surtout si Ange connaissait un type, afin de ne pas avoir à galérer plus tard.
Il fut décidé qu'Ange et Guillaume s'occuperaient de cette course pendant que Julio et Mathieu iraient nous réserver un bon emplacement au camping. Je suivais Jo qui devait rendre visite à une amie de sa mère.
Nous déambulâmes dans les rues de Mirande, la ville semblant nous appartenir, les passants dépassés se retournant pour observer avec circonspection ces drôles de jeunes chevelus étrangers. Reconnaissaient-ils Johan ? Je ne sais pas. On s'en foutait, j'étais bien, un joint calé entre mon pouce et mon index. Jo m'avait dit d'être économe, au cas où Ange et Guillaume rentreraient les mains vides – mais pourquoi n'auraient-ils rien trouvé ? Une bonne étoile nous épaulait. Jo se moquait bien de ma théorie sur cet astre nocturne sensé nous protéger, tel Ganesh empêchant Shiva de rejoindre Parvati. Moi j'y croyais, faute de Dieu, et les dernières années me confortaient. Avec toutes les conneries que nous avions

faites, pas une garde à vue, pas un bad trip, pas une embrouille, il fallait bien que quelqu'un veille sur nous.
Arrivés chez Maryse, la fameuse amie de sa maternelle, Jo me fit un clin d'œil complice en sonnant à la porte. Une petite dame menue vint nous ouvrir dans une robe en flanelle désuète. La vue de Jo transforma son visage sérieux. Nous étions une bonne nouvelle inattendue qui la remplit de joie un court instant, ses beaux yeux redevenant vite sombres. Elle nous fit entrer dans sa petite maison toute mignonne, aux tapisseries des années 60 un peu jaunies mais tellement stylées. Les motifs psychédéliques rappelaient une époque où l'ancien franc et le plein-emploi préfiguraient la libéralisation des mœurs et des idées. La guerre était bien loin, et il fallait baiser et manifester pour se sentir vivre. Le programme était séduisant mais la lassitude dans le regard de cette femme en disait long sur les erreurs commises par le passé, doux péchés de jeunesse, inconscientes rêveries vouées à s'écraser contre un mur à plus de deux cents kilomètres heure.

— Comment vas-tu, Johan ? Pourquoi n'as-tu pas appelé plus tôt ? Quand es-tu arrivé ? Et ta maman, comment va-t-elle ? Oh ! je suis honteuse, je ne lui ai pas donné un coup de fil depuis si longtemps ! Alors vous vous sentez bien, à Nice ?

La salve de questions nous cloua sur les fauteuils du salon et Jo, qui était loin d'être un grand parleur, sourit avec douceur. Sa réponse fut acceptée, délicate attention de cette âme sœur.

— Mais je parle et je parle, et je ne te propose rien à boire. Que veux-tu ? Un jus de fruits ? Un Coca ? Mais non, suis-je bête, à ton âge, tu bois de la bière ? Et ton ami, comment s'appelle-t-il ? Tu ne me présentes pas ?

— Sacha, répondit Jo.

— Une bière, ajoutai-je avec timidité.

— Ah ! c'est parfait, je vais vous chercher cela. Et j'appelle Fanny, elle est dans sa chambre avec une amie. Attends voir.

Elle cria le prénom féminin tout en se dirigeant vers la cuisine. Je sondai Jo d'un air interrogateur. Fanny ? Fanny, me répondit son regard amusé.

— Mon ex, souffla-t-il.

Son ex ? Le terme sortant de la bouche de mon ami me parut incongru. Deux ans déjà qu'on se défonçait avec notre petite bande, et je ne lui avais jamais posé une question sur ses amours précédant son arrivée à Nice. Je savais que, depuis, il avait eu de rares flirts d'un soir, comme nous tous, mais plutôt issus de malentendus avinés vite réglés le matin. En fait, tout à nos abus, nous ne nous étions jamais raconté nos rares expériences sentimentales passées, et je découvrais ainsi que la vie n'avait pas commencé à notre première rencontre. Erreur fatale.

Et quand Fanny apparut, je le pris pour un fou de ne m'avoir jamais parlé de cette adorable fille à la peau solaire, aux yeux marins, aux cheveux d'or consciencieusement nattés. Elle ne portait pas de soutien-gorge et ses jolis petits seins pointaient sous un débardeur coloré, sans doute volé à sa mère. Une longue jupe mexicaine touchant le sol venait cacher ses jambes qu'on devinait charmantes.

— Johan, comment vas-tu ? s'exclama-t-elle en se penchant vers mon ami pour l'embrasser à pleine bouche.

Je restai interdit devant un baiser si langoureux.

— Ces deux-là se retrouvent comme s'ils ne s'étaient jamais quittés, commenta la maman, tout sourire, en nous apportant deux bières.

Je la remerciai et me rassis sans savoir quoi faire quand Fanny s'approcha pour m'embrasser la joue. J'étais ridicule.

— Et tu es ?

— Sacha, répondit Jo, obligé par mon silence.

— Eh bien bonjour, Sacha, susurra la belle frondeuse, les amis de Johan sont mes amis. Et je vous présente Laura, ajouta-t-elle dans un sourire complice.

« Eh bien en voilà une histoire, me dis-je, moitié surpris moitié ravi. Il n'y a pas une mais deux fées Clochette à Mirande, Gers. »

Je relevai la longue mèche qui laissait deviner mes yeux verts pour saluer la copine de Fanny. Il ne fallait pas non plus exagérer, je n'allais pas rester désarçonné par deux filles, aussi attirantes et complémentaires soient-elles. L'une blonde de feu, l'autre brune glaciale, la première souriante et accessible, la seconde distante et rebelle. Les vacances pouvaient débuter…

4

Le meilleur moyen de troubler une amitié masculine forte est d'introduire une variable féminine, en plein milieu d'un groupe de potes soudés et tournés vers un objectif commun : vivre vite, fort, intensément, jusqu'à décrocher nos rêves. Est-ce machiste de constater cela ? Peut-être, oui, mais c'était mieux que d'avouer qu'on abusait un peu trop d'artifices divers…

Car quand nous annonçâmes à Julio et Mathieu, eux qui avaient passé l'après-midi à monter les tentes et à préparer le campement en pleine canicule, que nous avions passé le nôtre à fumer quasiment tout ce qui me restait de shit avec deux canons qui nous invitaient le soir même à une petite soirée à quelques kilomètres de là, ils le prirent mal. À juste titre.

Comble de malchance, le plan d'Ange s'était révélé un désastre et nos trois amis nous pourrirent de tous les noms jusqu'à ce que je leur jette les quelques grammes qui me restaient afin qu'ils roulent leurs joints.

En même temps, l'avantage pour un groupe qui passe son temps à se défoncer c'est qu'une bonne idée de délire ressoude vite les liens et fait oublier les rancœurs jetées à la figure des uns par les autres quelques instants auparavant. Je priais donc que Jo ait une idée géniale afin de remonter l'ambiance du campement qui était tombée au troisième sous-sol…

Autour de nous un étonnant manège avait commencé et le camping se remplissait au fur et à mesure des arrivées de voitures pleines à craquer ou de bus régionaux dégueulants de festivaliers. Je n'aurais pas imaginé que la country puisse attirer autant de monde. Je me trompais. La région entière semblait s'être éprise de cette musique et les drapeaux américains fleurissaient au-dessus des tentes de nos voisins, les santiags et les chapeaux de cow-boys devenaient la règle vestimentaire de mise. Il y avait même des groupes de bikers en Harley-Davidson qui venaient parader en ville en arborant leurs tatouages tous plus ringards les uns que les autres. Les sanitaires avaient été installés et ils étaient déjà sales et puants. L'anonymat a du bon mais à voir les mares de pisse dans lesquelles nous étions obligés de marcher pour nous soulager, je me demandais si le bien commun laissé à la discrétion de tous était une chose raisonnable.

— Plus tu laisses les gens sans surveillance, moins ils se responsabilisent, avait conclu Julio en revenant du pipi-room. Ils ne valent pas mieux que leurs clebs.

Je n'étais pas loin de le penser et j'aurais passé la fin d'après-midi à maudire mes contemporains si le défilé de déguisements passant à proximité de notre campement n'avait été si étonnant. Je nageais en plein rêve – ou cauchemar – américain avec l'impression de vivre dans une banlieue texane quelconque. Je m'attendais à tout moment à voir surgir Bobby Ewing au coin de la tente pour me demander du feu et allumer son cigare cubain. Heureusement, Jo vint me tirer de mes pensées erratiques et proposa à la bande une idée alternative pour fêter notre arrivée.

— On n'a pas de shit pour ce soir, on s'y attendait pas mais c'est comme ça, alors je suis passé à la pharmacie et je nous ai acheté de quoi passer une nuit de folie.

— À la pharmacie ? s'étonna Guillaume. Putain, Jo, on avait dit qu'on ne prenait plus d'amphétamines. Elles font trop boire et on est obligé de fumer des tonnes de joints pour redescendre correctement. *Wrong choice.*

Notre ami était vraiment ronchon, mais Jo lui fit un signe de la main pour lui dire que ce n'était pas cela son plan.

— Ne t'inquiète pas, j'ai eu une bien meilleure idée ; et il nous agita quatre plaquettes de cachets dont nous ne savions rien.

Il reprit.

— Ce soir, on se faire un trip Dramamine[8].

Il avait prononcé ce dernier mot sous le coup de l'excitation et le moins que l'on puisse dire c'est qu'il n'avait pas soulevé les foules. Il y avait l'indécis, moi (ah ! oui, pourquoi pas ? l'effet est puissant ?), les contre, Mathieu et Julio (bof, on ne connaît pas le

8 Médicament contre les maux de cœur en voiture ou en bateau qui, pris en quantité, a des effets hallucinogènes.

produit et on n'a pas envie de se retrouver à l'hosto après une OD[9] de Dramamine), le franchement contre, Guillaume (sans moi, je veux du shit et ce soir je trouve du shit).

Pas démoralisé pour un sou, Jo sut pourtant vanter les avantages délirants du produit et nous promit de franches barres de rire, quelques hallucinations passagères et une descente tout à fait acceptable. Il avait trouvé les mots. Après tout, nous étions là pour nous éclater et on n'allait pas se démoraliser pour quelques malheureux grammes de marocain et d'afghan offerts à la nature et sur lesquels des amateurs de country avaient planté leur tente.

Voilà comment je me retrouvais six heures plus tard dans un vaste champ en friche, allongé à côté de la douce Laura, à l'écouter parler. À quelques mètres de là, Mathieu était en pleine conversation avec, comment dirais-je, ce qui semblait être son frère, du point de vue de ses propos et certainement de son esprit, mais qui n'était qu'un courant d'air. Mon pote de lycée, celui avec lequel je passais le plus clair de mon temps, celui à côté duquel j'étais assis sans arrêt, quel que soit le cours, quel que soit le professeur, celui qui apparaissait comme la personne la plus proche de moi, celui qui me trimbalait par monts et par vaux sur son scooter, était totalement défoncé et délirant, transpirait de partout, et de temps en temps était pris de spasmes inquiétants. Tout en le surveillant du coin de l'œil, j'essayais de garder le fil de la conversation entamée avec Laura et c'est peu de dire que la chose était loin d'être aisée.

La nuit était chaude, un léger vent venait caresser nos cheveux, de belles constellations étaient de sortie et veillaient sur nous. La soirée était idéale pour refaire le monde, partager des aspirations existentielles, draguer une jeune campagnarde, mais l'effet de la Dramamine en avait décidé autrement. J'avais un mal fou à fixer ma concentration sur plus d'une chose à la fois.

Heureusement pour moi, Laura aimait s'écouter parler et n'avait besoin, pour passer une bonne soirée, que d'une personne passive pouvant hocher la tête à la fin de chaque grande théorie qu'elle énonçait avec un naturel désarmant. Dans le désordre :

— La liberté c'est être maître de son art, ne vivre de rien d'autre que de ce qu'on aime. Si la société ne veut pas de notre art, nous ne voulons pas d'elle non plus. Vivre seule ne me fait pas peur, je suis prête à la vie d'ermite.

Des bouffées de chaleur de plus en plus intenses me venaient en

9 Overdose.

l'écoutant. L'espace d'un instant je me demandai qui était sous hallucinogènes et en plein délire, ou si les abus de Dramamine étaient contagieux et pouvaient déborder de mon esprit vers le sien. Je me trompais. Laura était habitée, mais par une accumulation d'incohérences totales qui, mises bout à bout, dans le désordre, pouvaient passer pour rationnelles.

— L'amour n'existe pas si ce n'est dans l'esprit des pauvres gens. Le sexe est plus hygiénique qu'autre chose, seule compte la véritable communion des âmes et des esprits frères.

J'eus envie de lui répondre que je voulais bien être libre de l'aimer, de lui faire l'amour, ici, maintenant, si c'était une simple question d'hygiène. J'étais bon prince et la laissais à sa libre communion avec son Jean-Phi dont elle n'arrêtait pas de me rebattre les oreilles, cruel destin, au moment même où Jo était parti plus loin dans la forêt peloter la jolie Fanny, et où Julio était également en train d'embrasser une de ses copines, Clémence, tout aussi charmante.

J'avais tiré le mauvais numéro. Une délicate nymphe totalement égocentrique pour ne pas se rendre compte du diamètre de mes pupilles, des difficultés que j'avais à soutenir son regard quand elle le posait sur moi, et plus encore de l'état de mon meilleur pote qui maintenant se roulait par terre et grattait son dos contre le sol, tout en continuant un monologue absurde et incohérent.

L'idiot ! Il avait voulu faire le malin en absorbant une plaquette entière là où nous avions pris quelques gélules. À le voir ainsi je ne regrettais pas mon choix, même si, à bien y réfléchir, parler dans le vide aurait été probablement plus instructif que d'écouter Laura m'abreuver de paroles et d'anecdotes saoulantes. Dans le texte :

— J'aime la drogue mais tant que je maîtrise le truc, tu comprends ? Je n'aime pas me sentir prisonnière de quelque chose, encore moins dépendante. Une fois j'ai pris un quart d'ecstasy avec Jean-Phi et nous avons fait l'amour toute la nuit…

« Assez, elle ne va pas quand même commencer à me raconter ses histoires de cul avec l'autre débile. »

Si, si, elle allait. Par chance, le fameux Jean-Phi vint me délivrer de ce cauchemar au bout d'une bonne heure et demie passée aux côtés de sa belle, près d'un feu, un soir de pleine lune. Décor parfait pour emballer une nana, mais plus encore pour discuter avec son frère resté à plus de mille kilomètres. N'est-ce pas Mathieu ?

— Il va bien ton pote ? s'inquiéta mon concurrent qui, en plus

de se faire ma promise, demandait des nouvelles d'un dingo de mes amis en train de discuter maintenant avec un buisson.
Comment Laura pouvait-elle être attirée par pareil zombie ? Ses cernes embrassaient ses lèvres, sa calvitie n'était même pas symétrique, ses joues creuses faisaient penser à un toxico et son âge, mon Dieu, son âge, mais ce gars avait au moins trente-cinq ans ! Plus de quinze ans de plus qu'elle, je ne pouvais concourir si elle était gérontophile.

— Oui, oui, c'est bon, je suis là, répondis-je en guise de fin de non-recevoir.

— C'est Johan ? insista le Jean-Phi en question, vraiment lourd en plus d'être laid.

— Non, Jo est avec Fanny, un peu plus loin.

J'avais envie de lui dire que lui au moins baisait sa copine et ne rentrait pas en communion avec elle par télépathie, le veinard. Je me retins, je devenais aigri. L'effet de la Dramamine, peut-être, et plus sûrement de la déception.

— Ah, cool. Écoute, essayez de venir chez moi après-demain, je vis à Labéjan. C'est un patelin sympa où nous possédons une belle baraque. Il y a de quoi boire et de quoi manger, on peut vous héberger aussi.

— Merci, c'est sympa, dus-je admettre, définitivement défait par mon adversaire.

— Pas de souci, depuis le temps que Fanny nous parle de Johan, ça nous fera plaisir de vous avoir.

Les armes rendues, je laissai Laura communier avec son Jean-Phi, et ce dernier supporter sa petite amie égotripée. La drogue a des défauts, certainement, mais elle a aussi de gros avantages. Elle permet par exemple des éclairs de lucidité sur le monde et ceux qui nous entourent. Ce soir-là je compris que Laura n'était pas une fille pour moi.

5

L'étouffante chaleur du mois de juillet 1995 nous imposait de sortir de nos tentes dès neuf heures. Le réveil n'était pourtant pas automatique et si Julio et Mathieu étaient encore en train de somnoler à l'ombre d'un des rares arbres bordant le camping et à côté duquel nous avions eu la bonne idée de nous installer, Jo et moi partîmes trouver de quoi petit-déjeuner. J'avais faim, mon estomac en avait assez de se nourrir de rhum, d'effluves cannabiques et de cachetons contre le mal de cœur.

Sans un mot – le matin il me fallait un petit moment pour retrouver l'usage de la parole –, nous rejoignîmes l'hypermarché Carrefour qui ouvrait tout juste. Il n'y avait pas grande foule à cette heure-là, la population de Mirande devait plutôt s'atteler aux derniers préparatifs du festival qui débutait l'après-midi même. Nous en profitâmes pour nous sustenter sur place. Qui allait nous reprocher de manger deux croissants caoutchouteux, de déguster une banane de Martinique pleine de pesticides et de boire du jus de fruits à base de colorants, d'émulsifiants de toute sorte et au goût tellement artificiel que je faillis vomir ? Personne, et c'était justice.

Je me promis d'y revenir et fis un grand sourire à une caissière dépressive et boutonneuse qui nous regarda sortir, tel Spartacus vainqueur des dernières légions de César. Le peuple du Gers était avec nous ! Je suggérai à Jo de revenir tous les matins, nous économiserions ainsi le seul vrai repas sain de la journée. Il acquiesça. Sur le retour, il alluma une moitié de joint conservée de la veille. Il me le tendit avec un sourire.

— Alors, ta soirée s'est passée comme tu voulais ?

— La Dramamine m'a bien retourné le cerveau.

— Je ne parle pas de ça, blaireau, mais de la petite Laura…
Que pouvais-je lui répondre ? J'avais du mal à mobiliser mes souvenirs. Je me rappelais avoir passé un assez long moment avec elle, il me semblait qu'il avait plutôt été désagréable. Pour tout dire, j'étais persuadé que je m'étais trop défoncé pour assurer quoi que ce soit.

— Elle est mignonne, oui, mais tu sais, c'est pas mon genre de meuf.

— Pourquoi tu dis ça ?

— Ben tu sais, elle parle beaucoup. Tout ce qu'elle dit ne me paraît pas très lumineux, tu vois ?

— Hé ! hé ! tu as toujours aimé les intellectuelles, se moqua Jo.

— Te fous pas de moi, je suis sérieux, je crois qu'elle est plutôt dans un délire à préférer les pseudo-artistes à deux balles que les amateurs de défonce comme nous.

— Ah ouais ?
Ma dernière remarque avait plongé Jo dans ses pensées.

— Tu as sûrement raison. En tout cas, si ça marche pas avec elle, sache que tu plais beaucoup à Fanny.

— Arrête de te foutre de moi, connard !
J'essayai de lui envoyer un coup de poing vicieux mais amical dans l'épaule. Je le manquai, ses réflexes restant meilleurs que les miens. Il éclata de rire, avec la pureté d'un enfant de six ans. Voilà pourquoi j'aimais ce type. Il n'y avait pas une once de méchanceté dans son esprit, pas une idée mal tournée, pas un gramme de malveillance. Son regard était droit et honnête. C'était une des dernières rares belles personnes de cette planète.

— Je suis sérieux, Sacha. Elle m'a parlé de toi toute la soirée. Et ton copain, il a l'air cool… Et il aime quoi dans la vie… Et tu l'as rencontré comment…
Johan ne se moquait pas de moi. Je le voyais à son air complice.

— Mais tu l'as pas baisée, hier soir, dans les bois ?

— Si, bien sûr, qu'est-ce que tu crois ? Mais ça change rien. Je connais bien Fanny, je suis resté avec elle deux ans avant de partir à Nice ; et je peux te dire que tu lui plais, c'est sûr…

— Ben OK, c'est gentil de me dire ça, mais c'est ta copine.

— Fanny n'est la copine de personne. Elle est libre. Elle fait ce qu'elle veut et ce n'est pas moi qui vais lui dire quoi que ce soit… Hier soir on s'est retrouvé, mais ce soir rien ne dit que nous serons ensemble.

Johan me tua sur ce coup-là. Je découvrais sa conception, disons très personnelle, des relations amoureuses. Je ne pense pas que j'aurais pu avoir la même. Je galérais déjà à sortir avec Laura, alors si c'était pour que le lendemain elle me dise « ciao, merci, on reste bons amis », je ne l'aurais pas bien pris.

— Et puis Laura a un copain, alors ça me paraît compliqué...

— Je ne vois pas pourquoi. Tu sais, je connais un peu toutes ces nanas, Fanny et ses copines. Elles sont cool et ne se mettent jamais longtemps avec un mec. Elles sont là pour s'amuser, elles ne veulent pas se prendre la tête.

Je tirai une dernière fois sur le joint avant de le jeter. Nous arrivions au camping, et c'était déjà un beau bordel. Je ne répondis pas à Jo. On verrait bien, après tout. Julio et Mathieu étaient maintenant réveillés. Guillaume venait de rentrer, il avait dormi chez Ange. À voir ses yeux éclatés, il avait passé la nuit à tirer des bangs avec notre nouveau collègue.

— J'espère que tu n'as pas fumé toute notre conso[10], lui dis-je en rigolant.

— T'inquiète, c'est Ange qui régalait, hier soir.

Ces deux-là s'était bien trouvés. Accros comme personne à l'effet « zap » du bang, ils formaient un bon duo d'amateurs de chanvre. Pour Guillaume, c'était le haschisch ou rien. Pas de produit chimique, jamais.

« C'est une question de respect vis-à-vis de moi-même, disait-il, je ne veux fumer et consommer que des choses naturelles. »

Il avait sans doute peur de ne pas pouvoir se contrôler comme il le faisait avec du hasch, mais nous respections son point de vue. Il se défendait comme un autre, sauf que, hier soir, il avait passé la soirée avec un mec de son âge, à fumer toute la nuit, alors que nous passions la soirée avec des nanas bien sympas.

— Venez voir ce que je vous ramène.

Guillaume nous fit signe de rentrer dans sa tente, enfin celle de ses parents, une superbe tente familiale capable d'accueillir cinq gros dormeurs et proposant un patio de deux à trois mètres carrés où poser une petite table pour jouer aux cartes les jours de pluie. Nous n'avions pas déplié la table et y avions entassé nos sacs sans organisation aucune. Ma mère aurait dit : « C'est une chambre de mecs », stéréotype banal, mais peut-être bien véridique. Guillaume

10 Abréviation de consommation, quantité de shit en notre possession.

s'assit en tailleur et sortit de la poche de son jean un beau toc[11] de marocain. À vue de nez, il y avait un cinquante[12].

— Il est bon, un peu cher, mais c'était ça ou rien.

— Il n'avait pas plus ? demanda Julio.

— Non, ça nous fait dix grammes chacun et c'est mieux que d'acheter des cinq mille ou des dix mille[13] au camping tous les jours.

Il y avait en effet des Toulousains qui s'étaient installés au camping et qui proposaient du shit au détail, histoire de se remplir les poches et d'amortir leur déplacement.

« Businessmen de merde qui font leur beurre sur les fumeurs de shit. »

Je détestais les petits dealers qui envisageaient le shit comme un moyen de s'enrichir plus que comme un moyen de partager du plaisir et de se relaxer. Il devrait être interdit de vendre ce genre de produit et se reconvertir dans le commerce d'assurances ou de prêt-à-porter. Si l'État avait seulement idée des bienfaits de la légalisation, il changerait sa position inepte et butée. En attendant, il fallait se débrouiller seuls pour trouver de quoi fumer et ce n'était pas simple, perdus à plus de mille kilomètres de chez soi. Guillaume avait eu raison de se ravitailler – et il avait une autre surprise.

— L'autre bonne nouvelle c'est qu'Ange nous a prêté son baby-bang !

Et il sortit de son sac un mini-bang de voyage, haut de vingt centimètres, en plastique transparent, idéal pour les déplacements. Julio s'en empara directement.

— OK, je prépare le mix et on s'en fait une petite tournée histoire de bien commencer la journée.

Délicieuse idée, agréable sensation d'ivresse cannabique matinale qui me fit m'allonger sur un tapis de sol et observer les deux minuscules nuages tentant de fuir le ciel bleu du Sud-Ouest. Je laissai mes pensées vagabonder et inspirai de toutes mes forces

11 Mot d'argot pour dire un bout.

12 Cinquante grammes.

13 Un cinq mille est le nom donné à une portion de cinquante francs de shit, c'est l'équivalent de 1,5 gramme. Un dix mille correspond à une barrette de trois grammes, et coûte cent francs. L'appellation de ces portions correspond aux anciens francs et était encore employée au milieu des années 90 en France. Les portions supérieures habituelles sont un 6 (pour six grammes), qui coûte entre cent cinquante et deux cents francs, un 12 (douze grammes), entre deux cent cinquante et quatre cents francs, un 25 (vingt-cinq grammes), entre cinq cents et huit cents francs, et ainsi de suite…

ce sentiment de liberté qui s'offrait à moi. Mon état devait être proche de celui d'un moine bouddhiste méditant son bonheur depuis de nombreuses années, du moins je le croyais, et je profitais au maximum de l'instant qui s'écoulait doucement. Nous étions ensemble, loin de tout, dans un paysage inconnu, entourés d'inconnus. Le monde s'offrait à nous.

— Prépare nous une autre tournée, Julio, lui demandai-je en lui balançant mon toc de dix grammes.

— C'est parti !

Nous étions bien, tellement bien, à nous perdre dans des méditations évanescentes. Petit instant d'éternité que rien ne venait perturber… si ce n'est une voix féminine désormais familière.

— Bonjour Johan, Sacha est là ?

— Oui, il est à l'intérieur, répondit Jo, avant de crier mon prénom pour que je sorte du patio que nous tenions fermé afin de ne pas exposer notre bonheur à tout le camping.

Je sortis en recrachant la fumée du bang et en me prenant un double effet « zap », celui du bang et celui de se lever d'un coup. Je manquai de tomber à la renverse quand Laura me tendit sa joue pour me faire la bise. Je lui agrippai le haut du bras pour ne pas perdre mon équilibre et manquai de lui arracher sa chemise en toile fine colorée. Elle me regarda, surprise mais compréhensive. « Décidément, notre histoire resterait un énorme malentendu. »

— Ça va ? Vous êtes bien rentrés hier soir ?

— Oui, mais vous êtes partis tôt, c'est dommage.

« Tôt, tôt, pas si tôt que cela, quand même, jeune fille. Cinq heures du matin, après une soirée passée sous Dramamine, c'est pas rien. »

— Ben Mathieu était mort, et tu étais avec ton copain. On voulait pas vous déranger.

— Nous déranger ? Mais pourquoi donc ?

Laura était d'une naïveté enfantine – ou d'un cynisme absolu. Elle était aussi plus mignonne que dans mes souvenirs hallucinés, et si délicate. Elle venait nous réveiller, voir le campement dont je lui avais parlé hier soir (elle se souvenait donc du peu de mots que j'avais articulés), prendre des nouvelles de Mathieu qui n'osa pas sortir la saluer, honteux de l'image qu'il avait donnée. Et puis elle venait voir si j'étais prêt.

— Prêt ? osai-je sans réfléchir.

— Tu as déjà oublié ta promesse ?

— Ma… ?

— Hier tu m'as promis de m'apprendre à faire du vélo. Tu as déjà oublié ? répéta-t-elle.

Laura, petit brin de femme pétillant, tu viens faire valoir tes droits sur mes promesses nocturnes. Je ne me souvenais pas avoir promis quoi que ce soit, et un instant je crus qu'elle trouvait un incroyable prétexte pour passer un moment avec moi. Je rêvais éveillé.

— Non, bien sûr, il nous manque juste un vélo.

— Il nous attend chez Fanny, tu devais passer ce matin chez elle, mais je pressentais qu'il faudrait que je vienne te chercher.

Elle dit cela avec un naturel désarmant ; ma mère n'aurait pas pu me faire de reproches plus évidents, et j'étais gêné de manquer à ma parole. Jo sortit du patio embrasser Laura, lui aussi était retourné par son dernier bang et, au moment où il fermait le tente, j'aperçus Julio et Guillaume qui pouffaient de rire en percevant mon embarras. Laura saisit cette occasion pour pénétrer dans notre maison de toile et découvrit sans sourciller notre joyeux foutoir. Elle dit bonjour à mes amis, encore occupés à prendre leur claque, et n'eut aucun regard pour notre adorable bang de voyage.

Elle se retourna et me prit cette fois par la main, sentant qu'elle devait prendre la direction des événements, pour m'emmener loin de mes frères d'armes. J'eus tout juste le temps d'entendre Guillaume me donner rendez-vous à 17 heures pour un match de foot contre Ange et sa bande.

Parti comme c'était parti, je m'attendais à passer une délicieuse après-midi avec ma douce brune. Je me trompais. Laura était venue me chercher pour que je lui apprenne à faire du vélo, ni plus, ni moins. Aucun sous-entendu n'était permis. Je lui donnais alors un premier cours solide, sérieux, précis. Elle était une bonne élève, consciencieuse et appliquée. J'eus des compensations sensorielles et visuelles, certes, mais pas au niveau des espoirs nés de cette visite impromptue, de ce kidnapping consenti. Je touchais le bas de son dos pour la maintenir sur son cheval à roulettes, je lui effleurais, à maintes reprises, les seins quand elle tombait sur moi. Je léchais son coude blessé par un dérapage incontrôlé, je dégustais son sang qui coulait à petits flots dans ma bouche. Je dérapais sous l'effet des sourires charmeurs et des joints que j'enchaînais les uns à la suite des autres. Elle me prit la main, encore, et me sourit souvent. Émoi, me direz-vous ?

Non, finalement c'est Fanny qui m'attirait. Elle regardait notre manège, d'abord d'un air entendu, puis se prit au jeu de la conseillère avisée du professeur de vélo. À la fin du cours, elle était conseillère spéciale, professeur associée, et nous débattions des progrès de l'élève, nous discutions du meilleur moyen d'enseigner l'équilibre, la prise de vitesse, la sûreté de soi… L'élève n'était plus l'objet de nos débats, mais le prétexte à nos échanges. Laura ne montra aucun sentiment particulier, pas d'agacement de ne plus être le centre de mon attention, ni de jalousie vis-à-vis de son hôte joyeuse. Elle restait aussi stoïque que Fanny était spontanée.

Johan était un gars tranquille, et sa nana était à son image, une fille gentille et intelligente avant d'être désirable. Elle sourit même quand je rappelai à Laura que je devais les quitter pour une partie de foot. L'autre me regarda avec insistance pour décrypter ma plaisanterie.

« Non, je ne me moque pas, je rejoins mes amis… »

Fanny me suivit et Laura resta là, interloquée. Notre monde ne tournait pas autour d'elle, comme c'était étonnant !

6

Je me rappelle un super-héros de manga japonais qui, pour combattre le plus terrible de ses ennemis, s'astreignait à porter des sous-vêtements de plomb. Après de longues minutes de combat intense, d'uppercuts ravageurs, de coups de pied sautés acrobatiques, il se retrouva dans une situation désespérée, à terre, le visage écorché, la bouche pleine de sang et de poussière. Fier et orgueilleux, je le revois se relever avec difficulté. Le méchant se moque de lui et lui promet la mort avant de s'arrêter, interloqué par un étrange strip-tease où le super-héros ôte un à un son tricot de peau d'une tonne, ses cuissardes bien trop lourdes, ses chevillères massives, sa ceinture si pesante. Et le voilà ragaillardi, frais et dispos, qui essuie d'un revers de main la dernière goutte d'hémoglobine coulant le long de son menton. On perçoit le doute dans le regard de son ennemi, dont le sourire se fige et devient forcé. Il sait qu'il n'aura pas le dessus et s'apprête à recevoir une correction d'anthologie.
Voilà à peu près ce que nous ressentîmes à 4-0, balle au centre, contre l'équipe d'Ange et Martin. Les deux locaux avaient appelé une partie de leurs potes pour nous affronter lors d'un match de foot rentré depuis dans les annales de notre bande. Évidemment, ce n'était pas les plus lourdauds des adolescents de Mirande qui étaient venus taper la balle contre le groupe de grunges niçois arrivé l'avant-veille. Tout le contraire.
Jeunes et fringants rappeurs des campagnes, jouant torse nu pour montrer des abdominaux secs et bien dessinés que nous n'avions jamais eus, ils souriaient sous la chaleur, certains de l'issue de la raclée qu'ils nous infligeraient. L'un d'eux avait amené un gros radiocassette stéréo Philips, qu'on voit habituellement dans les

films sur les ghettos américains du type de *New Jack City* ou *Menace to Society*. Il passait en boucle un album de rap dont l'auteur était un jeune artiste talentueux et hardcore : Snoop Doggy Dogg. Pas franchement portés sur le hip-hop, nous découvrîmes ce jour-là *Doggystyle*, un album mythique entré depuis dans l'histoire de la musique et dont j'écoute encore, quinze ans plus tard, certains morceaux excellents, preuve s'il en est de leur qualité. Est-ce une excuse pour expliquer notre première mi-temps désastreuse ? J'aimerais le croire, mais je doute franchement du pouvoir inhibant de la bonne musique. Non, nous étions lents, nous étions gauches, pas concernés par la partie…

Sur le bord du terrain, il n'y avait aucun spectateur vers lequel tourner son visage de honte et d'impuissance. Pas un amateur de ballon rond, de football du dimanche, persuadé d'avoir raison sur les choix tactiques à promulguer à son équipe de cœur. Seules quatre jeunes femmes, habillées de fripes et de bijoux en toc, nous regardaient avec patience. Fanny, Clémence, Laura et une jolie inconnue passaient le temps à admirer et à commenter notre avenir de grands perdants.

Mathieu s'énervait, comme toujours lorsque le jeu ne tournait pas en sa faveur ; Julio suait à grosses gouttes ; Guillaume ne parlait plus, livide et regrettant le manque de sommeil ; moi, je me demandais combien nous allions en prendre et si j'avais bien fait de quitter mon statut de professeur de vélo pour celui de loser au ballon rond.

Jo demanda une pause pour boire un peu, et nos vainqueurs, magnanimes, proposèrent même la fin de la partie. Mathieu refusa, question d'honneur.

— Pas avant que je plante un but, pesta-t-il.

Julio courut vers le sac de Guillaume d'où il sortit une poche plastique dans laquelle il avait préparé un mix. Soudain habile, il se prépara un bang à toute vitesse, puis fit tourner l'objet rassurant et revigorant. Chacun à notre tour, nous nous emplîmes les poumons et le cerveau d'effluves de cannabis.

— Alors, les fumeurs de shit, on reprend ou vous abandonnez ? lança, goguenard, un ami d'Ange, non-fumeur, sain et sobre.

Voilà bien les mots qui peut-être nous excitèrent. Nous attendions un challenge, une raison de courir sur ce carré de terre et de sable fin, sous une chaleur de plomb. Il fallait prouver que, même défoncés, nous pouvions être à la hauteur de notre sport préféré. À moins que cela ne soit Mathieu qui, sur l'engagement, d'un long coup de pied inspiré, atteignit le maigre espace délimité par deux triangles de circulation. 4-1. Les filles, moins Laura, éclatèrent de joie et leurs bravos, mi-ironiques, mi-sympathiques, nous touchèrent.

— On n'en prend plus un, ordonna Jo.

C'est la première et la dernière fois que je vis mon ami jouer le rôle de leader. D'une passe bien appuyée il trouva Guillaume qui réussit miraculeusement son centre, atterrissant sur mon crâne chevelu qui le renvoya dans la cage de nos adversaires. 4-2. Nouvel éclat de liesse de notre public inspiré (moins une, toujours éberluée de se savoir au bord d'un terrain de foot à encourager une équipe de footeux).

— Ah, quand même ! s'écria Mathieu avec insolence.

Sur la remise en jeu, un adversaire revanchard et énervé voulut jouer le vice en donnant un méchant coup de coude dans les reins de Guillaume. Il reçut en récompense un uppercut en plein nez et se trouva KO de longues minutes, le temps pour Fanny, Ange et Clémence de calmer le début d'échauffourée, puis de préparer une nouvelle tournée de bang.

Nous avions pris le rythme. Notre adversaire remis sur pied, nous pouvions dérouler notre jeu à une touche de balle, Mathieu proposant des magnifiques passements de jambes et des dribbles de Brésiliens, Jo s'amusant de quelques gri-gri dont je ne le savais pas capable, et moi courant comme jamais, comme si je devais mourir demain, ratissant tous les ballons dépassant la ligne médiane.

Le match se termina sur un 7 à 6 à notre avantage et une belle poignée de main. Nous étions les rois du « footbang ». Nous avions gagné le respect des joueurs locaux, incapables encore de prendre toute la mesure du retournement du score du match, et nous avions remporté l'admiration d'une équipe de pom-pom girls d'un nouveau genre.

Nos adversaires remirent leurs tee-shirts et repartirent, vexés et déçus de nous avoir sous-estimés. Déjà des reproches larvés se faisaient entendre au sein de leur équipe qui avait embarqué avec elle le poste cassette et la musique. Punition. Les laissant à leur déception, Ange s'assit avec nous, décontracté.

— Beau match, les gars, il faudra nous accorder une revanche.

Il tira le premier bang d'après-match. Les rugbymen ont leur troisième mi-temps, dont ils se gaussent sans cesse, mais ils ne tiendraient pas longtemps à suivre les nôtres.

Clémence et sa copine Magali étaient allées chercher de nouvelles bouteilles d'eau, mais c'est Fanny qui eut la meilleure idée en dégotant un long tuyau d'arrosage qui nous servit de douche. Laura fumait son joint et me le tendit avec un léger sourire.

— Bravo, dit-elle en me tendant une longue bénarès[14] qu'elle sortit de son sac pour que je m'essuie.

— Merci, bredouillai-je, conscient de l'effort fourni par la belle pour complimenter une prestation et un sport qui lui étaient totalement incompréhensibles.

Au loin, la musique indiquait que le festival commençait. Nous étions exténués, lessivés, essayant de garder un minimum de classe eu égard à la présence de nos supportrices. Seuls, nous nous serions écroulés, et nous aurions refait le match avec la vulgarité des grands sportifs et des petits beaufs qui sommeillent en chacun de nous. Accompagnés et soutenus, il fallait se tenir un minimum et tout juste Mathieu répéta plusieurs fois un « On les a bien niqués ces enfoirés » jouissif et indistinct à l'oreille de quiconque ne savait pas lire sur les lèvres.

La soirée s'organisa ainsi sur le bord du terrain, entre joints, bangs, rires et moqueries complices. Les couples se formaient avec évidence. Fanny entourait à nouveau de ses bras le torse de Jo, imperturbable et guère concerné par ses attentions ; Julio bécotait Clémence avec tendresse ; Guillaume discutait avec Ange d'un éventuel plan de libanais qu'il pourrait avoir et de techniques kabbalistiques pour optimiser la maîtrise des virages dans *Mario Kart* ; Mathieu « dragouillait » Magali qui semblait plus intéressée par les longs cheveux de Johan, lui-même séduit par la blonde à la peau mate ; et moi je ne savais pas quoi dire ni que faire de Laura. Elle n'aimait pas le foot, bien sûr. Elle trouvait tout cela vulgaire, mais elle ne disait rien. Elle était à nouveau distante et froide, belle mais sans âme. Je plaignais en silence Jean-Phi, et j'imaginais leurs longues soirées à s'écouter parler, tous les deux certains de leur supériorité. Et merde, elle me plaisait bien quand même. La poisse. J'aimais les petites connes aux allures de grandes princesses. Par chance, nous décidâmes de partir faire la fête. Notre petit groupe aux vêtements bariolés tranchait au milieu de la foule aux

14 Long tissu coloré qui sert de foulard mais également de safi pour le shilom.

santiags, aux chapeaux de Far West, aux vestes en peau de vache brune et aux franges ridicules.

Nous nous perdîmes de vue assez vite. Clémence et Julio coururent danser sur un air texan très connu, et visiblement très apprécié par la foule compacte et enjouée. Ange et Guillaume partirent chercher du libanais, mais je les soupçonnais de rentrer chez le premier se miner la tête à coups de bang puis de se mesurer à la console. Jo décida de perdre rapidement Fanny et, à la première occasion, il disparut avec Magali. Je restai seul, gêné, avec Fanny et Laura. C'était trop pour moi.

« Il vaut toujours mieux s'enivrer seul que s'ennuyer avec quelqu'un. »

Je m'éclipsai sans un mot et partis trouver un coin pour me fumer en indienne un petit « pet' » de marocain. Le principe de cette technique est simple : aspirer dans un laps de temps très court le plus de bouffées possible, sans jamais recracher de fumée. Le THC, principe actif du haschisch stimulant les récepteurs cérébraux déclenchant eux-mêmes le sentiment de plaisir, monte beaucoup plus vite et provoque un effet euphorisant des plus appréciables.

Quand j'eus fini mon petit jeu, je décidai de cacher ma conjonctivite haschischée sous mes lunettes de soleil et je calai mon casque de walkman sur mes oreilles. En appuyant sur « play », je rentrai ainsi dans une nouvelle dimension, la quatrième ou la cinquième, je ne sais plus. Une mélodie sirupeuse et saccadée soutenait une voix douce désignant Kingston Town comme la ville idéale où habiter. J'aurais donné beaucoup pour m'y retrouver, loin de tous ces cow-boys de pacotille, près de la mer des Caraïbes, de ses douces plages, de ses quartiers bouillants, de ses sound systems renommés.

Je n'avais rien, l'histoire était donc réglée, mais mon imagination me permit de me venger. Au fur et à mesure que j'avançais, la fatigue et la défonce aidant, je croisais des dizaines de silhouettes et de visages inconnus sur lesquels j'apposais des jugements sans appel, des critiques de mauvaise foi et définitives, des rumeurs scandaleuses.

Tel couple ne durerait pas longtemps à voir le regard aviné et désireux du mâle au moindre trémoussement de fessier passant à proximité de lui ; telle femme tromperait très prochainement son mari, à voir la lassitude dans ses yeux lorsqu'elle écoutait sa moitié lui raconter sa vie ; tel vendeur arnaquait ses clients en ne leur rendant pas correctement la monnaie.

J'avançais dans la foule, mon cerveau inventant des centaines d'histoires convaincantes à propos de quiconque croisait ma route : un couple de retraités, un bébé et sa maman, un groupe de *bikers*, un petit chien. Je passai ainsi une bonne demi-heure à réécrire la vie de mes contemporains amateurs de country, et j'éprouvais une drôle de sensation lorsque la face A de *Labour of Love* s'interrompit. La réalité reprenait ses droits, et l'ambiance bon enfant, totalement pathétique de mon point de vue de jeune homme décalé et déchiré, me poussa à étancher ma soif au plus vite.

L'alcool coulait à flots sur le festival. Heureuse culture avinée, quelle joie de te savoir autorisée ! Des milliers de personnes, libres de consommer sans aucune pression des liquides euphorisants, s'en donnaient à cœur joie dans un lieu pensé pour cela. Les débits de boissons, vendant la pinte à quatre ou cinq francs, selon la marque, se succédaient tous les dix mètres, et il me fut assez facile d'attendrir une bénévole en charge d'un stand d'Heineken en insistant sur l'étroitesse de mon budget et la largesse de ma soif.

« À la tienne, ma gorge, encore une averse. »

De cette première nuit festive, je ne me rappelle plus grand-chose. Les souvenirs se sont effacés, gommés par l'euphorie alcoolisée. Tous sauf un, extraordinaire, indélébile, unique. Je me souviens m'être retrouvé sur le coup de deux heures du matin, saoul et exténué, cherchant plus que tout la direction du camping et de ma tente afin de m'y étendre et de m'y éteindre. Comme un imbécile, je m'étais perdu en allant vomir le trop-plein de houblon qui avait nourri ma soirée. La rue était vide et après avoir marché seul sans rencontrer personne un long moment, j'aperçus au coin d'une rue deux ombres familières, assises à même le trottoir : Mathieu et Jo. Ils étaient ronds comme des billes, les yeux injectés de sang, l'haleine fétide, la voix criarde.

— Sacha, mais c'est ce bon vieux Sacha. Par ici mon ami, me cria Mathieu.

J'approchai, titubant avec classe, et Jo se leva pour m'accueillir.

— Alors, bandit, où t'as passé la soirée ?

— Trop long à raconter.

La vérité c'est que je ne m'en rappelais déjà plus.

— Et toi, comment était la petite Magali ?

— Insupportable, avoua Johan. Elle n'a pas voulu aller plus loin que deux baisers, et m'a parlé de sa bonne copine Fanny toute

la soirée, tout en se faisant peloter. J'y ai rien compris. C'est ce que j'expliquais à Mathieu à l'instant.
Heureux hasard, nous étions réunis par les bons soins de Bacchus.

— Quelqu'un sait où se trouve le camping ? hasardai-je, ne voulant surtout pas écouter les théories libertines et machistes de Johan.

Mathieu se leva et indiqua une direction vers la gauche. Au loin on pouvait apercevoir un grand bâtiment qu'il estima être le Carrefour, situé à proximité de nos tentes. Il s'engagea sur la route et je le suivis tel un mouton qui suit son berger. L'échec fut presque total. L'hypermarché en question se révéla être un gymnase et en aucun cas nous ne nous étions rapprochés de notre but : dormir.
Jo se proposa de rouler un joint pour retrouver l'inspiration, et avec un peu de chance, l'orientation. Cela ne pouvait pas être pire, on s'assit donc pour réfléchir. À cet instant précis, nous entendîmes un léger cri. Je n'y prêtai pas attention avant que Mathieu ne dise :

— Est-ce que j'hallucine ou est-ce que vous entendez des cris de filles ?

— Putain, c'est clair, acquiesça Jo, il y a quelqu'un qui crie à l'intérieur. Faut aller voir ce qui se passe.

Par un effort surhumain, nous nous redressâmes d'un coup, titubant encore comme des automates rouillés. Pour accéder au gymnase, il fallait escalader une barrière haute de deux mètres. L'affaire était loin d'être évidente. Soupirs, regrets.
« Ma tente, pour un empire, je vous en prie ! »
Ce fut au péril de nos vies que nous franchîmes le premier obstacle, et j'en ressens encore une certaine fierté autant qu'une légère douleur au coude qui amortit ma chute à la descente de la grille. Nous avançâmes ensuite, prudents et méticuleux, afin de chercher une entrée quelconque pour nous faufiler à l'intérieur du bâtiment. De jour et sobre, cela aurait été enfantin, mais il faisait nuit noire et je ressentais soudain l'accumulation des bangs et des joints.
« Qui a dit que la drogue rendait lucide ? »
Mon taux d'alcoolémie ne m'aidait pas non plus. Galère. Mathieu trouva finalement une fenêtre à moitié ouverte derrière le gymnase. Les cris venaient de dedans et je suivis Jo, le premier à se glisser à l'intérieur. Guidés par les appels maintenant stridents, nous nous trouvions derrière une porte qui s'ouvrait sur une grande pièce

illuminée de manière étrange. Mathieu la poussa doucement et s'arrêta, pétrifié. Une partie de visage était éclairée, et ses pupilles se dilatèrent d'un coup.

— Putain, j'y crois pas !

Je fis mon possible pour élargir à mon tour le mince filet à travers lequel voir ce qui se passait derrière la porte. J'en garde encore les jambes et le souffle coupés. Trois jeunes femmes, totalement nues, dansaient et couraient de manière désordonnée en criant des sons tous plus hallucinés les uns que les autres. À bien y regarder, elles avaient de longues bandes de peinture dessinées sur le corps. Tantôt un sein était rouge, tantôt une fesse était bleue. Parfois un mollet était vert, parfois c'était un avant-bras. Leur ballet n'était pas préparé, la chorégraphie s'écrivait en fonction de leur intuition. Spectacle saisissant à observer religieusement.

Nous n'en perdîmes pas une seconde. Elles étaient en transe. Au sol, on pouvait apercevoir, grâce à des lampes torches allumées et posées n'importe comment, des vêtements éparpillées. Un peu partout, en désordre, comme mes pensées. Et les trois sirènes galopaient dans tous les sens, laissant leurs jolis petits seins colorés s'agiter librement, et leurs fesses rebondir les unes contre les autres. Par moments elles s'arrêtaient et se donnaient la main, et se mettaient à sauter ensemble, portées par un élan commun. Elles chantaient alors dans une langue inconnue et incroyable. Leur folie était commune, leur joie envoûtante, leurs noms évidents : Fanny, Laura, Magali.

Et nous, indélicats voyeurs, modestes spectateurs, nous nous fîmes discrets comme jamais pour observer l'un des plus beaux et charmants spectacles qu'il m'ait été donné de voir de toute mon existence. La vie avait un nom, enfin trois prénoms, dont les syllabes rebondissaient pour donner les définitions de la beauté et de la liberté.

7

Faut-il encore préciser à ce stade du récit que le haschisch est tout sauf un dopant et qu'en fumant toute la journée aucun coureur cycliste ne terminerait un Tour de France, aucun alpiniste n'atteindrait un sommet élevé et, pire que tout, aucun skieur ne franchirait de ligne d'arrivée en bas des pistes ? C'est à tout un chacun de savoir s'il souhaite porter le maillot jaune, gravir l'Everest ou remporter la descente de Streif à Kitzbühel, ou s'il aspire à d'autres choses.

Le cannabis, dit-on également, est un puissant inspirateur, et se trouve être de bon conseil dans bien des cas : par exemple quand il révèle des pensées qu'on ne veut s'avouer ou des actions qu'on ne veut pas commettre.

En aspirant une nouvelle bouffée d'herbe locale, je n'étais plus très motivé pour rejoindre Labéjan et j'essayai de trouver, tant bien que mal, une bonne raison de me soustraire à cette visite de courtoisie.

« Trente kilomètres en stop, ce n'est pas rien. Il faut que quelqu'un reste surveiller les tentes. Et il y a un concert que j'aimerais bien voir ce soir. »

Mouais… Pas sûr non plus que le shit m'inspire tant que cela. Décidément, à notre époque, il fallait lutter contre beaucoup d'idées reçues. Au moins, et cela j'en étais certain, le haschisch m'apportait-il du plaisir et éveillait-il mes sens, à l'instar des images de la soirée précédente. Guillaume et Julio avaient mis un moment à croire notre histoire. Le premier s'était mordu les doigts d'avoir passé la nuit à jouer à la console. Le second ne pouvait pas regretter grand-chose puisqu'il avait passé la nuit avec Clémence. Quoique. Après avoir dansé une bonne partie de la soirée avec sa belle,

et transpiré plus que de raison les verres de bière qui avaient accompagné leur ivresse, ils étaient rentrés se coucher chez les parents de Clémence. Sans faire un bruit, tels des chats agiles s'apprêtant à se câliner toute la nuit, ils avaient rejoint la chambre de l'adolescente située au premier étage d'un charmant pavillon.
Julio était un gentleman, et le soir où nous avions pris des Dramamine il n'avait pas été trop entreprenant, se contentant de préliminaires frustrants. Elle-même avait regretté s'arrêter si tôt sur le chemin du plaisir, mais notre ami avait préféré attendre un moment et un lieu plus romantiques pour aller plus loin. Mal lui en avait pris. Sitôt montée à l'étage et déshabillée, Clémence s'était sentie mal et elle avait passé une bonne partie de la nuit à alterner les « désolée » et les vomissements. La situation s'était corsée quand la mère de la malade s'était levée, alertée par les bruits étranges provenant de chez sa fille, et avait découvert sa progéniture à moitié nue en train de dégueuler dans un seau les repas de la journée et les abus de la soirée. Elle avait ainsi rencontré Julio, en caleçon à carreaux bleus, rouge de gêne, ne sachant que dire d'autre que « bonjour ».
Par bonheur, la maman était diplomate et bienveillante, et elle amena sa fille dans la salle de bains, en laissant notre ami passer la nuit seul dans une chambre étrangère. Il avait bien pensé quitter la maison, mais au moment de sortir la mère de Clémence l'avait croisé dans les escaliers et lui avait demandé de rester pour sa fille.

— Elle sera tellement triste si vous n'êtes pas là demain matin.

Que dire, que faire d'autre que de s'exécuter ? Julio était remonté dans la chambre et, sur le coup de quatre heures du matin, au moment où il s'endormait, sa belle était revenue se blottir dans ses bras, épuisée, malade, honteuse.
Les malheurs de Julio nous avaient bien fait rire, et sur ce, Mathieu avait raconté le moment de grâce auquel nous avions assisté. Il avait fallu tout notre pouvoir de persuasion pour convaincre nos amis de la véracité de nos visions. Même si nous n'étions plus sûrs du déroulement exact des faits, une hallucination est rarement collective, alors nous ne pouvions mentir.
Nos deux compères étaient écœurés d'avoir raté ça, d'autant qu'ils ne participeraient pas à notre petite excursion à Labéjan. Julio préférait rester avec Clémence et Guillaume avait accepté de les accompagner pour s'occuper de la cousine de celle-ci, venue tout

droit de Paris pour passer un peu de temps dans le sud de la France. Il espérait ainsi rattraper le temps perdu passé à se lobotomiser devant une console de jeux vidéo.

Les filles arrivèrent vers midi, fraîches et joyeuses. Où trouvaient-elles autant de motivation à vivre ainsi ? Je n'aurais pas pu le dire. Elles fumaient moins, certes, ne buvaient pas autant que nous, j'en conviens, mais il y avait chez elles, malgré les folies et les nuits blanches, une bonne humeur pérenne, communicative et délicieuse. Leur présence suffisait à rendre excitante une après-midi étouffante, passée dans la France profonde et endormie dont on nous présentait les charmes – ou les horreurs, selon le point de vue – à longueur de journaux télévisés de Jean-Pierre Pernaut.

Personne de la bande n'évoqua notre incursion nocturne dans le gymnase de Mirande, et nous nous mîmes à organiser le plan de route. Trente kilomètres en stop s'avalent vite quand on est une jolie fille de dix-huit ans ; ils sont plus longs quand on est un jeune homme portant des jeans troués et les cheveux longs. On décida de former les couples. Jo choisit Magali ; Fanny me proposa de la suivre ; Mathieu, tout heureux, se rabattit sur Laura, qui n'exprima aucun avis.

J'étais bien content de ne pas me la coltiner. Je n'aurais pas su quoi lui raconter, maintenant que je connaissais son intimité. J'aurais fantasmé sur elle tout le long du trajet, essayant de retrouver par des regards dérobés les formes découvertes la nuit précédente, et elle n'en aurait probablement pas été dérangée. La quête était vaine.

Fanny et moi furent les derniers à quitter la tente. Les filles étaient rompues à l'exercice de l'auto-stop et nous suivions sans rien objecter leurs recommandations. On ne pratique pas ce genre d'exercice sur la Côte d'Azur. Personne n'aurait la délicatesse de vous prendre dans son véhicule de peur d'être agressé.

« Pauvre peuple qui a perdu son sens de l'entraide et de l'hospitalité. »

Nous avions laissé une vingtaine de minutes entre chaque départ, histoire de ne pas attendre sur la route pour rien. On avait ainsi pu s'enfumer un peu la tête avant de partir ensemble.

Sur la route, les sujets de conversation ne manquèrent pas. Fanny était d'excellente compagnie, et pleine d'anecdotes.

« Jo est un idiot de courir après une autre nana. Elle est vraiment trop sympa et trop mignonne pour ne pas la croquer. »

Je me promis de lui faire la remarque tandis qu'un premier voyage

de dix kilomètres, piloté par un fermier édenté au patois tout droit sorti du siècle dernier, nous déposa à un carrefour perdu dans la campagne gersoise.
« Combien de voitures passent ici chaque jour ? » me demandais-je en souhaitant secrètement que le nombre soit le plus réduit possible.
Très peu, répondit le destin. Aucun véhicule n'emprunta la départementale où nous attendions et nous passâmes une superbe après-midi au bord de la route, sous un soleil éclatant, dans un décor apaisant, à discuter cinéma, littérature, musique. Fanny me proposa un jeu singulier pour découvrir chacun les passions de l'autre. Il fallait donner son film préféré et son film détesté.
Elle :

— Film préféré : *Le Magicien d'Oz* ; film détesté : *Les Visiteurs*.

J'acquiesçai devant ce choix judicieux. Je répondis :

— Film préféré : *Il était une fois en Amérique* ; film détesté : tout le cinéma d'auteur français.

Elle approuva en riant. Elle non plus n'aimait pas ces films où l'on ne parle que de « cocufiage » et d'hésitations sentimentales interminables. C'était le tour des livres. Elle :

— Livre préféré : *L'Écume des jours*. Livre détesté : aucune idée.

Moi non plus. À vrai dire il n'est pas facile de détester un livre. Je dévoilai mes préférences :

— Ex aequo : *Jonathan Livingstone le goéland* de Richard Bach et *Sur la route* de Kerouac.

— Tout un programme politique, se moqua-t-elle.

Oui, ça me serait bien allé, un tel projet gouvernemental. La crise n'aurait certainement pas été résolue, mais on aurait au moins passé d'excellents moments. Au tour de la musique. Elle m'expliqua ne pas aimer la musique étrangère car elle ne comprenait pas l'anglais. Étrange raison. Chanson préférée :

— *Ginette*, des Têtes Raides.

Magnifique. J'adorais ce combo de la banlieue parisienne. Les amateurs du groupe étaient rares. Dans notre bande, pas un n'appréciait les textes de Christian Olivier et les orchestrations élégantes et bien senties de sa troupe de musiciens. Mathieu et Julio se moquaient de mes goûts pour la chanson à texte engagée. Pourtant, pas un groupe ni un artiste français actuels n'arrivaient à atteindre la poésie ni l'intensité scénique des Têtes Raides.

— Les jeunes n'ont plus l'oreille pour apprécier les poètes, et les amateurs de l'époque de Brel et de Ferré méprisent la musique d'aujourd'hui. Ils dénigrent les talents actuels pour leur préférer des artistes morts, gravés à jamais dans leur mémoire.

Fanny avait cru bon d'argumenter son choix devant mon air hébété. J'étais conquis et je lui expliquai mon admiration pour ce groupe mais elle me coupa, l'insolente.

— Ne cherche pas à gagner du temps. Tu dois donner ta chanson préférée…

J'hésitai. *Mala Vida* de la Mano Negra et *Sous le soleil* des Négresses Vertes étaient les deux titres que j'écoutais le plus souvent. Je le lui dis. Elle refusa la réponse.

— Tu as déjà donné deux livres, tu ne peux proposer qu'un seul titre !

J'aurais pu donner un autre titre des Têtes Raides, *Gino*, *Luna*, *Emily*, que sais-je ? *La Jeunesse emmerde le front national* ou le *Salut à toi* des Béruriers Noirs ; *Marcia Baila* ou *C'est comme ça* des Rita Mitsouko ; j'aurais pu citer dix titres de Noir Désir mais je voulais la surprendre. Je décidai enfin :

— *Une image* de Mano Solo.

Le chanteur maudit, admirable poète solitaire et formidable bête de scène, atteignait dans cette chanson, toute récente, des sommets de lucidité sur les écorchés vifs. En fait sur la vie telle que je l'envisageais. Ses yeux brillèrent. Surprise. J'avais du mal à expliquer avec raison le choix de cette mélodie inspirée, saccadée, désespérée. J'aimais certes les quelques notes de guitare débutant le morceau, la percussion rythmant les envolées lyriques du chanteur, ses petits cris de joie, sa voix éraillée et fragile, mais ce n'était pas non plus le morceau de l'année. Mano Solo me touchait simplement avec ce titre où il ne jouait pas de la musique, mais sa vie. Libre de rêver et de mourir comme bon lui semblait. J'étais ému par ce drôle de type condamné à vivre intensément, voilà tout. J'espérais me construire une jeunesse à la hauteur de ces exigences. Fanny aussi peut-être…

Elle proposa de s'éloigner un peu de la route pour aller se griller une clope. Nous étions sur le bas-côté d'une départementale déserte. Devant nous s'étendait un vaste champ en friche dans lequel on aurait pu plonger pour ne jamais remonter, tant les herbes étaient hautes. Au loin, on pouvait apercevoir une haie d'arbres massifs au-dessus desquels des couples d'oiseaux batifolaient. Le soleil tapait fort, mais à vrai dire on ne s'en souciait pas.

— Un joint, tu veux dire ? plaisantai-je.

— Je peux le rouler ?

— Bien sûr !

Nous avançâmes doucement, jusqu'à trouver un petit coin tranquille où se poser. Je lui tendis le matos, les feuilles OCB, je lui fis un filtre carton. Elle roula le cône en deux temps trois mouvements. Je me dis que cette fille était vraiment craquante et que j'aimerais bien être le joint qu'elle allumait. Elle me parla de Laura. Le charme se rompit tout d'un coup.

— Vous vous entendez bien, je crois.

— Oui, c'est une bonne copine, elle est sympa.

— C'est tout ?

— Ben oui, qu'est-ce que tu veux de plus ? Elle est avec son Jean-Phi, et elle a l'air très bien avec lui.

— Oui c'est vrai, acquiesça Fanny, avant d'ajouter un singulier : c'est cool !

Ses lèvres humectèrent de nouveau le joint. Un peu de cendre tomba par terre. Elle était assise en tailleur, son pantalon bouffant violet, son tee-shirt jaune vif, sa bénarès rouge orangé juraient avec le décor de pleine campagne. Sophistication colorée contre équilibre nuancé. Elle sourit et me regarda avec intensité. Le charme reprit. J'étais intimidé. Elle me tendit le joint. Je m'étendis en face d'elle, de biais, le coude gauche à terre, la main gauche supportant ma tête, la main droite amenant le bédo à ma bouche. J'aspirai une longue bouffée et emplit mes poumons d'assurance, du moins je l'espérais. Je ne savais plus trop quoi dire. On arrivait au moment fatidique, à la question : Amis ou amants ? Elle s'avança et me prit la main.

— Je t'aime bien, Sacha.

Silence. Je pensais à Jo. J'allais merder, c'est sûr ; où était ce con ?

— Il est avec Magali, répondit-elle à mes pensées. Et nous, on est ici tranquilles, ensemble et libres, non ?

— Oui.

Elle sourit à nouveau et je l'embrassai. Amants, enfin. Ses lèvres étaient douces, sa langue était chaude, son haleine fruitée. Au diable Johan. J'espérais. Elle passa mes mains sous son tee-shirt. Je caressai ses deux seins et les serrai doucement. Je ne les pensais pas si gros et si fermes. Son tee-shirt ample cachait leur forme au monde entier. Tant mieux. Elle caressa le bas de mon dos, puis mes omoplates. Je frémis. Chair de poule. J'effleurai à mon tour la courbe de ses reins et rejoignis ses fesses, toutes fraîches.

— Attends.

J'avais fait une bêtise. Merde. Je regrettai.

« Putain Sacha, tu y es allé trop direct. Tu l'embrasses et deux secondes après tu te crois tout permis. »

Elle attrapa son sac et en sortit un élastique rouge pour attacher ses cheveux. Elle rigola et m'embrassa cette fois à pleine bouche. Je fondis totalement.

« Cette fille est démente ! »

Mon cœur s'emballa. Elle baisa ma joue, puis ma tempe, puis mon oreille. Elle y fourra sa langue humide. Émotion vive. Je ne connaissais pas ce truc-là. Elle le sentit et y resta un instant pour marquer mes souvenirs de manière indélébile. Je bandais, ça y était. Il fallait que je me reprenne. Je la pris par les bras et l'allongeai à terre.

« On y est, jolie nymphette, douce fée Clochette, je crois que je t'aime. »

Je ne dis rien et baissai son pantalon. Je glissai mon gilet sous elle pour que la terre ne salisse pas sa peau de bébé. Mes doigts entre ses cuisses pénétrèrent son sexe. D'abord ma paume de main frotta son clitoris. Elle gémit doucement. Mon index écarta ensuite ses lèvres et je plongeai mon majeur dans une fleur de plaisir mouillée et tiède. Elle serra les cuisses et m'y emprisonna. Ses joues étaient roses. Elle me mordit la lèvre et nos regards se comprirent l'espace d'un instant. Elle me retourna à son tour et, tout en enfonçant sa langue dans ma bouche, elle glissa sa main dans mon jean. Je n'en pouvais plus, elle le savait. Retour dos contre terre, j'écartai d'une main sa culotte, fine et ordinaire, et je lui fis l'amour pour la première fois. Nos corps mirent quelques instants à s'apprivoiser. Doucement. Le flux et le reflux de mes reins s'accélérèrent. Trop vite, je le sentais, mais je n'y pouvais rien. Elle était trop belle, trop sexy, à moitié nue, ici, à l'air libre. Je jouis. Ses jambes serrèrent fort mes reins et ses bras entourèrent ma faiblesse. Je tombai à ses côtés, le jean à moitié baissé, les chaussures même pas enlevées, vulgaire. J'avais un peu honte.

Elle ne dit rien, regarda le ciel bleu et sembla lui murmurer un

secret. Reprenait-elle son souffle ou lui avouait-elle sa déception ? Je ne savais pas. Je détournai les yeux de son corps à demi nu. Sa culotte avait retrouvé sa place habituelle.
« Roule un joint, fais-la rire. »

— Tu es belle, m'entendis-je lui dire.

Je ne trouvai aucune blague appropriée. Le vent, chaud, se leva. J'enlevai mon tee-shirt pour lui couvrir les jambes. Elle me regarda enfin et me sourit.

— Tu es doux, comme garçon.

J'hésitai à mal le prendre et à m'enfuir, mais Fanny valait vraiment la peine de mettre sa fierté de côté. Ce n'était pas fini. J'avais envie d'elle à nouveau, envie de lui faire plaisir. Elle aussi, je le compris à son regard décidé. Elle me donnait une seconde chance et venait réclamer sa part de plaisir. Logique, équitable, espérée. Je l'embrassai longuement. Elle se releva à moitié et me poussa avec tendresse à terre. Elle déposa son corps contre le mien, reprit ses délicats baisers, recommença ses tendres caresses et fit descendre sa bouche un peu à gauche de mon aine droite. Plaisir exquis et nouvelle vie.

Je sentis sa langue contre mon sexe, il se durcit. Elle suça doucement le gland et joua avec, contre sa bouche, ses lèvres et sa langue, comme s'il s'agissait d'une glace ; je fondis. Elle remonta embrasser mon bas-ventre, je ne bougeais plus, attendant la prochaine de ses douceurs. Elle lécha mon nombril puis mordilla mon téton. Cela m'excita dur et fort.

Elle m'amena entre ses cuisses et se leva sur moi. Walkyrie érotique, superbe et désirable. Je remontai son tee-shirt pour apercevoir ses deux seins se balancer au rythme de ses coups de reins. Les deux tétons pointaient, droits, fiers et sensibles. À mes premières caresses, ils répondirent par des messages codés, indescriptibles, électriques, je crois. Je me levais embrasser ces hymnes à la vie, blancs comme la neige, purs comme la nuit, beaux comme… Je m'égarais à nouveau.

Douce dans un premier temps, elle accéléra la cadence de son déhanchement de manière imperceptible. Elle était belle ainsi, tendue vers son plaisir, et moi je craquais. Nos corps, fondus en un seul, se répondaient dans une transe endiablée, longue et effrénée. Son souffle se transforma en petits cris, d'abord discrets, retenus, puis assumés. Enfin connectés, nous pouvions nous aimer et jouir ensemble.

Elle s'écroula sur moi, exténuée et essoufflée. Les battements de son cœur et l'humidité de son sexe ne laissaient aucun doute. J'étais heureux de son plaisir, comblé du mien, mais à la première clope fumée à deux une étrange pensée me mina un peu le moral. Elle le sentit et déclara :

— Je prends la pilule, ne t'inquiète pas.

Retour à l'ordinaire. Je m'inquiétais, c'est vrai, et me traitais de con de ne pas avoir pensé à avoir sur moi des capotes qui m'auraient totalement rassuré. Je baisais tellement peu, en même temps, et c'était tellement inattendu, de se retrouver ici, en pleine nature, avec Fanny, nue. Comment aurais-je pu prévoir cette après-midi radieuse ?

— Je ne pensais pas du tout à ça, mentis-je pour ne pas faire sombrer la scène dans l'ordinaire et la vulgarité.

— Et à quoi, alors ? demanda-t-elle, alertée par mon regard sombre.

— À après, à demain. On est trop bien ici.

Elle rigola et se mit à rouler un nouveau joint, sans dire un mot. Le charme absolu d'un moment rare était rompu. La vie reprenait le dessus, j'étais comblé mais déçu. Fanny ne serait pas ma petite amie, elle était trop libre, et moi bien trop romantique.

8

Si l'homme pouvait diviser le temps, je réduirais volontiers la durée de mon existence sur terre pour en vivre plusieurs à la fois. Peut-être alors découvrirais-je les secrets des tréfonds de l'âme humaine et le pourquoi et le comment des gens qui sont à l'heure et de ceux qui ne le sont jamais. Cela vaudrait le coup d'essayer. La grande histoire de l'homme n'en serait probablement pas bouleversée. La nôtre, un peu plus.

Il ne fallait pas être devin pour comprendre les raisons de notre retard. La nuit était en train de tomber et le repas pas loin d'être prêt. Nous étions arrivés quatre heures après les binômes Jo et Magali et Laura et Mathieu. Personne n'eut pourtant l'indélicatesse d'en plaisanter. Johan me fit bien un clin d'œil complice, mais je n'appris que plus tard que ce n'était pas pour me dire qu'il avait conclu avec Magali.

Laura demanda à Jo de m'indiquer la chambre des garçons. J'y montai déposer mon sac à dos et me laver les mains et le visage. Seul. L'eau glacée réveilla ma peau brûlée par le soleil de l'après-midi. Je me regardais dans le miroir. Un drôle de type aux cheveux longs et pas coiffés m'observait. Critique, lucide mais bienveillant, il me donna un conseil dont je ne décryptai pas le sens exact.

« La vie est dure, la vie est belle. On y souffre, on y baise, on s'y oublie, on s'y perd. »

Absurde et incongrue réflexion, je déprimais comme un lendemain de grosse cuite. Sale sensation désagréable dont on ne sort que par l'ivresse renouvelée.

« L'amour est une drogue trop violente pour un garçon de dix-sept ans. »

Cette pensée m'amusa. J'étais idiot de ne pas profiter de l'instant présent. Je croyais quoi ? Sur un coup de tête, nous serions partis à l'aventure, loin de chez elle, loin de chez moi, sans argent ni métier, sans un mot pour personne. Il n'y a que les garçons pour se rêver en prince charmant voyageur, libre de leurs gestes, et la raison, cruelle, implacable, de ramener le doux rêveur à la réalité. Il fallait retourner à l'évidence.
« Tu as juste tiré un coup, Sacha. Elle ne t'a rien demandé, ni promis quoi que ce soit. Savoure, elle ne va pas te coller sans cesse, ni te demander de ne plus traîner avec tes potes. On a bien ri, on est amis, on s'entend parfaitement, on passe un bon moment, on fait l'amour, et puis la vie repart, avec un peu de bol, sans MST. »
Derrière moi, une forme féline se glissa sans un bruit. Elle m'embrassa le cou. Fanny.

— Cette nuit je dors avec toi, d'accord ?

— Oui, bien sûr.

« Et demain ? »

— À table !

La maîtresse de maison, Laura, nous appelait. Mon cœur brisé se recolla. J'avais honte d'être ordinaire, un garçon comme les autres, dépendant des mêmes sentiments, aspirant aux mêmes émotions, esclave de mon cœur d'artichaut, d'avoir trouvé enfin l'âme sœur et du désir de posséder un être pour soi. Je ne m'aimais pas comme ça. Pas du tout. Un bon gueuleton me changerait les idées. Je l'espérais, mais je broyais du noir.
On mangea sur la terrasse, avec devant nous des kilomètres de terres agricoles, incroyable ouvrage de notre civilisation mélangeant fruits, légumes, pesticides, engrais nocifs, produits toxiques, organisation rationalisée, optimisation inéluctable. Les chiens de nos hôtes, deux boxers aussi massifs qu'affectueux, faisaient les fous et je m'imaginais à leur place, heureux de passer mon existence à jouer, manger, se récréer, forniquer, sans même savoir que je périrai un jour.
« Qu'il est bon d'être une bête et terrifiant d'en avoir conscience ! »
Le centre des déséquilibres de l'humanité était résumé ce soir-là par deux chiens innocents. Je divaguais un peu ; le dernier joint m'avait tapé sur les nerfs. Le ciel s'enflammait et la lune se réveillait, chacun son rôle, chacun à sa place, l'ordre des choses était respecté. Un plafond d'étoiles commençait à poindre au-dessus de nos têtes

et on aurait pu s'imaginer la fin du monde que le cours de nos histoires n'en aurait pas été changé. Poussières d'étoiles, têtes chercheuses d'existence, perdues dans les affres de nos aspirations, soutenues par d'extraordinaires artifices, nous voguions à contre-courant. Tragique comédie humaine, seuls les repères ordinaires peuvent te faire oublier : manger, dormir, travailler, se remplir, se vider, s'épanouir.
Le repas débuta dans la bonne humeur. Jean-Phi avait fait des côtelettes au barbecue, délicieuses, et Laura et Magali avaient tenté de composer une salade niçoise, ratée. On ne dit rien, on ne mangeait déjà pas deux fois par jour, alors l'intention valait pour bonne réalisation.
Nous étions sept, Jean-Phi n'avait invité personne. Étrange. Un peu plus tard dans la soirée je compris pourquoi. Après quelques verres de vin dans le nez, notre hôte se transformait en mégalomane insupportable. Il avait l'alcool triste et ingrat. Il gâcha la suite du dîner.
Les filles connaissaient bien le personnage et, aussitôt le repas terminé, elles s'étaient levées de table pour s'entraîner à mille exercices fascinants. Laura jonglait avec cinq balles multicolores. J'étais impressionné par sa dextérité et sa grâce. Cette nana-là se gâchait avec un abruti comme lui, mais je n'y pouvais rien. Elle aspirait à devenir une pauvre femme de gauche, à l'humanisme fané, féministe mais soumise à son homme, artiste ratée et mélancolique sans savoir pourquoi. J'aurais pu lui expliquer si elle l'avait demandé. Elle ne le voulait pas.
Magali maniait à merveille les bâtons du diable enflammés. Ses gestes précis et assurés lui donnaient dans la nuit une allure de chaman illuminé et bienveillant. Je suivais les cercles de feu tournoyant dans le noir, en apesanteur, magiques. Ils invitaient à la danse, au voyage, à la découverte d'un autre monde secret. J'aurais voulu lui demander de ne jamais arrêter et de bercer nos regards avec ses serpents enflammés et hypnotiques.
Fanny peaufinait des figures acrobatiques avec son diabolo luisant dans la nuit. Elle le lançait haut puis le rattrapait sans bouger comme si un fil, invisible, le liait pour toujours à la belle magicienne. Elle rayonnait. Y étais-je pour quelque chose ? Je l'espérais secrètement, pauvre petit macho orgueilleux.
Ces filles étaient pleines de ressources et d'initiatives poétiques,

mais Jean-Phi ne prêtait aucune attention à leurs jeux. Il n'avait de mots que pour lui et ses multiples autoproclamées merveilleuses aventures. Il nous raconta avoir passé plusieurs années à faire du théâtre de rue, à arpenter les villes et villages de France en présentant des spectacles incompris à des publics épars, à faire la manche pour ne pas mourir de faim. Un Gavroche des temps modernes, à l'entendre. Ces histoires l'exonéraient visiblement de toute admiration envers autrui. Tout juste se levait-il de temps en temps pour expliquer avec agacement, et une assurance faussement pédagogue, à ses élèves d'un soir telle ou telle nouvelle figure.
Attentives, elles écoutaient sans rechigner les conseils de ce gros balourd qui avait décidé de nous expliquer la vie. Mauvaise pioche. Mathieu roulait joint sur joint espérant calmer les ardeurs de notre hôte, mais c'était peine perdue, bien au contraire, Jean-Phi ne fumant pas. Presque plus, nous avoua-t-il, car il préférait rester maître de lui. Par politesse, il prenait le joint qu'on lui passait, le touchait des lèvres avec dédain puis le faisait tourner aussitôt. À ce rythme il ne sentirait l'effet positif et décontractant du haschisch qu'à la fin de la nuit. Faux espoir, car notre hôte s'était mis en tête de nous sermonner sur notre consommation de cannabis qu'il jugeait excessive. Il déroula un raisonnement vaseux et de mauvaise foi pour nous démontrer pendant près d'une heure de monologue pathétique que nous étions les otages d'une stratégie gouvernementale pour lobotomiser la jeunesse autrefois contestataire, aujourd'hui droguée et misérable.

— À force de fumer, les jeunes deviennent des légumes. Voilà pourquoi l'État ferme les yeux sur l'importation de tonnes de haschisch depuis l'Espagne.

Je ne voulais même pas répondre à d'aussi grosses bêtises. Jo était au bord de répliquer mais il ne désirait pas être désagréable avec Jean-Phi qui nous accueillait et nous offrait à boire et à manger. Mathieu roulait de plus en plus et était complètement fractal[15]. Pour ma part, j'attendais avec patience le moment où nous allions monter nous coucher. J'essayais d'imaginer comment j'allais virer Jo et Mathieu de la chambre pour me retrouver seul avec Fanny.

— Regarde-toi, Sacha, tu es amorphe, défoncé, tu ne parles plus. Le shit te rend autiste, crois-moi.

15 Synonyme de défoncé.

— Tu devrais peut-être arrêter de crapoter[16] et fumer un peu plus, ça nous ferait des vacances.
Aïe. Réplique spontanée et désobligeante. Laura fit tomber ses balles et Magali stoppa son jonglage. Jo me regarda avec surprise et fatalisme. Ça allait péter, il le savait. Mathieu rigolait en silence. Il me connaissait par cœur. Je n'avais besoin de personne pour foutre la merde dans un repas, alors si on m'y invitait… Jean-Phi fit mine de ne pas avoir entendu ma phrase.

— Ah ! tu te réveilles enfin, c'est bien. Tu disais quoi ? Je n'ai pas bien saisi ta phrase.

— Je disais que tu nous saoules avec tes conneries. Ça fait une heure qu'on t'écoute critiquer notre manière de vivre et que tu nous racontes tes expériences toutes nazes.

— Sacha !
Laura était venue s'asseoir avec nous, et à ses yeux je pouvais comprendre que ma vulgarité la choquait.
« Peu m'importe, princesse frigide, c'est ta copine que je baise, et elle est au top, je t'assure. »

— Laisse, il est encore jeune.
Je fus bien puni de mon insolence car mes critiques furent pour Jean-Phi l'occasion de dérouler une longue logorrhée à la gloire de la méditation, du yoga, de la spiritualité. Épuisant et ridicule. Laura buvait ses paroles. Je n'en pouvais plus devant un tel amoncellement de sottises débitées sur un ton docte et pédant, mais je pesai mes mots avant de répliquer. Question de bonne éducation.

— Écoute, je comprends tes aspirations, elles sont louables, et visiblement toi et Laura vous épanouissez avec. Parfait. Mais de là à nous imposer tes exercices de respiration comme idéal de vie, très peu pour moi. Vivez comme bon vous semble, mais ne cherchez pas à nous convaincre d'avoir la même vie pourrie.
Je devenais vexant. Mathieu s'amusait de me voir ainsi m'emporter. Il me roula un bédo et me fit signe de le garder. Il fallait prendre des forces pour moucher ces faux gauchistes de campagne.

— Et tu cherches quoi en t'enfumant la tête sans arrêt ? répliqua Laura, furieuse.

— À jouir, à ressentir du plaisir, à partager avec des amis des moments de délire, des fous rires…

---

16 Fumer sans aspirer la fumée.

— Eh bien rigole comme un âne, répondit Jean-Phi, si cela te convient. Tu confirmes ce que je dis, en te défonçant sans arrêt tu ne penses plus à rien et tu ne cherches plus à t'engager et à changer le monde.

J'étais sur le point d'exploser.

— Mais que fais-tu, toi, pour changer le monde ? Tu fais du cirque de rue et tu craches le feu ?

— Je vote, je milite, je débats.

— Pfffff, tu nous gonfles oui.

— Il est facile de soupirer quand on ne comprend rien à la politique ni à l'idéologie.

Il était fier de sa réponse. À quoi bon en rajouter ?

— Tu dois avoir raison, restons-en là. Je ne dois rien comprendre à la politique…

Laura était satisfaite. Son homme ne s'en sortait pas trop mal. Fanny vint malheureusement en rajouter une couche.

— C'est idiot de stigmatiser les gens parce qu'ils ne pensent pas comme toi, ne vivent pas comme tu penses qu'il faut vivre. C'est fasciste.

Les gros mots, tout de suite.

— Mais de quoi parles-tu ? s'emporta Jean-Phi. Qui est fasciste ici ? Je militais aux JCR[17], tu n'étais pas encore au collège.

— Et alors ? demanda Jo. T'as été un bon mouton comme tes copains, t'as appris tous les slogans de ton petit groupe consciencieusement, t'as lu « Le Petit Livre rouge » avec délectation et pour cela nous te devons respect et bonne écoute ?

Si Johan s'y mettait, on n'était pas sorti d'affaire.

— Je ne dis pas ça mais à vous voir ainsi j'aimerais bien savoir où vous vous situez d'un point de vue politique.

Jean-Phi se réjouit de sa remarque. Pauvre type égocentrique, j'allais le moucher.

— Tu veux qu'on te dise quoi, exactement, si on vote ? On n'en a pas encore l'âge. Pour qui on voterait ? Personne. On n'en a rien à foutre. Les élections sont une jolie comédie inventée pour te pousser à t'impliquer dans un système qui abrutit et infantilise.

— Vous êtes des nihilistes, c'est bien ce que je dis. Vous n'avez aucune conscience politique.

Il commençait à me fatiguer sérieusement.

---

17 Jeunesses communistes révolutionnaires.

— Écoute, traite-nous de drogués, d'autistes ou de nihilistes, comme tu veux. Le principal est que tu nous mettes dans des petites cases qui te rassurent, mais par pitié, lâche-nous un peu.

— Il a raison, Jean-Phi, laisse-le développer sa vision des choses.

Si Laura se mettait à me soutenir, Jean-Phi n'allait pas faire long feu. Je la remerciai du regard, elle ne daigna pas le remarquer. Je développais :

— La droite est cynique et hautaine. Ça ne me plaît pas. La gauche est hypocrite et bien-pensante. Ça ne m'intéresse pas plus.

— Et toi tu es quoi, gros malin ? demanda Laura avec condescendance.

— Libre. Je suis libre, c'est tout.

— Libre de te perdre dans des artifices…

— Libre de me gérer, de penser par moi-même, de faire ce que bon me semble sans porter atteinte à autrui, libre de fumer, de faire la fête, de faire l'amour avec qui je veux, quand je veux, libre de penser et de vivre sans avoir à répéter les idées impersonnelles d'un petit chef autoritaire.

— Libre surtout de te détruire et de te perdre dans les utopies de ton âge. L'avenir te rattrapera bien vite.

Jean-Phi se leva de table avec ironie, mais c'était une posture pour ne pas perdre la face. Il voyait bien que nos idées étaient bien plus fondées et absolues que son gauchisme vieillot et dépassé. Je lui renvoyais les idées de jeunesse qu'il avait perdues avec aigreur et sans s'en rendre compte, pour devenir un « M. Je-sais-tout » au public réduit à sa jeune compagne…

Par chance il travaillait le lendemain matin et décida d'aller se coucher en proposant de reparler de tout cela plus tard. Personne ne lui répondit. Laura monta avec lui. Jo fit mine de battre des mains.

— Bravo l'artiste, il doit être content de nous avoir invités.

— Arrête, c'est un gros con, tu l'as bien entendu ? C'est un connard d'artiste qui n'a rien vécu de sa vie si ce n'est faire la manche dans des trous paumés… Il se sert de sa misère pour jouer au philosophe. Cinq minutes ça va, deux heures c'est trop…

Jo ne répondit pas, Mathieu pouffa et sortit le bang pour passer à autre chose. Les filles s'étaient remises à leurs exercices du soir, et je les regardais à nouveau se mouvoir dans l'espace avec grâce et

poésie. Elles avaient repris leur manège enchanté et j'espérais me perdre dedans.
Laura descendit et s'assit à notre table sans un mot. Elle posa ses deux pieds adorables sur la table et commença à se balancer avec une étrange régularité. Je remarquais pour la première fois son rouge à ongles vif. Je ne la pensais pas si coquette, mais elle était foutrement sexy, ainsi positionnée, les jambes écartées pour garder l'équilibre, sa jupe tombant entre ses cuisses, son débardeur hippy laissant deviner des seins au galbe parfait. Elle fumait une clope avec volupté. Elle était belle et le savait, mais la petite idiote venait enfermer ses charmes dans le trou du cul du monde avec un penseur de comptoir. Je voyais ça comme une revanche du destin, ordonnateur sans pitié de l'avenir de chacun. Elle se foutait visiblement de brûler ses dix-sept ans avec un raté notoire. Si seulement elle avait voulu changer un peu, voir autre chose que sa campagne gersoise… Mais non, on ne fait pas le bonheur des gens malgré eux. La belle prit un air détaché inquiétant et j'évitais de regarder les ronds de fumée qu'elle expirait par sa bouche et qui s'envolaient pour se perdre dans la nuit. Comme nos âmes.
Mathieu me tendit le premier bang. Laura se leva pour me le passer, mais elle se rassit avec. Une seconde, j'eus peur qu'elle ne le brise par terre, de rage.

— Tu me passes du feu, Sacha ?

Elle ne plaisantait pas. Mathieu me regarda, surpris. Je ne savais pas trop quoi faire.

— Tu es sourd, en plus d'être idiot ? se moqua-t-elle avec une douceur dont je ne la croyais pas capable.

Je m'exécutais et j'observais le spectacle. Elle plongea sa bouche dans l'extrémité haute du bang et posa le doigt sur l'embouchure frontale pour bloquer tous les appels d'air. D'un geste assuré elle alluma le foyer où le mix se consuma sous les assauts de sa respiration. Quand elle recracha la fumée, nous vîmes tous qu'elle prenait une grosse claque, son front devenant livide, mais par orgueil elle ne dit pas un mot et tendit l'ustensile encore fumant à Mathieu pour qu'il continue sa tournée. Ses yeux injectés de sang marquaient l'impact du bang sur son petit être fragile, mais je crus une seconde qu'elle cachait de la peine et des yeux humides derrière un masque de jolie poupée défoncée. Je prenais mes rêves pour des réalités, mais je savourais le spectacle.

Il y a peu de chose aussi sexy qu'une jeune femme séduisante et effrontée qui découvre les paradis artificiels. Alors trois, imaginez. Nous finîmes la nuit ainsi, petite bande en quête d'absolu et d'ivresse, sans un mot de rappel sur ce qui venait de se passer. Johan était en verve et raconta mille histoires et galères qui nous étaient arrivées en soirée, au lycée, en vacances. Cela faisait deux ans qu'on ne se quittait plus et il parlait déjà comme un vieux combattant. Était-ce nous qui hallucinions où tous les jeunes vivaient-ils autant d'aventures ? La réponse était évidente. Nous étions des têtes chercheuses d'existence.

9

Perdu dans mes rêves, j'imaginais une course à vélo avec Mathieu et Jo. Nos destriers métalliques étaient à quatre roues et bien trop grands pour nos tailles d'adultes. Je touchais à peine les pédales pour avancer. Nous roulions sur une piste infinie, sans frein, prenant de la vitesse de manière inquiétante, jusqu'à décoller et nous envoler dans un ciel azuréen… Mais soudain quelqu'un me tapait dans le dos, manquant de me faire tomber.

— Putain, c'est quoi ce bordel ?

Je m'éveillais en sursaut, transpirant, j'ouvrais les yeux et devant moi le visage de Laura me fixait. Second rêve ? Non, j'étais bien dans la chambre des garçons, seul dans un lit avec Fanny qui dormait profondément. Laura mis son doigt sur la bouche pour m'intimer le silence et me fit signe de la suivre. Son regard ne me laissait aucune autre issue, et je me levai sans un bruit, laissant Fanny à ses songes solitaires. Je sortis de la chambre, mal réveillé, prenant sa suite comme un automate, et descendis l'escalier en manquant de tomber à deux reprises. En bas, Jo et Mathieu dormaient sur les canapés, le visage apaisé et le souffle régulier.

Je me souvins être tombé de fatigue le premier et être monté me coucher vers quatre heures du matin. Fanny m'avait rejoint et sans un mot s'était glissée contre moi. Doux plaisir. Elle était si sensuelle et attachante, pourquoi la quittai-je ainsi ?

Laura m'indiqua la cuisine, j'y entrai.

— Qu'est-ce qui se passe ?

— Chut, moins fort, ordonna-t-elle. Tu vas réveiller tout le monde.

Et moi j'étais quoi, là ? L'horloge de la cuisine indiquait sept heures du matin. J'étais cramé. Trois heures de repos c'était trop peu pour un type dans mon genre. Laura me tendit un bol de thé. Je m'y brûlai les lèvres.

— Tu m'as réveillé pour me faire prendre le petit déj' ? demandai-je d'un ton peu amène.

— Non, bois et après tu me suis.

— Laura, il est sept heures du mat', le soleil vient tout juste de se lever, m'énervai-je.

Elle leva la main la posa doucement contre ma bouche. Ok, je me taisais.

La tasse finie, je la suivis à l'extérieur. Elle m'emmenait je ne sais où, et j'en profitai pour me griller une tige. La première cigarette du matin a toujours la bonne idée de faire remonter toutes les ivresses de la veille. J'étais éclaté en trois taffes et j'eus du mal à garder l'équilibre l'espace d'un court instant.

Dehors, l'aube surgissait depuis les tréfonds de la ligne d'horizon. Images superbes de la création du monde, collages inédits d'un dieu halluciné, je restai interdit devant tant de beauté.

— Dépêche-toi.

J'exécutai ses ordres comme un petit soldat soumis. J'avançai le long d'un chemin qui laissait la maison et Fanny derrière nous. Elle voulait me montrer le lever du soleil, attention délicate d'une jeune femme insondable qui critiquait mon style de vie et se déchirait la tête dans la foulée. Je frissonnais, l'aurore était fraîche par ici.

— On n'est pas obligé d'aller si loin… remarquai-je.

Elle ne répondit rien et hâta le pas, s'éloignant de moi comme si je n'existais pas. Cette nana allait me rendre fou. J'accélérai à mon tour pour la rattraper, et, au bout de cinq minutes de marche de sioux, silencieuse et assurée, elle stoppa. Nous étions perdus dans une prairie, invisible depuis la maison. L'endroit était romantique et le point de vue magnifique pour observer le début de journée. Je m'étendis pour observer le spectacle et allumai une nouvelle clope pour fêter ça.

— Tu fais quoi ? demanda-t-elle. Elle se tenait à contre-jour, me cachant les premiers rayons du soleil.

— J'admire le spectacle, enfin si tu m'y autorises.

— On n'est pas là pour admirer le soleil, mais pour lui parler. Lève-toi.

— Hein ? Tu veux parler au soleil, maintenant ? T'as abusé hier soir, Laura...
J'essayais de plaisanter mais elle n'en avait cure. Elle me tendit la main et m'aida à me lever avant de m'expliquer.

— Hier soir je t'ai suivi dans ton délire, sans un mot, sans une explication, et j'avoue avoir compris une partie des choses que tu nous as expliquées. Maintenant c'est à toi de m'écouter et de me suivre.
J'étais scotché sur place. Laura était complètement barrée dans sa tête pour me sortir du lit après trois heures de sommeil afin de me faire discuter avec le soleil. Elle n'en avait pas conscience, personne n'ayant dû, depuis sa tendre enfance, lui dire « non », et moi, imbécile heureux, je l'écoutais sans rien dire, comme tous les autres. Elle se justifia, sûre d'elle :

— Je vais t'apprendre la salutation au soleil, une série de gestes de yoga qui permet de débuter chaque journée de manière équilibrée.

— Sérieux, Laura, tu m'as fait venir ici pour me donner un cours de yoga ?

— Évidemment, pour quoi d'autre, sinon ?
J'avais plein d'idées, je n'en dis aucune. Elle sortit de son sac deux tapis qu'elle positionna l'un en face de l'autre. Elle ôta ses sandales et s'installa au milieu du premier. D'un geste elle m'invita à faire de même. J'hésitai. Maintenant que j'étais là, autant l'écouter, même si j'avais une irrépressible envie de lui râler après et de retourner me coucher dans les bras de Fanny. J'avançai au centre de mon tapis, essayant de calculer l'emplacement idoine. Quand je la regardai pour obtenir son assentiment, je restai pétrifié.
Elle avait enlevé son débardeur et était torse nu, sublime. Ses deux seins pointaient sous l'effet de la fraîcheur de l'air et une légère chair de poule hérissait les poils de ses bras. J'étais totalement pris au dépourvu. Mal à l'aise, ensuite, quand elle retira son short en jean et sa culotte, dans le même geste. Son sexe noir et ses hanches fines s'imposaient à mon regard comme une évidence, Rodin en aurait rêvé. Elle était nue devant moi et j'étais médusé de voir son œil aussi grave et son corps si attirant. Elle ne se démonta pas et m'expliqua :

— Enlève tes vêtements et suis mes gestes.

— Laura...

— Fais ce que je te dis.
J'avais envie de l'écouter et je découvris que je pouvais être hermétique au ridicule. Un homme est prêt à tout pour satisfaire une femme. Il est capable d'abandonner pays, famille, pouvoir, richesse ; alors je pouvais bien renoncer à ma fierté matinale.
Par bonheur, mon sexe sut se maîtriser. J'étais nu à mon tour et j'observai moins les conseils de mon professeur que la délicatesse des courbes de son corps éloigné d'un petit mètre. Douce frontière si facile à traverser, mais impossible à atteindre.
Elle ferma les yeux, je gardai les miens ouverts ; elle joignit les mains comme le font les Japonais pour dire bonjour, je fis de même. Elle expira. Elle tendit les bras vers le ciel, en incurvant ses reins au maximum, je l'imitais en admirant ses deux seins magnifiques maintenant tendus vers le ciel. Elle inspira. Elle se pencha en avant, les jambes droites, les mains touchant le sol pour s'étirer ; j'essayai de reproduire la performance sans y arriver, je n'étais pas assez souple. Elle expira. Je sentis mon sexe se balancer dans le vide, et le vent caresser mes bourses, j'avais honte de mon style yogi. Elle m'ignora, toute concentrée dans sa chorégraphie diurne. Elle s'accroupit avec aisance, gardant un genou dirigé vers le soleil et allongeant l'autre jambe loin derrière elle, ses deux mains lui permettant de s'étirer au maximum. Elle inspira. Puis, les mains contre le sol et les deux jambes tendues à terre, elle remonta ses fesses vers le ciel, le plus haut possible, formant un pont imaginaire. Je gardai la position précédente pour admirer cette ode à la femme, à l'amour, à la vie. Elle expira, puis se coucha totalement contre son tapis. Elle me regarda pour voir si je suivais. Je m'exécutais en sautant la position précédente. J'aperçus ses seins plaqués au sol déborder la largeur de son buste. Elle inspira. Avait-elle conscience de l'effet qu'elle provoquait ainsi ? Impossible à dire. Elle releva le buste, les seins à nouveau au vent, superbes étendards auxquels je me ralliai sans bataille. Elle expira, puis reprit dans le sens inverse toutes les positions précédentes. Je m'arrêtai pour être sûr que je ne rêvais pas. Elle me regarda, satisfaite d'elle-même.
— Et maintenant tu refais cela pendant quinze minutes.
« Quinze minutes, rien que ça, ma belle ? Je n'en ai aucune envie. » Je lui dis, elle se vexa.
— Si tu ne répètes pas ces gestes-là quinze minutes, tu ne tireras aucun bienfait de l'exercice.

« Pour les bienfaits, c'est déjà OK, merci, n'osai-je répliquer. »
Le sentiment de malaise me reprit. Elle exagérait franchement. Je ne me sentais pas bien, nu, devant elle, à prendre des positions ridicules. J'étais bien gentil, mais là c'était au-dessus de mes forces.

— Je ne peux pas, dis-je, désolé, en me retirant du tapis et en reprenant mon pantalon. C'est sympa de vouloir partager cela avec moi mais je ne le sens pas, je m'excuse.

Elle n'en revint pas. Était-ce mon non définitif, mon arrêt soudain ou ma gêne grotesque qui la touchèrent ? Je ne sais pas.

— Tu dois jouer le jeu, comme je l'ai fait hier soir.

— Mais je ne t'ai rien demandé, hier soir.

Ses yeux s'emplirent de larmes. Elle semblait sur le point de s'écrouler en pleurs devant moi.

— Fais ce que je te dis, je t'en prie.

C'en était trop. Laura était folle, totalement larguée, prête à tout pour avoir raison et rattraper les conneries de son mec.

— Laisse tomber, tu n'as pas à me convaincre de quoi que ce soit. Je comprends très bien vos positions et je les respecte, mais je n'ai aucune envie de faire le guignol à poil avec toi en pleine nature.

— Tu préfères t'éclater avec Fanny, c'est ça ?

— Mais c'est quoi, ton problème, sérieux ? Pourquoi tu parles de Fanny, tout d'un coup ?

— Je n'ai aucun problème avec elle, c'est mon amie, mais tu crois franchement qu'on est con au point de ne pas voir que tu la baises ?

Sa vulgarité inattendue me laissa pantois. Je ne répondis même pas à la remarque, je remis mon pantalon et mon tee-shirt et la quittai ainsi. De deux choses l'une. Soit elle voulait de moi parce que j'avais calmé son homme et sauté sa copine, et sa méthode de drague était inédite et loin d'être performante. Soit elle faisait un caprice parce que je ne voulais pas me soumettre à ses quatre volontés, et elle avait un sérieux problème psychologique. Dans les deux cas, je n'avais pas ma place à ses côtés.

Sur le chemin de retour, pourtant, je regrettai ma réaction. Avec un peu de retenue et de diplomatie, j'aurais pu aller plus loin. La nana dont je rêvais depuis notre arrivée à Mirande s'était déshabillée devant moi et je n'avais rien tenté. L'occasion de lui faire l'amour ne se représenterait pas, et il aurait suffi d'un peu de mauvaise foi pour l'embrasser. Mais quel plaisir y aurait-il eu à sauter une allumée de ce type ? J'espérais me convaincre. Peine perdue, c'était trop tard, j'avais raté le bon wagon et le train ne repasserait pas. Je rentrai ainsi me coucher dans les bras de Fanny, espérant avoir rêvé tout éveillé pour ne rien regretter. Je dormis jusqu'à midi et m'éveillai seul, comme un con.

10

Mes pensées défilaient à la vitesse de combustion de mon pétard. Je déformais mes sens et transcendais le temps à l'aide d'une boulette sombre et aguicheuse. Fermer les yeux ne servirait à rien, les secondes s'enchaînaient, les minutes s'écoulaient, les heures décollaient. La vie s'en allait, remplacée par des souvenirs plus ou moins intenses, s'accumulant doucement avant l'oubli, total.
La journée passa vite. Jean-Phi était rentré du boulot d'excellente humeur. À le voir ainsi aimable et prévenant, je me demandai s'il n'était pas bipolaire, ce drôle d'état psychologique, autrefois appelé psychose maniaco-dépressive, aujourd'hui dénomination lissée – comme tellement de choses. Les troubles de l'humanité ne changent pas, ce sont les mots pour les décrire qui évoluent au gré des civilisations et des époques. La nôtre se cache derrière des mots bien pensés, des phrases bien construites, un ton posé et calme pour donner l'impression que nous maîtrisons notre destin. Grand-Père n'a pas Alzheimer, il perd la tête ; Maman n'a pas un cancer, elle est gravement malade ; Papa n'est pas mort, il est parti là-haut ; Jean-Phi n'est pas psychotique et maniaco-dépressif, il est bipolaire. J'aimerais tirer au bazooka sur toutes ces conventions sociales, une bonne fois pour toutes, histoire qu'on puisse enfin se regarder dans le blanc des yeux, montrer ce qui se cache dans nos cœurs, dans nos âmes, mais tout cela est peine perdue. L'humanité poursuit sa route et l'hypocrisie bien-pensante l'accompagne sans doute.
À aucun moment Jean-Phi ne parla de notre conversation de la veille. Je ne l'évoquai pas non plus – à quoi bon se fâcher de nouveau ? Nous n'étions pas d'accord et il y a tant d'autres choses

à faire dans la vie que de se reprocher nos contradictions...
Sobre, le propriétaire des lieux devenait charmant et prévenant ; il se proposa de nous apprendre à jongler et à cracher le feu. Excellente idée ! Nous avions là une occasion de prouver que nous n'étions pas si amorphes que cela et de montrer notre intérêt pour les choses de la vie de bohème. Mathieu et moi nous mîmes donc au travail. Le professeur bougon de la veille se transforma en parfait pédagogue. Maladroits dans le premier exercice, nous excellâmes dans le second. Mathieu surtout.
La méthode était simpliste, et en dehors de la peur du feu qui pouvait paraître rédhibitoire, il suffisait de postillonner très fort du White-Spirit sans reprendre son souffle à la fin de l'exercice pour dessiner de belles et longues flammes déchirant l'atmosphère. Mathieu se surpassait dans l'exercice et je dus reconnaître sa supériorité dans le défi qu'il me lança. Ses flammes étaient plus furieuses, plus larges, plus consistantes. Un vrai dragon diabolique quand je n'étais qu'un gentil dragonneau à bout de souffle après avoir craché quatre ou cinq flammèches. Les filles, sans pitié, se moquèrent de mes tentatives et de ma bonne volonté à devenir un artiste enflammé. Les pestes.
Jo ne s'y essaya même pas. Il avait vu un de ses amis à lui se prendre un retour de flamme et se brûler la bouche et la totalité des bronches. Ça l'avait calmé pour toujours de ce type de jeu, au contraire d'autres plus terre-à-terre. Magali l'ayant repoussé encore une fois la nuit précédente, je le voyais à nouveau s'intéresser à Fanny. Tristesse et désolation. Je n'avais rien à dire, seule la belle décidait de ses envies, de ses désirs.
Un peu plus tard, Jean-Phi, me voyant à la peine, insista pour que je donne une nouvelle leçon de vélo à Laura.

— Je t'ai appris à cracher le feu, fais-moi plaisir, montre-lui comment garder son équilibre. Elle ne veut pas m'écouter.

Le pauvre homme connaissait-il les tourments de sa belle ? Certainement pas, l'amour les lui cachait. J'avais espéré que Laura refuse, mais elle avait sauté sur l'occasion pour que nous repassions un moment ensemble. Sadique ou masochiste, je ne savais plus comment la définir. Peu importait, je lui plaisais mais d'une étrange manière. Adorable étudiante, détestable compagne, elle fut appliquée et écouta sans broncher mes conseils à moitié éclairés. Elle rigolait à la moindre explication et passait par toutes les

postures possibles de la séduction adolescente : ingénue, mutine, confidente ; exquise torture destinée à me punir, mais de quoi ? La question méritait d'être posée, la réponse était toute trouvée.
« Désolé, princesse, nous ne sommes pas du même monde. Le mien est simple et clair, sans ambiguïté aucune. Le tien est obscur et trop sinueux. Je t'y laisse sans regret. »
La scène de la veille me revenait à l'esprit à chaque sourire, je ne voulais plus lui porter aucune attention. J'étais chez les fous et je projetais de rentrer au plus vite au campement, retrouver Guillaume et Julio, leur raconter mon séjour ici. À force de flirter avec ces douces furies, on ne s'était pas vus de la semaine. Leurs moqueries me manquaient et ils se seraient bien amusés à me voir perdre mon temps à apprendre l'équilibre à une déséquilibrée.
Je n'allais pourtant pas les voir de sitôt.
Jean-Phi nous avait indiqué pour le soir même une fête à laquelle il se proposait de nous emmener.

— Vous allez adorer les gens qui seront présents. Ils sont adorables et tout à fait dans votre style…

Il n'en dit pas plus si ce n'est que, tous les soirs de pleine lune, les percussionnistes des environs se réunissaient près d'un lac pour jouer toute la nuit de leurs instruments. Jean-Phi nous décrivit la réunion nocturne comme une sorte de Full Moon Party[18] tribale gersoise. J'étouffai un rire, j'étais idiot ; pourquoi refuser aux habitants d'ici un intérêt singulier pour la musique africaine ? Je devenais caricatural et mauvais – la faute à quoi, la faute à qui ?
La décision fut facile à prendre. Mathieu et Jo avaient envie de passer la nuit à danser au son des djembés. La perspective de faire la fête en pleine nature me plaisait. J'avais besoin de m'aérer l'esprit avec mes potes, de partager avec eux une nouvelle nuit d'euphorie, d'épuiser mon âme écorchée à leurs côtés.
Jean-Phi nous emmena sur les lieux des festivités avec sa vieille R5 rouillée. Le véhicule d'un autre temps semblait adresser un grand bras d'honneur à la société de consommation. Elle n'avait plus sa couleur d'origine, ses jantes avaient disparu, son pot d'échappement crachotait des poussières noires inquiétantes, mais la R5 restait debout, fière face à des véhicules pensés désormais pour durer dix ans tout au plus. Le monde devenait fou à force de

18 Grande fête organisée les soirs de pleine lune à Goa par les premiers freaks s'y étant installés.

vouloir produire sans cesse, sans autre but, sans poésie, sans plus d'humanité qu'un concessionnaire Renault.
Nous nous étions entassés dans l'antique voiture sans fausse pudeur et notre petite bande passa en vitesse par une supérette pour acheter une bouteille de rhum agricole et les indispensables jus de fruits qui vont avec. Nous étions parés pour une nuit inoubliable.
Le lac de Miélan était un lieu étonnant. Je ne m'attendais pas à trouver une plage de sable fin perdue en pleine campagne du Sud-Ouest. Décidément, j'étais plein d'idées préconçues sur cette jolie région et ses habitants. Il fallait que je m'en débarrasse. Jean-Phi nous présenta le site comme très touristique, nous expliquant avec dégoût les dizaines d'étrangers qui venaient se dorer la peau sur les bords du lac. Le pauvre n'avait jamais passé un été sur la promenade des Anglais, il se serait suicidé. J'évitais de lui faire part de ma pensée de peur qu'il ne le prenne mal. Nous étions réconciliés et il se trouvait être un parfait guide pour découvrir les recoins de ce petit paradis balnéaire.
Pendant le trajet, j'eus plus d'une fois envie de me jeter à l'eau pour y noyer mes étranges souvenirs matinaux et chasser la moiteur de mon corps. Le vent n'avait pas soufflé de la journée, et l'air lourd entourait nos corps d'une pellicule de sueur désagréable. La promiscuité dans la R5 accentuait cette sensation et l'odeur de nos corps transpirant embaumait tout le véhicule. Tout le monde sue, même les plus jolies filles, alors que dire d'adolescents velus et mal lavés ? Seules les effluves de marijuana venaient cacher nos parfums intimes. Encore une bonne raison de se miner la tête.
À cinq passagers derrière, entassés les uns sur les autres, nous étouffions et je soupirai de soulagement quand Jean-Phi tourna à gauche pour emprunter un long chemin poussiéreux en nous annonçant que nous étions arrivés. Six cent mètres plus loin, il gara la voiture près d'une vingtaine d'autres véhicules dont plusieurs Combi Volkswagen aux couleurs chatoyantes. Pièce historique d'une époque révolue, je me plus à imaginer que la libération sociale et morale des années 70 n'avait pas cessé. Cruelle erreur. Les tenants de cet autre temps avaient bien vieilli, et pour beaucoup s'étaient reniés, les preuves quotidiennes étaient légion, laissant à leurs enfants l'héritage de leurs désillusions. Les derniers romantiques étaient partis s'expatrier en Inde, d'autres au Brésil, les moins fortunés avaient opté pour le Gers.

Nous étions parmi eux ce soir-là, jeunes pousses désordonnées, herbes folles impossibles à tailler, héritiers d'un passé bien présent, acteurs d'une symphonie sans harmonie, fiers de nos talents naissants. Jean-Phi assurait la transition. Il connaissait les plus vieux qui l'avaient vu naître, sinon langé, et amenait maintenant les plus jeunes à eux. Il nous avait bien eus, le filou, vingt-quatre heures auparavant, se faisant passer pour un jeune réactionnaire alors que ses amis, ce soir, étaient les derniers survivants d'une époque passée où l'amour était libre, se pratiquait sans capote, et les psychotropes perçus comme un moyen de sublimer l'âme des poètes.

Pourquoi avait-il agi ainsi ? Pensait-il vraiment ce qu'il nous avait dit sur le haschisch et avait-il déjà partagé le même point de vue avec tous ses vieux hippies d'amis ? Je me promis de lui poser la question, et le cas échéant, si je l'avais mal compris, s'il s'était mal exprimé, je m'excuserais. Ce serait la moindre des choses pour le remercier de nous offrir ce voyage dans le temps, porte secrète donnant accès à une époque inaccessible et fantasmée par notre génération.

Devant nous une dizaine de joueurs de percussions s'échauffaient. La quarantaine finissante pour certains, la cinquantaine avancée pour d'autres, ils trônaient sur leurs instruments tels des pachas indiens, fiers de leurs couleurs mais honteux de le montrer. Une sympathique cacophonie naissait de leurs battements de mains désordonnés. La vie et la musique ne sont pas des affaires de solistes mais de bons petits soldats, compris-je en les voyant. L'anarchie est une formidable utopie, impossible à réaliser. Triste constat.

Un peu plus loin, deux femmes aux cheveux longs discutaient de l'éducation alternative qu'elles offraient à leurs enfants, nés un peu tard, au dernier moment, celui où l'on comprend qu'après il sera trop tard. Ils n'étaient pas là, les soirs de pleine lune demeuraient les derniers moments de liberté de ces vieux couples, esclaves comme tout le monde du fruit de leurs entrailles.

« Liberté chérie, je t'ai abandonnée pour perpétuer ma race. »

Je remarquai leurs poils sous les bras, et espérai de toutes mes forces que de telles modes disgracieuses ne reviennent pas, oubliant sur le moment le conditionnement abject qui me faisait aimer les corps lisses d'adolescentes. Le culte de la virginité et de la pureté est une idiotie puérile, une de plus dans cette société fermée.

— Les artistes, enfin ! s'écria un homme âgé, aux rides saillantes, qui ressemblait à une sorte de poète illuminé et qui était, nous expliqua Jean-Phi, le guide éclairé de cette communauté.
Ils n'attendaient plus que nous, enfin nos femmes et leur jeunesse, leur folie, leurs instruments féeriques, pour rêver à nouveau. Je le compris un peu plus tard. Jean-Phi me présenta le vieux fou au crâne chauve mais aux tempes garnies de longs cheveux en bataille. On aurait dit Léo Ferré, halluciné mais amical. Il s'appelait Léo, d'ailleurs. Surnom ou patronyme, qu'importe, il le portait à merveille, ce vieux bougre bienveillant. Complice même quand il me proposa un sachet plein de champignons magiques.
Jean-Phi nous avait décrits comme des amis de passage, des jeunes dont les idées lui plairaient, des acteurs à part entière de la Full Moon Party. Il fallait nous mettre à l'aise et Léo ne demandait qu'à être convaincu.

— Tu connais ? demanda-t-il en me montrant le vieux plastique de supermarché rempli de champignons.

— Des psylos ?

— Des psylos, oui. Vous en prenez avec nous ce soir ?

— Oui, mais nous n'avons pas trop d'argent, préférai-je poser dès le départ.

— Mes amis ne paient pas, s'offusqua le vieux Léo, et vous êtes les amis de Jean-Phi, donc mes amis.

J'appréciai le discours et le geste, ceux d'un grand homme qui partage sa vision de la fête avec autrui et initie les moins instruits aux délices d'une nuit éclairée et fantastique. Il nous conseilla de les avaler avec du pain et du miel pour cacher le goût assez immonde des psylocybes. Il nous fournit de quoi faire et recommanda :

— Ne les avalez pas tout d'un coup, au cas où vos estomacs les rendent d'abord. Et n'en prenez pas plus de vingt-cinq ce soir. Ils sont forts. Asseyez-vous ensuite et profitez. Laissez-les vous prendre l'âme et l'esprit au son des djembés. Décontractez-vous, surtout, la nuit va être belle.

Léo était surexcité, ses pupilles indiquaient qu'il était déjà dans des mondes surnaturels et féeriques et nous invitaient à le suivre.
« Que n'ai-je eu un père comme cela pour me transmettre ce savoir-faire chamanique », regrettai-je.
Je m'assis à terre, avec une baguette de beau pain doré, le pochon plein de champignons et un petit pot de miel. Les filles refusèrent

d'en prendre. Elles voulaient se concentrer sur leur spectacle. Généreuse attention. Jean-Phi travaillait le lendemain matin tôt, il ne pouvait se permettre d'embaucher les yeux révulsés et le regard encore perdu dans la nuit précédente. Il me fit un clin d'œil complice pour effacer les paradoxes de la veille.

Je compris soudain son attitude agressive. Elle ne s'adressait pas à nous, mais aux espoirs perdus et noyés dans la réalité de sa vie. Il était né ici, et s'était cru artiste libre et certain de son avenir. Mais la route l'avait ramené sur son lieu de départ. Ingrat labyrinthe du destin qui ne veut pas écouter l'âme des rêveurs et les renvoie inlassablement à leur misère. Il mourrait donc ici, avec un peu de chance, accompagné d'une douce Laura, ou d'une autre rêveuse, ou sinon seul avec ses chiens, l'horizon en ligne de mire mais le pied attaché à son quotidien, pas si mal à vrai dire. Liberté sous condition, mélancolique assignation à résidence, il ne partirait plus.

Hier soir, il avait voulu nous mettre en garde, ce soir il nous passait le témoin. Et dire que j'avais failli sauter sa femme sans un remords. Je m'en serais voulu en découvrant sa nature profonde.

Bam, balam, bilibam, balam. Les musiciens débutaient leur récital anachronique.

Léo nous expliqua plus tard que, dans les années 70, il était parti dans la brousse ivoirienne et que, à la frontière de la Guinée et de la Côte d'Ivoire, il était tombé sur une tribu dont les chefs l'avaient initié à l'art de la percussion. C'est en passant ensuite à Bouaké qu'il avait découvert Adama Dramé, le grand maître percussionniste de l'époque. Il devait y rester trois ou quatre jours, il y était resté six mois, observant et apprenant les techniques de base nécessaires pour maîtriser son nouvel instrument, le djembé. Il y avait converti depuis une bonne partie de ses amis, présents ce soir, tissant ainsi un fil invisible entre deux continents, deux cultures, deux peuples, une seule humanité. Appliqués et consciencieux, les musiciens, solidement installés sur leurs instruments, commençaient à battre en cadence le même rythme syncopé. Formant un étonnant orchestre monté sur des calices en bois massifs et terminés par des peaux de chèvre, ils déroulaient un langage surnaturel et hors du temps.

Les filles s'entraînaient encore, échauffant leurs muscles galbés et répétant des figures maintes fois mémorisées. Nous entrions dans

une zone de liberté absolue, protégée avec raison par cette tribu accueillante.
Il était temps d'entrer en scène.
Je partageai avec équité le sac plein de champignons et répétai les conseils du vieux Léo. Mathieu ne m'écouta pas, évidemment, et il avala toute sa dose sur une tartine sans miel. Jo fut plus raisonnable et il prit comme moi un premier sandwich à l'allure peu appétissante.
Je regardai le reste des champignons avec amusement, le capuchon d'un psylo formait une courbe proche de l'extrémité d'un sein de femme. Il me rappelait ceux de Fanny, pointus et tendus vers l'amour. Le présage était bon.
Sous un autre angle, en revanche, on aurait dit un drôle de spermatozoïde à la peine et cherchant son ovule de manière désordonnée. L'augure était plus inquiétant. Je cherchais le regard de Fanny pour y trouver du réconfort, mais elle n'avait d'yeux que pour son diabolo enflammé.
Nous fûmes bien inspirés de suivre les recommandations de Léo car, une vingtaine de minute après l'absorption, Mathieu courut vomir son dîner. Son estomac n'avait pas supporté le poison qu'il avait ingurgité et il s'en trouvait doublement puni. Il avait rendu un jus noirâtre sur son tee-shirt et son pantalon puait le vomi à deux mètres à la ronde. Il avait perdu sa dose d'hallucinogènes offerte gentiment par nos hôtes. Heureusement, il restait les parts des filles dont je lui passai une partie. Il refusa, refroidi par son dégueulis encore frais. Il préféra se rabattre sur la bouteille de rhum et se la siffla quasiment tout seul.
Cela tombait bien car ni moi ni Jo n'avions envie de boire d'alcool. Nous étions assis, tranquilles, attendant impatiemment les premiers signes de montées hallucinogènes.
Une chose est récurrente avec les psychotropes de ce style : dans un premier temps, la période pendant laquelle le produit s'empare de vous avec douceur et subtilité, vous avez l'impression de ne rien ressentir. Vous vous demandez même si votre corps est bien sensible à ce type de produit ou s'il ne faudrait pas augmenter les doses. Et puis soudain, sans crier gare, vous avez totalement décollé de la réalité et votre esprit et vos pensées semblent avoir fusionné avec le cosmos et l'infini.
Voilà comment notre attention fut attirée par un grand brun qui se tenait droit comme un « i » à quelques mètres du lac. Il tenait un

bâton d'encens à la main et semblait réciter de complexes formules mathématiques. Jo rit en l'imaginant surveillant de cantine. Il ressemblait, c'est vrai, à un de ceux qui accompagnaient nos repas lycéens trois semaines auparavant.

— Tu l'imagines, ici, avec nous, s'apercevant de qui nous sommes ?

J'éclatais de rire sans raison. Premiers effets dont je ne m'aperçus pas sur le coup. Jo se mit à rire également ; il essayait de décrire la scène, sans y parvenir, écroulé sous la drôlerie évidente de ses propos à venir, mais jamais formulés. Et moi, je les imaginais déjà dans sa bouche et m'esclaffais par avance de cette histoire de fou. Ça y est, nous y étions, déconnectés du moment, délirant comme des enfants, prêts à voyager dans des mondes parallèles en suivant la piste de ces petits champignons à chapeau en forme de cloche. Nous étions bien, heureux de nous poiler ensemble de choses futiles et d'autres plus graves sans que nos esprits ne puissent les différencier. Tout était prétexte à amusement et décontraction.

Nous mangeâmes la seconde partie de notre dîner. Il était temps. Les joueurs de djembé entraient en communion avec la mère nature, ils semblaient exprimer les battements de cœur de la Terre. Je les sentais, ils étaient purs et rassurants. Babam, babam, babam, babam. Les visages des musiciens illustraient leur concentration, leur application à fondre leurs partitions les unes dans les autres, pour recréer une nouvelle dimension dans laquelle nous pouvions naviguer sans crainte.

Je tournai la tête pour le dire à Jo, mais il n'entendait plus rien. Ses yeux fixaient les tornades enflammées dessinées dans le vent par les gestes précis de Magali. Ses bâtons du diable prenaient toute la dimension de leur appellation. Se pouvait-il que l'au-delà s'ouvre à nous et vienne décrire les traces du passé fusionnant avec l'avenir ? Jo, m'écoutes-tu ? Non, c'était idiot. Il voguait dans les laves de la vie. Je le laissai à ses illuminations.

Un peu plus loin, au bord de l'eau, solitaire, Laura illuminait la nuit avec ses boules phosphorescentes. Le reflet de ses acrobaties venait mourir dans de légères irisations colorant des vaguelettes incapables de retrouver le sens des mots. Incohérences. Une minute était une heure, une seconde devenait une éternité.

Je mélangeais les sons, les couleurs, les bruits ; je relâchais mon cortex et laissais s'échapper le flux de maux loin de toute raison.

Ils pouvaient enfin dépasser l'ordre des choses et la prison de la rationalité.
« Attention Sacha, il ne faut pas se perdre. »
Devant moi, Mathieu s'était installé avec le groupe de musiciens, battant la mesure sur un djembé vert, jaune et rouge. L'Afrique, sublime continent, origine de l'homme, appelait mon ami à elle. Torse nu, il frappait de toutes ses forces l'instrument qu'on venait de lui céder. Il était saoul et motivé, mais incapable de s'immiscer dans l'harmonie de l'histoire contée par les griots d'un soir. Pas un pourtant ne vint lui faire le reproche de s'imposer. Le déséquilibre fait partie de la vie, il en est même l'essence.
Le feu de camp autour duquel tournoyaient des inconnus éveillait en moi de formidables histoires sans fin. De minuscules brindilles de feu s'éjectaient par dizaines du chaud foyer, et je les imaginais, systèmes solaires infiniment petits, à la recherche d'une raison d'exister.
Léo s'approcha de moi, transpirant et souriant.

— Alors, la jeunesse, vous passez une bonne soirée ?

Mon visage radieux lui répondit. J'avais perdu l'envie d'utiliser la parole pour communiquer. Léo comprit et il me montra du doigt un couple qui dansait depuis de longues minutes au rythme des percussions. Je reconnus Fanny, avec un homme plus âgé. Ils semblaient en transe, frottant leurs corps, se donnant la main par moment, sautant ensemble en espérant ne pas retomber.
Mon cœur se pinça. Je les enviais, ces deux-là. Jaloux ? Oui, peut-être. Sûrement.

— Ils sont beaux, me dit Léo.

— Oui, dus-je reconnaître.

— Ils sont fous…

— Qui est-ce ? articulai-je, en montrant l'homme.

— Son père.

Sans un mot, Léo disparut. Je le cherchai du regard, et m'imaginai un songe délicieux où le temps et l'espace fusionnent enfin pour retourner à l'origine. C'était fou mais possible, pourquoi pas ? Je cherchais une réponse autour de moi. Le couple dansant qu'il m'avait désigné était toujours là, dessinant dans l'air des arabesques harmonieuses. Une pensée fulgurante résonna dans ma tête. C'était trop.
Le rythme des djembés s'accélérait sans cesse, et pour la première fois de la soirée je me sentais moins bien. Ne pouvaient-ils pas se

reposer un peu ? Me laisser respirer une seconde ? J'avais envie de calme et d'être assis. Je m'éloignai du feu de camp pour me changer les idées. La lune, en haut, riait bien de me voir ainsi déboussolé, seul et soudain hagard.

Je marchai quelques mètres, au bord du lac, j'écoutai l'eau caresser la rive et j'espérai ne plus entendre que cette douce mélodie, berceuse de ma vie.

J'étais fait, épuisé, subissant une nouvelle montée de psylo. Les djembés m'exaspéraient. J'avais envie de bouger. J'avais besoin de partir d'ici.

— Sacha, ça va ?

Une voix rassurante m'avait suivi dans la nuit. Mathieu. Depuis son poste de musicien ivre, il m'avait vu quitter soudainement la communauté d'espoir et m'avait suivi. On ne quitte jamais un ami. On ne le laisse jamais s'enfuir seul, sans être sûr de ses pensées. Merci Mathieu.

— Je suis mort, je prends cher.

— Je vois ça, dit-il en essayant de détendre l'atmosphère.

— Tous ces bruits me rendent fou, avouai-je. Il faut que je bouge.

— Ok, je comprends. Je vais chercher Jo et on y va.

— Non, non, ne t'inquiète pas, je vais marcher seul et ça ira.

— Je ne te laisse pas seul comme ça. Attends-moi, je prends Jo et on y va.

Mathieu ne m'abandonnerait jamais, dans le meilleur comme dans le pire. Il viendrait toujours combler les dérapages et les déséquilibres de ma vie, gommer les aspérités du destin, soutenir mes faiblesses. Je refusai encore un peu son aide, guère convaincant.

— Arrête, on rentre ensemble, moi aussi j'ai envie de retourner à la tente écouter un peu de country.

Il savait trouver les mots adéquats.

— Ok, vas-y, je t'attends.

Il revint trois minutes plus tard, seul. Je m'étonnai :

— Et Jo ?

— Il est dans les bras de Magali. Le petit fourbe se prend hallucination sur hallucination, il est trop défoncé pour bouger avec nous. Magali va prendre soin de lui, elle m'a dit. On les laisse.

— OK, let's go !

L'aventure reprenait de plus belle. L'aurore s'annonçait radieuse, elle s'offrait à nous, ou plutôt l'inverse, je ne sais plus.

11

L'avenir tient à un fil : une mauvaise rencontre, l'impossibilité de s'échapper, un drame ; une plaisanterie idiote réalisée sans en mesurer les risques, une victime sans le sens de l'humour, armée, voulant donner une bonne leçon à ses agresseurs, une catastrophe. La jeunesse est inconsciente et chaque nuit nous jouions notre vie à pile ou face. Certains de l'issue – nous étions bien les seuls.
Il faut croire que nous étions nés sous une bonne étoile, ou que nous épuisions sans le savoir notre potentiel chance, car le retour à notre campement ne fut pas de tout repos. Aujourd'hui, nous en rions encore et pourtant il n'est pas très malin de s'amuser à déplacer les véhicules d'honnêtes gens pendant leur sommeil.
Est-ce moi ou Mathieu qui en eut l'idée ? Je dois reconnaître ma culpabilité. Depuis mon plus jeune âge, j'étais un spécialiste de blagues de mauvais goût, alors défoncé, imaginez ce que mon esprit pouvait imaginer. Après une vingtaine de minutes de marche nous passâmes devant une demeure ordinaire, bien entretenue, à la pelouse tondue parfaitement, aux graviers fins et bien disposés, la maison idéale d'une campagne française, enfin dans mon esprit. Devant l'habitation, on apercevait les deux voitures des propriétaires. J'imaginais leur petite vie bien remplie, conditionnée pour accepter de vieillir ensemble, avec enfants, crédits, emmerdes, maladies, tromperies, mensonges, mais avec des horaires de déjeuner et de dîner bien précis, un travail dur et harassant qui permet de ne plus penser à rien d'autre qu'à des rêves de retraite paisible passée au coin du feu l'hiver, devant la télévision. Bonheur.
J'eus soudain envie de marquer mon territoire, d'uriner mes souvenirs sur d'honnêtes gens, de crier mon amour de la vie à la

face d'inconnus endormis. Je sautai le portail vieillot qui ne se gardait même plus lui-même et me dirigeai tout de go vers une Safrane gris métallisé. Mathieu me poursuivit en me soufflant « on est sur une propriété privée, tu es con, là, défoncé et con, je te jure ».

J'étais attiré par ce véhicule flambant neuf perdu dans un océan de nature, cruelle illusion de modernité, extension virile d'un impuissant honteux, pauvre espoir d'élévation sociale acheté à crédit sur dix ans. Je baissai ma braguette et pissai ma nuit sur son capot comme un chien errant adresse un message au vent et à ceux de son genre capables de le comprendre.

— Putain, Sacha, si on se fait démasquer, je te tue.

Mathieu était furieux. Je rigolai et vidai ma vessie avec un soulagement non feint.

— Allez, viens, on se tire maintenant.

— Attends.

Une idée lumineuse me vint en observant l'intérieur cuir de la Safrane. Silencieux comme un Indien, je me glissai contre la porte droite avant et j'essayai de l'ouvrir avec espoir et précaution.

— Mais t'es malade ou quoi ? Qu'est-ce que tu fous ? s'étrangla Mathieu.

— Tais-toi !

Le clic de la portière confirma mes suppositions. Il n'y a pas de voleur en rase campagne, à quoi bon fermer sa voiture ? La confiance règne encore dans ces régions de plus en plus désertiques. Les derniers hérétiques à vouloir travailler la terre sont honnêtes, et c'était tant mieux pour un petit plaisantin comme moi.

Je m'introduisis avec respect dans l'habitacle du véhicule et me retrouvai au volant, prêt à démarrer. Évidemment je ne savais pas voler une voiture, jouer avec la couleur des fils situés au-dessous du volant m'était tout à fait étranger, et je n'en éprouvais d'ailleurs aucune envie. Je préférais introduire un peu de folie dans la vie de ce couple de gentils paysans en déplaçant leur jolie voiture afin de remettre en question les certitudes sur lesquelles ils s'étaient couchés.

Je levai donc le frein à main et demandai à Mathieu de se positionner comme moi dans l'encablure de la portière gauche. Il comprit où je voulais en venir et secoua la tête avec désespoir.

— T'es un grand fou, toi, il va falloir te faire soigner en rentrant.

Nous poussâmes la voiture jusqu'au portail. Nous l'ouvrîmes et il grinça pour avertir ses propriétaires, probablement encore anesthésiés par l'apéro de la veille. Salaud de bout de métal qui ne peut rester discret !
Malgré ses grincements, nous pûmes installer la Safrane juste à l'entrée du parking, et nous le refermâmes pour clore notre plaisanterie. Étaient-ce les psylos ou bien l'adrénaline de l'interdit qui nous fit nous enfuir comme des dératés ? Toujours est-il que nous courûmes jusqu'à perdre de vue le lieu de notre forfait.
La départementale était vide, improbable lieu de passage encore endormi, symbole d'une région en train de mourir et fière de sa tranquillité. On est fier de ce qu'on peut, et c'est bien de se satisfaire de peu.
Nous ne l'étions pas et nous imaginions déjà la tête du conducteur n'apercevant plus depuis sa porte d'entrée la berline de ses rêves. L'estomac se noue le temps d'apercevoir la Safrane déplacée plus loin, garée dans une improbable position. Trop bon. Il nous en fallait plus et nous mîmes au point une formidable stratégie pour devenir le sujet principal des conversations de comptoir du village. Une maison, deux maisons, trois maisons, quatre… non, pas quatre. Un panneau chien méchant ne mentait pas et il s'en fallut de peu que les crocs d'un canidé bien bâti ne s'enfoncent dans la saillante chair de mes fesses. La peur nous fit abandonner nos grands projets. Ils nous avaient occupés une bonne heure et le soleil se levait maintenant sur la campagne gersoise.

— C'est malin, s'énerva Mathieu. Tu imagines, si un vieux était sorti avec une carabine pour nous tirer comme des voleurs…

— Tu dramatises toujours.

À quoi bon imaginer toujours le pire avant qu'il n'arrive, si ce n'est pour le devancer et le vivre deux fois ? Confucius avait écrit cela dans une autre situation et avec des mots plus précis, mais, dans le contexte cérébral qui était le mien, c'était déjà tout à fait honorable de se rappeler l'auteur de cette pensée et de lui rendre hommage.
Je refaisais surface. L'effet magique des champignons avait nettement diminué à la suite de notre course folle pour éviter le chien de garde. Je fumais maintenant cigarette sur cigarette, à défaut d'avoir un joint à rouler. Il m'aurait été bien utile pour redescendre en douceur. J'avais soif et j'aurais donné beaucoup pour avoir pensé à prendre une bouteille d'eau. Ma mâchoire me

tirait et mes yeux avaient du mal à se concentrer sur un point fixe. J'étais fatigué, je voulais rentrer à la tente, m'allonger sur mon tapis en polystyrène et dormir vingt-quatre heures.

Mathieu avait commencé à tendre le pouce pour attraper un chauffeur prévenant, désireux de ne pas laisser deux jeunes, le cerveau en vrac, seuls au bord de la route. Mais elle était désespérément vide, la cruelle départementale, les gens semblaient s'être donné le mot : « Ne circulez pas par ici ce matin, deux jeunes plaisantins y marchent sans autre but que de vous rouler dans la farine. »

C'était faux, enfin pas totalement vrai, nous ne voulions pas nous moquer de quelqu'un en particulier, nous ne voulions pas être désagréables, nous n'étions pas foncièrement méchants. De notre point de vue, évidemment.

Le salut prit la forme d'un poids lourd égaré sur ce chemin de traverse. Ses deux phares au loin nous avertirent de sa décision et je bénis la ténacité de Mathieu. Ruminant contre la terre entière et prêt à dormir dans un fossé sur le bas-côté, j'avais abandonné depuis longtemps tout espoir de trouver un automobiliste compréhensif. Comme souvent dans cette situation, c'est un routier qui ouvrait son cœur et la cabine de son impressionnant véhicule pour dépanner une jeunesse désinvolte et désargentée.

Cette fois-là, pourtant, je dois avouer que le camionneur ne fut pas à la hauteur de la réputation de son corps de métier. Grand, gras, chauve, ou plutôt crâne rasé pour cacher sa calvitie, un sourire mauvais au coin de grosses lèvres libidineuses, l'homme ne répondit pas à notre bonjour. Tout juste hocha-t-il la tête quand nous lui dîmes merci. L'ambiance était froide et distante, la radio était éteinte et on ne pouvait entendre que la respiration lourde de notre hôte. Flippant.

— Mirande, Mirande, tenta d'expliquer Mathieu à celui qu'il croyait être un étranger.

L'homme ne souffla pas un mot et ne nous adressa aucun regard, gardant sur les lèvres un sourire sadique des plus inquiétants. Je me demandais si j'avais une remontée de psylocybes impromptue et paranoïaque. La mine défaite et soucieuse de Mathieu m'indiquait que je n'hallucinais pas. J'aurais préféré.

Il avait vu comme moi la petite batte en bois coincée sur le tableau de bord, tout un programme développé pour la décoration de la cabine de pilotage. J'aurais apprécié la vision de posters de femmes nues, vulgaires et bandantes, mais notre chauffeur avait opté pour d'étranges mais explicites écharpes Blood & Honour, RAC et Skrewdriver. Sur son bras droit on pouvait deviner un tatouage 88[19]. Attention facho.

Mathieu me regardait du coin de l'œil en espérant que je ne fasse aucune remarque agressive. Il y avait peu de chance, je n'avais pas envie de terminer le crâne explosé sur la chaussée gersoise par un nostalgique des Waffen SS. Le destin voulait-il nous punir de nos plaisanteries matinales ? Si c'était le cas, il ne s'y serait pas pris autrement. Je promettais de ne plus jamais déplacer de voitures ne m'appartenant pas.

Mathieu n'osait pas dire un mot et je ne savais pas de quoi parler dans de telles circonstances pour détendre l'atmosphère suffocante de la cabine. Par bonheur, les panneaux annonçant la direction de Mirande s'enchaînaient, et je comptais dans ma tête les minutes nous séparant de notre destination. Vingt, quinze, dix, cinq, le but enfin ! Le bâtiment disgracieux de l'hypermarché Carrefour pointait au loin. Sauvés.

— Vous pouvez nous laisser ici, indiqua Mathieu en montrant du doigt l'enseigne commerciale.

Je votais pour attendre son ouverture et nous offrir un petit déjeuner gratuit à la santé de nos amis caissiers. Je rêvais. Le camion dépassa le bâtiment sans ralentir et malgré les efforts de Mathieu pour expliquer que nous étions arrivés. Peine perdue, le crâne rasé ne lui prêta aucune attention, il accéléra même légèrement. Horreur. Je m'en mêlais en ordonnant en anglais à notre conducteur de nous arrêter sans attendre. Il ne réagit pas et continua sa route.

Le petit déjeuner n'était pas pour tout de suite. Le camion dépassa le camping et Mathieu cria que nous étions arrivés, qu'il fallait s'arrêter.

— Stop !

Nous pénétrions dans la quatrième dimension. Le routier se mit à siffler un air angoissant, une sorte de mélodie à la Ennio Moriconne mais pour film d'horreur. Il avait les yeux injectés de sang, comme possédé par un projet maléfique. La descente de champignons se passait mal, mon cerveau allait droit dans le mur, j'avais des bouffées d'angoisse, il fallait que je descende.

---

19 Signe de ralliement néonazi qui évoque deux fois la huitième lettre de l'alphabet, « h » pour *Heil Hitler.*

Mathieu n'en menait pas large non plus, il répétait les mêmes mots pour briser la transe hypnotique qui dévorait de l'intérieur notre chauffeur. Il y parvint enfin au bout de quatre kilomètres. J'avais déjà eu dix fois l'occasion d'imaginer le pire : le meurtre, le viol, la torture. J'avais souffert le martyre comme jamais et je transpirais à grosses gouttes.

Nous sortions de Mirande et le routier fit piler son camion sans nous prévenir. Je faillis passer à travers le pare-brise et au moment d'insulter le conducteur, ce fut lui qui nous balança un flot d'injures paralysantes :

— *Get out, sons of bitch ! You're fucking assholes, bastards !*

On ne se le fit pas dire deux fois. J'ouvris la porte et sautai à terre manquant de trébucher sous l'effet de la peur. Mathieu se retrouva sur les fesses. Nos jambes tremblaient comme des feuilles dans la tempête et, l'espace d'une seconde, je crus que le psychopathe de la route allait descendre nous châtier pour je ne sais quelle raison.

— On bouge vite, vite !

Et pour la deuxième fois de la matinée je piquai un sprint, mais celui-là digne de tous les records mondiaux et olympiques. Ma vie aurait été en jeu, je n'aurais pas couru plus vite, sans un regard derrière moi pour le malade mental qui nous avait accompagnés, sans penser à reprendre mon souffle, sans regarder si Mathieu me suivait. J'étais seul face à mes peurs et je voulais les laisser loin de moi. J'espérais revenir à la vie normale, entouré de mes amis, rire et déconner comme les jeunes de mon âge. Les pensées défilaient dans ma tête, comme mes foulées aspiraient les mètres, je voyais les tentes. Enfin !

Nous étions sauvés.

12

Le festival de country s'acheva dans la bonne humeur. La ville était en fête pour terminer comme il se doit une semaine éprouvante. Les habitants avaient travaillé dur pour accueillir toute une région et la faire danser. Le pari était à présent réussi. Je regardais les passants se croiser dans la rue, ils savaient tous où aller : faire la noce jusqu'au petit matin. C'est beau un peuple qui s'amuse, c'est doux une vie où l'on s'enivre, même si certains préfèrent la bière au haschisch, le résultat est le même. On se décontracte, on s'ouvre aux autres, on se découvre aussi, on s'aime surtout, enfin ceux capables d'amour. Les autres se contentent de sueur et de plaisir, ce n'est déjà pas si mal.

J'observais la société mirandaise s'organiser pour le dernier jour des festivités, depuis un mur de pierre, spartiate perchoir, idéal pour me perdre dans d'incohérentes théories. Depuis mon arrivée, j'avais pris l'habitude de me hisser sur ce promontoire pour contempler mon époque. J'étais assez doué pour amalgamer des faits sans liens évidents et leur donner un sens. La mauvaise foi ne me faisait pas peur et l'imagination ne me manquait pas, à tel point que je m'interrogeais encore sur la réalité de notre *road trip* vieux de deux jours.

Nous avions eu un peu de mal à reprendre nos esprits après notre course folle et nous avions réveillé une bonne partie du camping avec notre histoire matinale. Les rires et les moqueries de Guillaume et Julio avaient eu raison de notre excitation. Ils en avaient aussi de bonnes à raconter.

Nos deux amis avaient passé deux soirées avec Clémence et sa cousine, et il fallait écouter Guillaume, dépité, décrire la cousine pour prendre la mesure de sa malchance.

— On m'avait promis une nana cool et sympa, un peu délurée, et je me retrouve avec une fille bon chic bon genre, qui a toujours vécu dans le seizième arrondissement, tendance catholique intégriste, pour qui les garçons ne se touchent qu'après le mariage. La misère.

Il était écœuré car, évidemment, Julio et Clémence avaient passé deux jours à se peloter quand lui devait écouter les sermons de la sainte-nitouche.

— Un cauchemar, cette fille, une angoisse. À chaque fois que je me roulais un joint j'entendais : « Tu te rends comptes que c'est de la drogue et que c'est mal, ce que tu fais ? »

La mine déconfite, il secouait la tête comme si un grand malheur lui était arrivé. Le pauvre. Depuis qu'on traînait ensemble, on savait que Guillaume était un guignard. S'il fallait qu'un pneu crève, c'était celui de sa Mobylette ; s'il faisait le mur, il tombait nez à nez avec un ami de ses parents ; s'il devait sortir avec une fille au cinéma, elle se cassait la jambe en venant au rendez-vous ; s'il achetait une nouvelle paire de chaussures, il faisait une allergie… Un vrai mouisard de première.

Son séjour à Mirande n'avait pas démenti sa réputation. Il avait été de tous les mauvais coups, préférant le bang à une nuit à la belle étoile avec Laura, Fanny et Clémence ; jouant à la console la nuit où les filles dansèrent nues dans la salle de sport ; optant pour une soirée tranquille avec Clémence et sa cousine plutôt que de partir chez Jean-Phi.

Seul aspect positif de ses galères et de ses choix, lui et Ange s'étaient liés d'une belle amitié. Les deux étaient faits pour s'entendre : ils passaient leur temps libre à tirer des bangs, ils aimaient les consoles de jeux vidéo et les deux-roues. Pourtant, vu de l'extérieur, l'alliage était plutôt détonnant, les styles vestimentaires et les coupes de cheveux étant radicalement différents, comme nos deux bandes. Mais à l'intérieur, il y avait la même rage de vivre, la même quête d'absolu, la même volonté d'insoumission.

On s'entendait parfaitement, nous, grunges de la Côte d'Azur, désinvoltes et négligés, hippies nouvelle génération, et eux, fascinants avec leur look de banlieusards, le regard dur des martyrs convaincus de l'être, toujours impeccables sur eux, casquette en arrière et jogging de marque, rebelles tendance voyou, mais vivant dans un monde sans tensions sociales, sans barres HLM, sans

banlieue, sans cité. Comme quoi on trouve toujours une raison d'en vouloir au monde entier.
Il ne fallait pourtant pas chercher très loin pour repérer d'où venait leur sentiment d'injustice, l'origine de leur violence contenue, de leur révolte autodestructrice. Guillaume l'avait vite cerné et nous l'avait expliqué ce matin au réveil, entre deux plaisanteries sur la cousine de Clémence. La pression que subissaient Ange et sa bande était différente d'une opposition de classe, une lutte pour la richesse ou pour l'espace. Ils n'étaient pas stigmatisés pour leur attitude différente ou perçue comme provocatrice, non, ils n'existaient pas, personne ne parlait d'eux, ils ne ressemblaient à rien sinon à des rumeurs dont on a entendu parler mais qu'on n'a jamais rencontrées. Qui s'intéressait dans notre drôle de pays au sort des jeunes des campagnes ?
En cours d'histoire et de géographie, un prof nous avait parlé de Paris et du désert français, une théorie apparue en France dans les années 50. Ange et ses potes en étaient la parfaire illustration. Quarante ans plus tôt, les habitants des campagnes n'existaient plus dans l'Hexagone. Ils avaient disparu et comptaient pour du beurre. Notre société était urbaine, la ville et la civilisation avaient gagné ! Qui donc serait assez fou pour rester dans des trous paumés, séparés de toute la modernité de la société de consommation ?
Simple exemple significatif, avait ajouté Guillaume, les jeunes de Mirande n'avaient aucun magasin de musique comme la Fnac ou Virgin pour écouter et acheter des CD ou des bandes dessinées, pas de salles de concerts dignes de ce nom et encore moins de vie culturelle alternative ni de boutiques de fringues à la mode. Ils n'avaient pas accès à la vie d'un jeune urbain ordinaire car ils étaient coupés de la grande ville. Pour s'y rendre, il fallait prendre un bus, ou deux, ou attendre qu'un parent propose de vous y emmener.

— Ils sont coupés de leur jeunesse, avait ajouté Guillaume.

Ils avaient cet autre point commun avec les jeunes des cités. Seul et pathétique signe de ralliement à la culture dont ils rêvaient, un McDonald's s'était installé cinq ans auparavant à la périphérie de Mirande, et ils passaient leurs journées à traîner autour, se demandant qui allait payer sa tournée de sundaes au chocolat. Étrange paradoxe de rebelles soumis au grand capital…
Ils mangeaient en effet des hamburgers dès qu'ils le pouvaient et

portaient les vêtements qu'ils apercevaient à la télévision, dans les films ou les séries à la mode qui subliment les habitants des ghettos afro-américains et les présentent comme des modèles ultimes de contestataires. Cruelle erreur. En se comportant ainsi, Ange et ses amis adoptaient les us et coutumes de leur colonisateur intellectuel. Ils devenaient de parfaits colonisés sans percevoir le caractère pervers de leur soumission. Ils s'en foutaient, ils voulaient vivre comme tout le monde, c'était leur principale revendication. Les USA étaient leur rêve commun, inaccessible, ils ne les atteindraient jamais. À moins que... Il ne fallait jamais dire jamais car le destin, magnanime, avait bien récompensé leurs parents, tout aussi standardisés par la culture américaine, en amenant les États-Unis jusqu'à eux avec ce festival country. Ils pouvaient donc toujours rêver d'un avenir meilleur.

Qu'aurait pensé Jean-Phi de cette posture contestataire qui consiste à revendiquer ce qu'on n'a pas pour finalement adopter un style de vie conventionnel ? Rien, sans doute, tout révolté des campagnes et rebelle perdu dans le désert qu'il était. Et nous aurions peut-être suivi le même chemin si nous étions nés sous le soleil du Gers. Heureux destin, nous avions vu le jour au bord de la Méditerranée dans une ville de trois cent mille habitants avec une Fnac, des salles de concerts et de quoi s'éclater quand bon nous semblait.

Nous n'avions finalement que peu de chose en commun avec Ange et sa bande, si ce n'est l'amour de la défonce et l'âge. C'était déjà beaucoup et un bon prétexte pour passer d'excellents moments ensemble. Guillaume et lui avaient traumatisé tout un quartier avec leur concours de « lève » sur des engins trafiqués au possible. À ce jeu, Ange était le meilleur, il cabrait son engin sur une bonne quarantaine de mètres et terminait sa démonstration par un dérapage contrôlé qui faisait crisser et fumer son pneu arrière. Il était la fierté des jeunes de son pâté de maisons.

Et puis il y avait aussi le football, le sport qui transcende tous les peuples, tous les genres, toutes les bandes, toutes les tribus du monde. L'après-midi de notre retour aux tentes, nous leur avions accordé une revanche, histoire de leur rendre leur fierté et de les rassurer sur la réelle valeur de leurs forces. Nous avions perdu, bien sûr. Il n'y avait plus d'enjeu, ni de public à conquérir, ni de destin à renverser, il n'y avait plus qu'une bande de potes fatigués par une semaine d'abus en tout genre et une nuit blanche riche en rebondissements. Nos adversaires n'avaient d'ailleurs guère fanfaronné en remportant leur victoire. Ils avaient offert l'apéritif et seul Guillaume, encore lui, était resté en retrait. Le pauvre s'était foulé la cheville en ratant le ballon et en tirant contre une motte de terre. Il avait fini son séjour avec une béquille que lui avait trouvée Fanny.

Le soir de notre retour aux tentes, les filles nous avaient rejoints avec Jo. Nous étions restés au camping, avec elles, Ange et Martin, à refaire le monde, à construire les souvenirs que nous laissions ici et à imaginer notre retour l'année prochaine. Personne n'y croyait réellement, mais c'était sympa de se rêver à nouveau ensemble, à faire les quatre cents coups. Nous n'étions pas encore partis et déjà nous pensions à nous retrouver ! Tout allait si vite.

Nous avions fêté le départ de Mathieu, Guillaume et Julio. Ils étaient rentrés à Nice le lendemain. Évidemment, c'est le moment que Guillaume et Magali avaient choisi pour s'apercevoir de leur attirance réciproque. Trop tard.

Jo et moi restions encore deux jours car nous avions décidé de partir castrer le maïs dans un bled perdu de la campagne profonde gersoise. Johan y avait travaillé l'année précédente et il avait trouvé cette excuse pour expliquer à ses parents qu'il ne rentrerait pas tout de suite après Mirande. Moi j'accompagnais Jo, comme souvent, et je n'étais pas contre gagner quelques centaines de francs et découvrir encore un peu de pays. Je prenais goût à ces petites virées en stop, à ces paysages agricoles, à ces nuits à la belle étoile. J'avais du mal à imaginer trou plus paumé que là où nous avions passé la semaine mais je me réjouissais de ce manque d'animation. J'avais l'impression que plus je m'enfonçais dans le désert français, plus je découvrais une part de ma personnalité. Peut-être étais-je fait pour la vie au grand air, qui sait ?

De mon perchoir en pierre, je regardais en méditant la vie s'écouler comme un ruisseau de montagne à la fonte des neiges. Les gens s'agitaient comme des automates programmés pour ne jamais se rencontrer. Au-dessus de ma tête, un vol d'oiseaux me narguait. Je ne volerai jamais, je ne serai jamais libre comme Jonathan Livingstone mais, avec de la chance et de la persévérance, je deviendrai peut-être un sage hindou, un ermite éveillé, ou, à défaut, un clochard céleste.

Un peu plus loin, le camping vivait sa dernière journée mais nous

l'avions quitté après le départ de nos amis. Fanny et sa maman nous avaient proposé de planter la tente dans leur jardin. Laura s'était également invitée chez sa copine et je devenais dingue avec ces deux nanas aussi sexy que libres, aussi femmes que gamines. Il fallait pourtant choisir, et Fanny était tellement plus accessible, maintenant que Jo n'y prêtait plus aucune attention. Évidence…
Sérieuses, elles passaient leurs temps à parfaire notre apprentissage de jongleurs de rue, d'artistes de délicieuse pacotille, de gentils baladins.

— On ne sait jamais, peut-être que cela vous servira lors de votre voyage.

Je me voyais mal faire la manche en crachant le feu mais je ne voulais pas briser pareille bonne volonté. Elles prenaient tellement au sérieux notre formation que nous ne voulions pas les décevoir et gardions pour nous les raisons secrètes de notre motivation : leurs beaux yeux et leurs mignons petits culs. Étions-nous hypocrites ? La vérité importait peu, seul comptait l'instant présent et je me laissais bercer par les caresses conjuguées de Fanny et de marie-jeanne. La première excitait mon cœur et mon âme, la seconde entourait mon corps d'un halo de bien-être protecteur et bienveillant. Le pied !

Si la vie avait pu s'arrêter ainsi, je m'y serais perdu pour toujours.

DEUXIÈME PARTIE

1

Castrer le maïs à l'âge de dix-sept ans m'a fait beaucoup de bien. J'ai compris que je n'aimais pas suer des heures durant sous un soleil de plomb. Le travail physique m'insupportait et cela validait une hypothèse que j'avais conçue depuis quelques années : je n'étais pas fait du tout pour ce type de job. Problème. Mes perspectives d'avenir s'assombrissaient car le lycée avait servi, lui, de révélateur pour mesurer combien j'étais allergique aux travaux intellectuels répétitifs et bornés.

« À quoi bon apprendre par cœur une liste de départements, de dates historiques, de tables de multiplication, si un ordinateur, une calculatrice ou une encyclopédie peut le faire à ma place ? »

L'Éducation nationale était l'école de la soumission à de pauvres professeurs, pour beaucoup « intellectuels ratés », incapables de faire mieux que de finir leurs jours là où ils les avaient commencés : sur le banc d'une classe de cours. Il y avait bien une exception ou deux pour vous donner le goût de telle ou telle matière, mais le temps perdu à écouter des enseignants rabâcher des leçons écrites sur des manuels scolaires était effarant et affligeant pour un système qui se vantait de former des citoyens. En réalité, toute la problématique des gouvernements qui se succédaient était de promouvoir au premier rang de la société des adolescents bien dociles, incapables de remettre en question l'histoire officielle de notre pays ou le système économique et politique dans lequel nous vivions.

« Nos ancêtres étaient gaulois, la colonisation a quand même apporté beaucoup de bonnes choses aux peuples colonisés, l'esclavage était une erreur de parcours de notre civilisation, le capitalisme est le moins mauvais des systèmes économiques… »

Les premiers de la classe, fayots autistes, adorateurs des premiers rangs en cours et du silence religieux quand parlait leur professeur-gourou, capables de réciter sans se tromper tous les verbes irréguliers de la langue anglaise, tout en situant la ville de Guéret sur une carte, étaient propulsés dans de grandes écoles, puis à la tête de la société dans les principales entreprises, les grands corps de l'État, les médias les plus importants. Ils en tiraient un bénéfice certain pour avoir travaillé dur tout au long de leur jeunesse et être passés à côté des beautés et des excès de l'adolescence.

« Enfant sage, adolescent calme et réservé, jeune premier, tu profiteras de la vie quand tu auras terminé tes études brillantes. »

Sauf qu'à ce compte là, après les études, il fallait trouver un job et être assez performant pour ne pas le perdre, crise oblige. Puis rapidement on se disait qu'avoir une femme, des enfants, une maison, des crédits, donc, n'était pas si mal. Tout ça était sûrement vrai mais retardait encore de près de quarante ans le moment où on allait vraiment pouvoir se lâcher et profiter de la vie. Être libre enfin, mais malheureusement libre de partir à la retraite avec un petit pécule pour aider ses enfants et petits-enfants en cas de coup dur, et pour s'aider soi-même en cas de maladie ou de divorce coûteux.

Conscient de cette vaste fumisterie qui consistait à nous promettre une belle vie, mais toujours après des efforts interminables, j'avais donc décidé de commencer mon existence en prenant ma retraite. L'idée était loin d'être sotte. Ne sachant pas de quoi l'avenir était fait (imaginez que je meure demain écrasé par une voiture, j'aurais été bien idiot de ne jamais avoir tiré sur un shilom d'afghan), autant profiter un maximum du présent et des années merveilleuses où mon cœur et mon corps me laissaient libre de tous les excès. C'est ce que j'avais expliqué à mon professeur de math qui ne comprenait pas mon désintérêt total pour les calculs des probabilités, ni mes conjonctivites répétitives.

« Si je meurs demain sans rien avoir vécu, mais en maîtrisant parfaitement le calcul des probabilités, aurai-je plus de chance d'être considéré comme un idiot total ou comme un martyr des maths ? »

Le professeur en question avait eu la délicatesse de ne pas me traiter

de petit con, ce qui aurait été justifié, et était passé à un autre sujet, se désintéressant totalement de mes bons mots. Il n'était pas le seul. Voyant que je n'étais pas fait pour ce système, que mes notes semblaient dire que j'étais proche de la débilité profonde, ou de la fainéantise absolue, et oubliant de remarquer que je lisais Nietzsche et Verlaine aux intercours en fumant un gros spliff de weed[20], mes conseillers d'orientation successifs m'avaient mis dans la liste des élèves à orienter rapidement vers un parcours professionnalisant.
Mais en me renseignant sur les différents métiers pouvant me permettre de sortir du cursus scolaire, horreur et désespoir, pas un ne semblait fait pour moi. Je ne me voyais ni mécanicien, ni coiffeur, pas jardinier et encore moins électrotechnicien. Par dépit ou bon sens, selon le point de vue, mes parents avaient souhaité que je termine ma scolarité normale. Le destin tient à peu de chose, des choix parfois anodins, des parents plus responsables ou moins concernés que d'autres…
Je gardais néanmoins dans un coin de ma tête l'idée qu'il faudrait rapidement trouver une solution pour gagner de l'argent afin d'être indépendant, et le gagner en plein air m'en paraissait une bonne. Johan m'avait parlé de gagner quelques billets en faisant les vendanges, en participant aux cueillettes de cerises ou en castrant le maïs. Cette dernière idée m'avait bien plu et je l'avais suivi dans cette aventure.
Le résultat était donc accablant pour moi : si je n'étais pas fait pour le lycée, je l'étais encore moins pour les efforts physiques. Parcourir de longues rangées d'épis de maïs dès sept heures du matin, les bras levés vers le ciel pour arracher la fleur au sommet de l'épi, sentir le soleil se dévoiler puis venir vous brûler la peau, écouter les conseils et l'inconséquence des petits chefs qui, sans arrêt, vous expliquent de faire comme ceci et pas comme cela, tomber de fatigue en fin de journée le corps lessivé et se réveiller à l'aube pétri de courbatures, rien de tout cela n'était fait pour moi.
Dix jours de ces efforts intensifs m'avaient décidé à passer le bac comme tout le monde et à retarder mes projets de grand départ. En attendant je devais prendre mon mal en patience et partager la misère de mes collègues d'infortune : hommes des villes au chômage, voisins des campagnes venant donner un coup de main, étudiants cherchant à gagner un peu d'argent de poche, sans-papiers

20 Synonyme de joint d'herbe.

obligés de trimer plus que de raison pour des salaires souvent sans rapport avec leurs qualifications, gens du voyage de passage… Tout ce beau monde se tuait à la tâche pour quelques francs par heure que Jo et moi avions vite fait de boire ou de fumer le soir même. Nous étions des Sisyphe sans le savoir, travaillant juste assez pour subvenir à nos besoin vitaux : manger, boire, fumer, et repartir le lendemain matin de plus belle, quelques neurones en moins.
Tous n'étaient évidemment pas aussi désinvoltes. Les plus de quarante ans et les étrangers, par exemple, comptaient la moindre dépense. Ils ne mangeaient que le petit déjeuner et le casse-dalle du midi, offerts par le patron, et jeûnaient le soir afin d'économiser au maximum. On sentait chez eux une pointe d'exaspération à nous voir vider des litrons de Villageoise en fumant des joints tous les soirs, mais ils n'en disaient rien. La plupart étaient des taiseux qui ne voulaient pas d'ennuis, ni faire de vagues.
Les plus jeunes, en revanche, étaient là autant pour le salaire misérable que pour l'expérience et l'aventure humaine. On voyait du pays, on gagnait un peu d'argent pour continuer à tracer sa route, un peu plus loin, on ne sait où, mais plus avant. Jo et moi étions évidemment de ce groupe qui transformait chaque soir le campement offert par notre employeur, afin que nous plantions nos tentes et déposions nos bagages, en un joyeux foutoir où la vinasse bon marché coulait à flots et venait rassasier nos gosiers assoiffés.
Nous y avions fait la connaissance d'une petite bande de Sétois très sympas, trois mecs d'une vingtaine d'années – Éric, Ludo et Julien – au look de skateurs américains, tee-shirts Stussy ou Alva impeccablement repassés, crâne rasé, grands bermudas baggy, Vans aux pieds, casquette US retournée sur la tête, et une rouquine de vingt ans qui avait tapé dans l'œil de Jo. La petite bande passait son temps à parler un langage exotique au vocabulaire fleuri mais inaccessible. Il était question de run, de tricks, de rails, de flip, de switch, de rampe, et Jo et moi, bien que ne comprenant absolument pas de quoi il s'agissait, hochions la tête d'un air entendu. Étrange jeunesse qui se regroupe en petites tribus identifiables à l'aspect vestimentaire et au langage spécialisé, recréant un monde tribal ancestral, enfoui au plus profond de nos subconscients occidentaux. Jo et moi n'appartenions pas à ce clan aux us et coutumes étonnants, nous n'en possédions pas les codes, mais là encore le

cannabis restait un prétexte à la convivialité, à la rencontre, au partage. La preuve ? À part à l'église, vous connaissez beaucoup de buveurs de vin qui font tourner leur verre à leurs voisins en signe d'amitié ? Un joint, quand il est roulé, tourne comme un calumet de la paix. Il élève les consciences et quelles que soient les origines, les obédiences, les tribus d'appartenance, le cannabis est un vecteur de sociabilité et un initiateur de rencontres.

Non, nous ne skations pas ; pour nous les rails étaient ceux de voies ferrées ou de coke ; mais nous aimions la weed, nous savourions la ganja, nous appréciions le bon marocain, nous adorions le charasse[21] et l'afghan… comme nos voisins sétois.

Nous avions installé notre tente contre les leurs et, dès la journée terminée, des effluves haschischés s'élevaient comme un signe de ralliement à notre nouvelle petite bande, fusion de la mouvance grunge dure et de la culture alternative du skate.

La chance avait voulu que nos nouveaux compagnons aient été beaucoup plus prévoyants que nous, et bien mieux pourvus en shit. Sûrs de notre belle étoile, nous avions quitté Mirande avec deux ou trois sticks en poche, pas plus. Johan m'avait assuré que nous trouverions où toucher un peu de marocain et il ne s'était pas trompé. Les Sétois avaient embarqué deux savons[22] avec eux, de quoi s'enfumer la tête plus que de raison, mais surtout de quoi, pour eux, rentabiliser un peu plus leurs dix jours de dure besogne. Éric castrait le maïs depuis trois ans et il avait compris la première année qu'en ramenant de quoi vendre quelques barrettes au camping où il dormait il se ferait plus de tunes qu'à décapiter les fleurs mâles de futurs épis de maïs. Le calcul était bon. À cent francs les trois grammes, deux cents le six et trois cents le douze, il pouvait faire jusqu'à deux mille francs de bénéfice par savon, consommation personnelle gratuite comprise. Une belle affaire, d'autant qu'un nombre non négligeable de travailleurs fumait et se retrouvait en rade au bout de quelques jours de boulot. Le haschisch ankylose également les esprits qui veulent oublier le dur labeur. Et ils ne manquaient pas dans le coin.

Quand Éric m'avait expliqué son calcul, j'étais resté songeur. Depuis quelque temps l'idée de me lancer dans ce type de commerce

21 Première qualité de haschisch fait à la main et sans aucune coupe en Inde. Se présente la plupart du temps sous forme de *fingers*.

22 Pain de 250 g de haschisch qui a la forme d'un savon.

commençait à me titiller l'esprit. J'étais certain de tenir là un bon moyen de faire un peu de monnaie rapidement, facilement, et sans faire de mal à personne. On n'a jamais entendu quelqu'un faire une overdose de marijuana, ni être gravement blessé par une trop forte consommation de shit, tout juste quelques ivresses cannabiques qui ont mal tourné et se sont terminées par une longue grasse matinée.
En même temps, je ne me voyais pas passer mon temps à stresser en imaginant de la flicaille découvrant mes provisions et, non contente de me les voler, me condamnant pour possession et cession de stupéfiants. Éric me rassura quelque peu en m'expliquant :

— Si je me fais choper, je dirai que j'achète un gros bout pour quelques potes à moi. On est des gros fumeurs, voilà tout, et plutôt que d'acheter tous les jours trois grammes en se faisant arnaquer sur la quantité et la qualité, on préfère acheter en gros !

Les policiers seraient-ils sensibles à cet argument ? J'espérais ne jamais le savoir.

Éric et ses deux collègues étaient de bonne compagnie, il le fallait car Johan n'en avait que pour Agnès, la seule fille du groupe, qui semblait prendre un malin plaisir à le rendre dingue. Je n'y prêtais pas attention tout de suite, persuadé que Jo remporterait un succès identique à celui de Mirande, mais des lieux discordants, des temporalités successives, et surtout des femmes différentes ne couronnent pas forcément les mêmes princes. Il n'existe pas de règle ni d'équation parfaite pour appréhender les sentiments humains. C'était heureux, sauf pour Jo, qui ne savait que faire pour s'attirer les faveurs d'Agnès.

La jeune femme n'avait pourtant rien d'extraordinaire, ses traits n'étaient pas aussi fins que ceux de Laura, son charme était bien au-dessous de celui de Fanny, ses courbes moins passionnantes que celles de Clémence ou de Magali, sa conversation pas particulièrement intéressante. Jo en était bien conscient, mais il n'y pouvait rien, plus Agnès lui résistait, plus elle lui plaisait. Il passait ainsi ses soirées à essayer de la séduire, et elle restait de marbre.

Le manège de la rouquine était évident. Pas d'amour, mais amis, voilà comment une femme castre un homme malgré elle, malgré lui. Il ne peut se résoudre à abandonner, et elle se satisfait de sa présence. Qui n'apprécie pas d'être l'objet d'attentions délicates ? Le jeu restait cependant déséquilibré et avec Éric nous observions

leur petit manège ami-amant qui ne se transcenderait jamais.
J'avais un moment pensé questionner Éric sur la personnalité d'Agnès et je m'étais ravisé. À quoi bon chercher à déchiffrer son cœur si le résultat décevait mon ami ? Aucune raison.
Et puis, il fallait bien l'avouer, on s'ennuyait tellement, sur ce pauvre champ gersois, à attendre que le sommeil nous emporte avant de débuter une nouvelle journée de travail laborieux, que voir un peu de vie autour de nos tentes nous occupait l'esprit. Voilà donc à quoi nous passions nos journées : transpirer en plein cagnard, manger, transpirer de nouveau, fumer, manger, boire, débattre du manège de Jo et Agnès, fumer, dormir. Un désastre.
Non, décidément, je n'étais pas fait pour vivre de mes mains, pour suer sang et eau pour gagner un salaire misérable, pour passer ma vie à attendre que quelque chose de différent se passe.
Je voulais tout prendre, ici et maintenant.

2

Une bonne nouvelle n'arrivant jamais seule, elle prit d'abord la forme inattendue d'une grosse dispute que Johan eut avec ses parents. Ceux-ci avaient décidé que mon ami rentrerait à Nice à la fin de son contrat de saisonnier. Stupeur et incompréhension, il n'en était pas question ! Jo leur expliqua qu'il avait prévu de m'accompagner à Bordeaux, pour prendre un peu de bon temps sur la côte atlantique où deux de mes cousins faisaient pousser une herbe réputée dans toute la région. Enfin il ne précisa pas vraiment la spécialité familiale mais il se montra inflexible sur son retour, ce qui déplut fortement à ses géniteurs…

Il faut dire que les parents de Jo étaient particuliers. La première fois que j'étais entré chez eux, j'avais eu le sentiment qu'ils appartenaient à une secte. Ce n'était ni leurs cheveux longs ni leur aspect baba cool suranné qui m'avaient interpellé, mais plutôt les posters épinglés dans chaque pièce de leur appartement indiquant comment agir d'une manière juste pour être en adéquation avec l'ordre cosmique supérieur.

Selon les dires de ces affiches, il y avait une manière de manger sainement à respecter, une façon de respirer convenable, une attitude à adopter en toute circonstance, une prise de distance vis-à-vis de l'instant présent, des paroles à adresser chaque jour à la Terre, notre mère nourricière, au Ciel, notre père protecteur, aux Étoiles, nos sœurs et nos ancêtres – des vrais trucs d'allumés. Johan m'avait expliqué que ses parents s'épanouissaient dans cette philosophie de vie et qu'ils lui avaient toujours laissé le choix de les suivre ou de vivre comme tout le monde. J'avais acquiescé, compréhensif. Chacun a ses problèmes, après tout, et il doit être moins facile d'assumer des parents violents que des parents illuminés totalement impliqués dans un mouvement new age « astral ».

Le pire de toute cette histoire était que ses parents n'avaient même pas l'excuse d'avoir abusé de drogues ou de prendre trop de psychotropes. J'aurais pu comprendre qu'un buvard de LSD un peu trop fort ait laissé des traces dans la psyché de ses parents, mais Jo m'assura qu'il n'en était rien. Selon ses propres mots, ils étaient « sains de chez sain ». Pas de clopes, pas d'alcool, ils mangeaient végétarien et étaient de grands sportifs… Tout un programme. Une vraie belle éducation.

Il était donc assez aisé d'imaginer leur avis sur les excès de Jo depuis qu'ils étaient installés à Nice. Les sorties, les beuveries, les fumeries, sans parler des bulletins scolaires, tout cela était inacceptable pour eux et ils avaient annoncé à leur fils leur décision de le soustraire à ses mauvaises influences (moi, Mathieu, Guillaume, Julio…) en déménageant de nouveau. À Nantes, cette fois. Le coup était dur mais il avait ôté à Jo toute hésitation quant à la suite de ses vacances. Il me suivrait jusqu'au bout, quoi qu'il arrive. Contre mauvaise fortune, il essayait de faire bonne figure.

De mon côté, j'avais reçu un choc. La perte de mon partenaire de route était dure à encaisser. Que nous reprochait-on, au juste ? D'aimer faire la fête, de ne pas aspirer à la même vie que les jeunes de notre âge, de pas être calibrés comme il le fallait ? Il y avait un peu de tout cela dans la décision de ses parents et dans la volonté du destin. La vie voulait nous séparer au beau milieu d'un champ gersois. En secret, je maudis les parents de mon ami et je me dis que finalement c'était nous qui étions dans le vrai et pas eux, avec leur style de vie ascétique et leur volonté de diriger la vie de leur fils de dix-sept ans.

La seconde bonne nouvelle fut ramenée par Éric et prit la forme d'un bout de papier noir et blanc froissé qu'il avait récupéré sur le parking du Leclerc voisin. Un groupe de *travellers*[23] qui faisait le plein d'alcool lui avait refilé un flyer annonçant la prochaine organisation d'un teknival dans les environs avec un numéro d'infoline qui permettrait de savoir où exactement se tiendrait la fête quelques heures avant qu'elle débute.

23 « Traveller » est un des noms donnés aux jeunes marginaux qui avaient décidé d'habiter dans des camions et qui vivaient en nomades avec leurs chiens, libres d'aller où bon leur semblait, comme et quand ils le souhaitaient.

« Ô joie, ô grand espoir, voilà enfin venu le temps de briser le train-train dans lequel nous nous enfoncions doucement ces derniers jours. Une teuf, une vraie, quarante-huit heures non-stop pour danser et s'éclater ! »

Voilà qui était parfait pour se changer les idées. Johan et moi étions partants et notre motivation était contagieuse. Le combo de Sétois avait décidé de nous accompagner avant de rejoindre les rives de la Méditerranée. Nous avions à nouveau un but à l'horizon, tels des pirates apercevant une nouvelle goélette pleine d'or et d'épices. Le soleil de son côté restait imperturbable. Il tapait de plus en plus fort sur les corps et les nerfs. Plusieurs saisonniers s'étaient sentis mal sous l'effet conjoint de l'effort et de la chaleur. Le petit chef pestait à chaque fois contre cette nouvelle perte de temps, et j'imaginais avec délectation le mauvais tour que je lui jouerais avant mon départ. Profitant de son sommeil, lui remplirais-je de merde ses affreuses grolles Adidas ? Pire, lui volerais-je pendant sa sieste sa paire de chaussures, l'érigeant au rang de martyr de la « Kommandantur » du maïs obligé de mettre à sang ses pieds s'il ne voulait pas quitter son poste de chef ? Mieux, je dégonflerais les quatre pneus de son antique voiture, le laissant suer encore et encore longtemps après le départ de ses souffre-douleur.

En attendant, sans connaître rien de sa punition, il hurlait sur tout un chacun en expliquant qu'il fallait s'hydrater abondamment si nous voulions finir la journée vivants. Mais qui le voulait vraiment ? Pour ma part, j'avais opté pour une nouvelle technique de travail. J'attaquais ma rangée d'épis de maïs dans un état second, fruit d'une nuit passée à boire et à fumer. L'ivresse de la veille conjuguée au manque de sommeil – je me forçais à ne pas m'endormir avant trois heures du matin – me donnait l'impression de flotter dans le champ sans plus aucune notion de temps et d'espace. J'agissais à la manière d'un robot, avec des gestes automatiques et bien réglés, superbe mécanique bien huilée, incapable de la moindre pensée et arrivant à profiter des micro-siestes de quelques secondes tous les dix épis émasculés. Le bonheur du travail à la chaîne en plein air.

« Fordisme, quand tu nous tiens ! »

Pour être tout à fait honnête, ma nouvelle méthode m'avait valu une grosse chute de tension et deux jours d'inactivité passés sous la tente sans pouvoir travailler ni gagner le moindre franc. Pris entre les frissons de fièvre, un tube digestif qui ne supportait plus de manger des raviolis ou du cassoulet en boîte – les plats les moins

chers du supermarché mais aussi ceux dont pas un chien n'aurait voulu –, le manque d'ombre au campement et les souvenirs de Fanny et de Laura que je n'arrivais pas ôter de mon esprit, je sombrais dans une petite déprime bien connue des gros fêtards.
Seul côté positif, toute la bande avait été aux petits soins avec moi. Éric m'avait lâché quelques grammes de sa conso personnelle, son meilleur shit, et il avait agi sur moi mieux que n'importe quel médicament. Médicaments dont je m'étais bourré par ailleurs pour soigner la turista et la fièvre… Si la mauvaise foi du cannabicophile était encore à démontrer, j'en étais un parfait exemple.
Au moins cette mésaventure m'avait-elle permis de rester deux jours éloigné de ces foutus champs de maïs dont je ne pouvais plus voir la couleur. Je me jurais d'arrêter définitivement de manger cette maudite céréale. La force de l'esprit est incroyable car depuis cette époque, je n'ai plus jamais réussi à digérer le moindre grain de maïs. Je blêmis à la vision du petit grain jaune, bille de malheur, agate des mauvais jours, calot de souffrance.
Au bout de quarante-huit heures de repos, je dus malgré cette phobie naissante me résoudre à retourner sur mon lieu de travail, terminer le travail commencé et gagner les quelques francs qui me permettraient de continuer mon voyage dans de bonnes conditions. Au camp, l'ambiance n'était pas au beau fixe. Tout le monde en avait ras le bol de bosser et n'attendait plus que la paie pour se quitter et oublier les dix jours de galère passés ensemble.
Heureusement Jo était là pour me faire rire en me racontant ses mésaventures sentimentales et familiales…

— Tu le crois que je cours après elle depuis sept jours ? Et toujours rien… je ne sais plus quoi faire.

« Et moi quoi répondre, mon vieux ? Tu es amoureux, eh, con, comme tout homme devant une femme qui ne se refuse pas totalement. »
Je le laissais s'énerver tout seul.

— Elle me dit que je lui plais, que je suis son type de mec, mais que bon, voilà, elle sait pas trop, dans trois jours elle repart à Sète et moi avec toi… alors à quoi servirait de se mettre ensemble…

— Ben…

— Je te jure, Sacha, j'ai dû galérer toute une soirée pour lui soutirer un baiser, et j'ai tout juste pu la peloter. Dès que je suis trop entreprenant elle me repousse, me dit d'attendre.

— Ah ! oui ?

— Si je te le dis. Elle est pas croyable, cette gonzesse, trop cérébrale, impossible de la convaincre de vivre au jour le jour, de se laisser un peu aller.

— Mais hier soir, vous avez fait quoi ?

La veille, Jo n'était rentré à la tente que vers quatre heures du matin ; j'avais fait semblant de dormir, ne voulant surtout pas être le confident de son nouveau râteau.

— On a discuté.

— De ?

— De tout et de n'importe quoi, de la vie, de sa vie, de la mienne, de mes parents. On est vraiment bien connectés, elle est super intéressante et ensemble on pourrait s'éclater. Vraiment.

Il en était persuadé. J'en doutais. Mon expérience avec les femmes n'était pas immense, loin de là, mais il me semblait que la pire erreur à commettre avec une nana était de devenir son confident. La ligne de démarcation entre amour et amitié est si ténue et le jeu de la séduction si difficile à maîtriser que si au bout d'une semaine de discussion intense rien ne s'est passé, il y a de fortes chances pour que ce soit ami plutôt qu'amant.

— Et mes parents qui me saoulent pour que je rentre direct les aider à déménager, franchement ils font vraiment les bâtards…

« Je ne te le fais pas dire, mon frère, briser une amitié si forte… »

— Impossible que je rentre, je te jure, ils ont voulu jouer aux cons avec moi, eh ben ils me verront pas de l'été…

— Clair.

— Après le tekos[24] on va se faire une session chez tes cousins et après on ira où on voudra.

Aller où on voudra, je n'aurais pas dit mieux. Suivre le vent et voir la mer, retrouver la lune et la marée pour bercer nos journées. Compter les vagues, surfer sur leur écume, sombrer dans les sables mouvants, voilà la vie. Je l'entends, elle nous rappelle à l'ordre. Ne perdez pas de temps, jeunes loups, les secondes passées sont perdues, les jours à venir ne sont promis à personne, seul le présent compte.

Mais moi le passé ne me lâchait pas. Il avait les courbes de deux jolies nymphes inoubliables. Fanny. Laura. Notre temps avait été trop court. Je fermais les yeux et revoyais leurs danses sauvages, leurs corps nus, leurs charmes fatals.

24 Abréviation de teknival.

« Dis, Papa, pourquoi on ne peut pas s'aimer à trois ? »
Je refaisais le monde, l'histoire, la bande-annonce d'un film dont l'épilogue m'avait déplu. Je n'osais proposer à Jo de les appeler pour qu'elles nous rejoignent au teknival… J'étais idiot. En amour, il n'y a d'orgueil et de fierté que mal placés. Et moi, j'en avais plus que de raison. Alors j'observais Jo se faire retourner le cerveau par une jeune pucelle, ou pas loin, sage et mutine, en me disant que seul, au moins il me restait mes souvenirs d'une après-midi de stop entre Mirande et Labéjan.

3

Il existe encore dans le monde des lieux temporaires où la liberté est totale. Ces zones autonomes se déplacent au gré du vent, des polices et des envies de leurs ordonnateurs. Si vous les cherchez, vous les reconnaîtrez à leur drôles de roulottes, des camions de déménagement réaménagés où l'on case quatre à six couchettes, où l'on empile des souvenirs du monde entier, où l'on brûle ses vingt ans, où l'on sent le souffre, le sale et le renfermé, mais plus que tout l'indépendance.
Si vos yeux ne vous permettent pas de les identifier, alors vous tendrez l'oreille et vous entendrez l'écho des rêves de ces nomades des temps modernes, crachés par des sonos gigantesques, point de ralliement de notre génération. Le BPM[25] augmente, les cris se superposent, les infrabasses soulèvent les cœurs.
Dans ces lieux magiques tout est permis. La musique s'écoute sans délai de temps, sans limites de décibels, sans arrêté municipal contraignant et liberticide. La fête est gratuite, il n'y a pas de prix d'entrée, pas de sélection ni de vigile pour vous refuser le droit d'y accéder, pas de voisins désagréables qui appellent les flics. La répression policière contre les teufeurs n'était pas encore généralisée, leur diabolisation médiatique n'avait pas encore agi, la société civile n'entendait que peu parler de nous. Pour vivre heureux, nous vivions cachés…
Tout juste quelques paysans s'étonnaient de voir débarquer dans leurs champs des milliers de jeunes teknivaliers avides d'espace et épris de musique bruyante, de mélodies assourdissantes. Leur désagréable surprise se calmait au moment de nous vendre tout

25 Battement par minute.

leur surplus de légumes, de pain, de lait et d'œufs ; on les voyait sourire, flairant la bonne affaire.
Dans ces free parties le troc était de mise, les apparences n'avaient aucune importance, chacun venait comme il était, comme il voulait, comme il n'osait pas ailleurs. Les inspirations étaient encouragées, les drogues étaient autorisées. Au milieu des années 90, le mouvement teknival était l'emblème de la résistance de la jeunesse à la société organisée, ordonnée et hiérarchisée. Le tekos était le point de rassemblement temporaire des gens désirant vivre autrement, autre chose. Un court instant au moins.
La musique techno ne s'appelait pas électronique, la house n'existait pas, sauf dans les rêves de la jeunesse bourgeoise parisienne qui aspirait déjà à « marchandiser » nos désirs d'autonomie. À cette époque, la police et les organes de régulation étatiques avaient du mal à appréhender la folie d'une bande d'illuminés qui décidait sans demander l'avis de personne de conquérir, sans violence, des espaces vierges avant de les libérer quelques jours plus tard, nettoyés et en bon état. L'État pouvait trembler.
« Mon Dieu, ces jeunes s'auto-organisent sans détruire nos villes… Nous allons tous y passer s'ils n'ont plus besoin de nos matraques et de nos ordres. »
Les teufs organisées ne drainaient pas encore tous les profiteurs qui essaient sans arrêt de récupérer les initiatives des aspirants rêveurs, des toucheurs d'étoiles, des chasseurs d'absolu : petit dealer de coke coupée, de kétamine et de « brown dégueulasse », carotteurs professionnels aux ecstasy avariés, perdus de la vie qui cherchent un mauvais coup à faire pour injurier le destin.
Le mouvement naissait alors et les *tribes*[26] arrivaient à autoréguler ces hétéropies éphémères. Il y avait bien sûr quelques relous, mais ni plus ni moins que dans la société – je dirais même, en valeur relative, moins que dans le bar de poivrots d'en bas de chez moi. Nous n'étions pas beaucoup, quelques milliers, parfois quelques dizaines de milliers, mais nous tendions tous vers ces espaces soupapes de sécurité, inventés pour ne pas devenir fou.
Se pouvait-il que les free parties soient les prémices des TAZ[27]

26 Une « tribe » est un groupe de teufeurs identifiable par sa sono et le son qu'elle mixe. Ce sont souvent les organisateurs des teknivals. Les plus connus et les initiateurs du mouvement teknival sont les Spiral Tribes.
27 Les TAZ sont des zones autonomes temporaires présentées par Hakim Bey comme le dernier territoire où l'homme peut être libre de manière éphémère.

d'Hakim Bey ? Peu importait car le mouvement teknival n'intellectualisait pas son développement. Il était incontournable, autonome, transitoire.
Et nous y étions, en plein sur un camp militaire abandonné, perdus dans le Sud-Ouest français, sur une jolie petite commune dénommée Tarnos, avec des Belges, des Suisses, des Anglais, des Espagnols, des Italiens… Nous reconstituions la Babylone des premiers jours avec un nouveau langage unique, le nôtre : celui de la fête et de l'euphorie.
Nous étions le centre du monde libre.

— « Chanmé ![28] », s'exclama Johan à la vue des milliers de tentes déjà installées dans un chaos indescriptible.

Les premières *tribes* avaient sorti leur matériel et on entendait déjà les lignes de basses saccadées se superposer à des beats ravageurs.
Je regardais du coin de l'œil la réaction nos amis skaters. Tous n'avaient pas été assez motivés pour suivre Éric et Agnès. Ils ne semblaient pas déçus de leur choix.

— On se pose vite fait et on va faire un premier tour ? proposa Éric.

« Gourmand », pensai-je.
Agnès voulait d'abord bien installer ses affaires. Elle était méthodique et organisée, tout l'inverse de Johan. Celui-ci acquiesça néanmoins et s'empressa de suivre les recommandations de son « espérée ».
« Gentil petit toutou aux cheveux longs, tu fais peine à voir ainsi, prêt à tout pour récolter un petit susucre… »
J'étais dur avec elle. Agnès décida de nous constituer un petit espace un peu à l'écart des plus gros murs de son, histoire de pouvoir s'entendre parler un peu, puis, l'endroit repéré, nous fixâmes nos cinq tentes en cercle les unes en face des autres, instituant ainsi un centre autour duquel nous pourrions surveiller nos délires.
J'avouai qu'Agnès était de bon conseil.
« Mauvaise langue, va. Tu ne lui passes rien parce qu'elle fait tourner ton ami en bourrique. »
Enfin prêts, chacun partit de son côté découvrir ce que lui réservait le destin. Nous devenions les particules désorganisées d'un groupe soudé afin de mieux pénétrer notre nouveau terrain de jeu.
Jo et moi avions bon espoir de trouver des amateurs de shiloms près des camions immatriculés en Italie. Nous n'en étions pas à

28 Méchant en verlan. Synonyme de génial.

notre première teuf. Nous avions déjà écumé quelques free parties et connaissions deux ou trois groupes de *travellers* dont nous nous sentions proches du point de vue de la musique et de celui de la défonce. La tribu d'Italiens que nous espérions rencontrer vivait sur la route depuis déjà trois ans. Ils mixaient un son radical, « hardtek », et à chaque fois que nous les avions croisés ils fumaient le meilleur shit du tekos. Nous avions sympathisé avec eux dans une rave à la frontière franco-italienne, en faisant tourner notre Renzo, et ils n'avaient pas oublié la bande de petits jeunes français au shilom sacré.

Ça ne rata pas. Au détour d'une allée, nous découvrîmes le petit groupe qui se faisait passer notre instrument favori avec dévotion. Le plus âgé d'entre eux reconnut la tignasse de Jo aussitôt et son sourire en dit long sur son état second.

— Hé, hé, *les Franceses, come stai* ?

— Bien Rafa, très bien, et toi ?

— Comme tu peux le voir, au mieux…

Nous nous assîmes à côté de lui tout en saluant sa petite troupe. Nous étions derrière son camion et son mur d'enceinte. À voir ainsi montés les boumeurs, haut-parleurs et speakers les uns sur les autres, sans ordre particulier, sans parallélisme évident, on aurait pu émettre des doutes sur le bon fonctionnement de sa sono. Comme si du chaos ne pouvait naître l'espoir… Cruelle erreur ! C'était Sabrina, sa femme, une grande brune au crâne rasé habillée en parka militaire et chaussée de Doc Martens noires, sorte d'amazone des temps modernes capable de mettre une branlée à n'importe quel macho entreprenant, qui entamait son set de mix. Casque vissé sur les oreilles, mains habiles en action pour caler son enchaînement de disques, elle dégageait une aura mystique.

Rafa, derrière elle, en contrebas de l'espèce de planche en bois qui servait de scène et de promontoire pour installer les tables de mixage, bien calé dans son fauteuil de plagiste, hochait la tête en se minant le cerveau à coup de THC et de rhum bon marché. Je n'aurais pas juré, à voir le léger rictus de ses lèvres, qu'il n'était pas aussi sous speed, mais après tout chacun faisait ce qu'il voulait.

— Alors, Sacha, tu as amené ton arme spéciale ?

J'allais faire un déçu.

— Non, le Renzo est avec Julio, rentré à Nice.

— Ah ! et qu'est-ce que vous faites si loin de *Nissa* ?

— On voyage, sourit Jo…

— Bien, c'est bien ça ! sacrés Franceses, va, ils sont sur la route, ça y est, comme nous ! Voilà la nouvelle génération de *travellers* ! La relève.

Rafa était euphorique. Il avait dû commencer très tôt sa journée pour être si expansif. À voir les têtes de ses compagnons, traits tirés, yeux rougis, pupilles dilatées, il n'était pas le seul à être complètement éclaté. J'essayais d'imaginer le degré de résistance de ces corps et cerveaux sur la route toute l'année, cherchant le meilleur spot pour poser des platines, jouer leur musique, et faire la fête, nuit et jour. Je ressentis une pointe d'admiration pour leur choix de vie. Un autre monde, un autre mode de vie était possible. La grande Histoire n'était pas terminée. Ouf !

Perdus en plein chaos territorial, Jo et moi étions heureux de les croiser. Leur camion apparaissait comme un lieu connu, une sorte de repère en pleine Libertalia mystérieuse. Rafa appela un de ses vieux collègues, Carlo, âgé d'au moins trente ans, un gars torse nu barré d'une longue cicatrice qui rappelait qu'on n'était pas non plus au pays des Bisounours. Rafa nous raconta plus tard que son ami s'était retrouvé un jour sur une aire d'autoroute face à deux petits gitans qui lorgnaient sur l'intérieur de son van. Armé chacun d'un schlass, ils avaient menacé son amie et Carlo, en guise de réponse, avait écrasé un pack de bière sur la tête du premier agresseur pendant que le second lui transperçait le flanc.

La liberté a un prix et prendre la route n'était pas une affaire aussi aisée qu'il y paraissait.

— Carlo, viens, que je te présente la nouvelle génération… Ils sont venus de Nice pour écouter Sabrina mixer.

L'ami de Rafa s'avança pour nous serrer la main et nous dire quelques mots couverts par le mix de Sabrina. Je hochai la tête en forme de respect. Je n'avais ni dieu ni maître, certes, mais quand même un peu de considération pour les anciens qui nous montraient la voie. Et pour ceux qui faisaient tourner leur dope en prime !

Carlo sortit un petit sachet de poudre blanche qu'il nous tendit.

— MDMA, souffla Rafa en rigolant, la meilleure du tekos.

Je ne savais que dire, on n'avait pas trop envie de dépenser notre argent, durement gagné en castrant le maïs, en produits chimiques.

— On cherche plutôt du bon haschisch, expliqua Jo.

— Ah, si, OK. Attends.
Carlo rangea son sachet de poudre, pas gêné pour un sou par notre refus, et partit cinq minutes fouiller dans son camion avant de revenir avec un toc de marocain d'une fraîcheur remarquable.

— C'est de « l'olive », expliqua-t-il. Je l'ai échangé à des clandos marocains lors du dernier tekos au sud de Barcelone. Roule-toi un pet', tu vas kiffer.
Jo s'exécuta et, à voir sa tête, il n'y avait pas erreur sur la marchandise. Fumer du cannabis de cette qualité était une chance exceptionnelle. Je tirai à mon tour quelques taffes et m'allongeai près du feu préparé par Rafa et ses amis. J'avais trouvé un lieu pour squatter et méditer sur l'avenir du ciel.
Après quelques palabres amicales, entreprises sous l'œil bienveillant de Rafa, on réussit à toucher quelques grammes de matos magique à un bon prix et Jo me dit qu'il bougeait un moment. Je l'imaginais déjà à la recherche de sa rouquine pour lui faire découvrir son nouveau toc. Je restai pour ma part tranquillement posé près de Rafa. Il me fit tourner un verre de rhum et je les écoutai raconter leurs innombrables aventures de voyage. Leurs galères, leurs joies, leurs mauvais coups, on aurait dit des anciens combattants, et le plus vieux d'entre eux avait à peine trente-quatre ans. Dans son regard, je voyais une certitude irréversible en ses choix de vie alternative. Il avait près le double de mon âge, une éternité !
« Et moi, où serai-je dans dix-sept ans ? Sur la route ou au taf ? Insoumis ou rentré dans le rang ? »
Je roulai un nouveau joint pour me donner la force de trouver mes réponses dans la foule bigarrée et anonyme qui se croisait et passait devant nous sans un regard. Je dis au revoir à Rafa, lui promettant de passer à nouveau.

— Ciao Sacha, porte-toi bien et viens écouter mon set, je jouerai vers cinq ou six heures du matin…
Je m'en allai errer parmi les miens, les têtes chercheuses d'existence. L'olive me montait à la tête, une douce chaleur se lovait dans mon cerveau et je cherchais du regard où j'allais traîner mes jeans troués. Le destin m'appela du côté de la plus grosse des sonos : celle des Spiral Tribes. Deux bons milliers d'aficionados se serraient devant un gourou musical installé devant ses platines, prêt à les faire danser jusqu'au bout de la nuit.
« Avant le décollage final ? »

Une grande bâche poussiéreuse recouvrait le bas de la scène sur lequel il était installé avec deux acolytes tournant furieusement autour de leurs machines et jouant de leurs doigts comme des trombonistes perdus dans les caves du Bronx. Un slogan simple y était tagué : « *Free music for free people* ». Autour des lettres fixées à la hâte, on pouvait distinguer des formes sinusoïdales, hypnotiques. Je restai quelques instants à les fixer en essayant de trouver l'origine et la fin de ces spirales infernales. Peine perdue, elles n'avaient ni début, ni fin, comme notre histoire sur Terre.

C'est à ce moment que je reçus une grande claque dans le dos. Je manquai de tomber et me retournai pour corriger l'inopportun qui me tirait ainsi de mes rêveries… Éric.

— Putain, mec, c'est trop top, cette soirée !

Je voyais à ses pupilles dilatées et à ses yeux exorbités que mon collègue sétois était déjà bien loin. Son corps et sa voix étaient à côté de moi, à me sourire encore, pendant que son esprit infiltrait les boucles étranges balancées par le deejay.

J'acquiesçai de la tête.

— Ça se passe bien ? Où sont les autres ?

— Je les ai tous perdus il y a longtemps, rigola-t-il.

Il n'avait que faire d'être seul. Perdu dans la foule il devenait une particule élémentaire d'un corps mutant et festif, celui du teknival. Je lui fis tourner le joint d'olive que je n'avais pas encore terminé. Il le prit et le termina sans remarquer sa qualité, trop focalisé sur les beats musicaux. Les balancements de sa tête essayaient de rejoindre la ligne de basse fractale qui traversait des patterns rythmiques diaboliques.

— Tu t'éclates ?

— Tu m'étonnes, mec, je suis à bloc ! J'ai trouvé un sniavre[29] qui m'a refilé une coke de ouf ! Depuis que j'ai tapé mon premier trait je suis en transe.

Tout en me décrivant son euphorie, il attrapa une bouteille en plastique calée dans la poche arrière de son jean baggy. Il en but de longues gorgées avant de me la passer. Ça puait l'anis. Pastis.

Je lui dis non.

— T'es fou mec, il faut boire avec cette chaleur ! Faut pas se déshydrater, sinon tu vas crever.

— C'est bon, je suis au rhum, là.

29 Mot d'argot synonyme de défoncé.

— Ah, ah ! Alors trinquons, à ta santé, mon frère, c'est vraiment cool d'être ici ! Ça déboîte tout !
Et il avala à nouveau de longues gorgées, inconscient des effets de l'alcool sur son cerveau trop occupé à jouir de la cocaïne. Maîtresse des alcooliques, amante des nuits folles et blanches, la poudre aphrodisiaque et excitante l'avait conquis.
On ne sait jamais quelle va être la réaction d'un homme sous drogue. Certains ont l'alcool triste, d'autres sont euphoriques, on distingue les esprits cérébraux des plus spontanés. Éric était de ces derniers. Quand le deejay des Spi balança une nouvelle rythmique traversée de vagues de synthétiseurs psychédéliques, il ne put se retenir et s'élança au milieu de la foule, sautant plus haut que tout le monde, transpirer sa joie de vivre, oubliant le quotidien pour ne partager que l'instant présent.
Je n'eus pas le temps de le suivre et j'avais besoin de souffler un petit peu. Le mélange rhum-olive, sans dopant chimique, commençait à me taper sur le cerveau. Nous avons tous nos limites, les miennes commençaient à être atteintes. Je décidai de rejoindre notre petit campement pour voir ce qu'il s'y passait. Je traversai des allées qui n'existaient pas quelques heures auparavant. Je découvrais des visages par centaines s'entrecroisant entre ombres et lumières. Des cris parvenaient au loin sans que je puisse distinguer s'ils étaient de joie, de folie ou de transe.
« Qu'importe, il est déjà trop tard. »
Une microsociété apparaissait sous mes yeux défoncés. Les voitures, les camions, les tentes s'étaient alignés les uns à la suite des autres et, à la faveur d'un stand de merguez qui s'ouvrait, ou d'un autre proposant à la vente de canettes de bière fraîche, se formaient des petits groupes agglutinés autour de spots de lumière exsangue. Une ville temporaire prenait forme sous mes yeux : commerces informels, débits de boissons illégaux, coffee shops en plein air, stands de musique pour acheter les derniers vinyles mixés, supermarché de drogues en vente libre.
« Aïe, le capitalisme nous rattrape. »
J'avançai doucement pour saisir des bribes de conversations, pour découvrir la teneur des négoces qui avaient lieu dans l'obscurité, derrière les voitures, pour comprendre si je rêvais ou si la réalité m'avait dépassé. Guidé par un mauvais sens de l'orientation, je tournai à gauche, puis à droite, puis, je ne sais comment, je me retrouvai de nouveau devant le son des Spiral Tribes. J'étais perdu et saoul.

« Bonne étoile, aide-moi à retrouver mon chemin. »
J'implorai le destin de me ramener près d'un endroit où je pourrais cuver un peu mon alcool et reprendre quelques forces. Une pointe me traversa l'estomac. Je me rendis compte que je n'avais pas mangé de toute la journée. Il fallait se nourrir. C'était vital. J'achetai un sandwich au thon à une néogothique à moitié dénudée et tatouée sur une bonne partie du corps. Elle tenait un stand de nourriture et de mixtapes produites par son chéri. Étrange mariage de la restauration rapide et de musiques éternelles.
J'essayai de ne pas penser aux différents lieux improbables où avait traîné le pot de mayonnaise mis à ma disposition, ni avec quelle eau les crudités avaient été lavées. Demain révélerait si la femme était digne de confiance. Mes intestins étaient entre ses mains. Quel que soit le résultat, je savourais le moment où du solide venait se noyer dans les litres de liquides ingurgités. Le pain allait un peu éponger mon ivresse. L'inspiration me revenait et je repris mon chemin.
Par la grâce de je ne sais qui ou quoi – le sandwich était-il magique ? –, je retrouvai enfin mon petit groupe d'amis.
« Sauvé ! »
Devant les tentes, Jo, Agnès et Ludo étaient assis en rond et se faisaient tourner des joints. Ils semblaient débattre d'un sujet sérieux. J'entendis les derniers mots :

— … comment peut-on vivre ainsi ? Moi je ne pourrais pas.

Johan hocha la tête. Il n'était visiblement pas d'accord avec Agnès et Ludo, mais en le reconnaissant, il perdait sa lutte contre un autre prétendant de la rouquine.
J'entrai dans le cercle et compris le malaise de mon ami. Le teknival n'était pas la tasse de thé d'Agnès. Il y avait trop de bruit, trop de poussière, trop d'obscurité… Rien n'allait ici pour elle.

— Et où sont les toilettes ? Comment allons-nous faire demain pour nous laver et enlever toute cette poussière ? Tu crois qu'on trouvera un endroit pour se rafraîchir ?

« Quelle relou ! »
Ludo lui promit de l'emmener trouver un endroit où elle pourrait se refaire une beauté, quitte à payer un paysan aux alentours pour lui louer sa salle de bains. Je rigolais en imaginant la tête du gars devant deux jeunes pouilleux négociant un peu d'eau claire et de savon contre un petit billet. Jo ne disait rien. Il abdiquait. Agnès continuait à pester contre le tekos.
« Aïe ! »

Ils me donnaient la nausée à ne rien comprendre au délire de ce rassemblement, enfermés dans leurs certitudes ; j'aurais aimé leur balancer une grande gifle en pleine tête, histoire de leur faire entendre raison. Je délirais totalement. Comment une telle idée pouvait me traverser la tête ? Moi à côté de qui Gandhi apparaissait comme un dangereux hooligan ?

J'étais vanné et ces deux-là me saoulaient sévère. À choisir, il valait mieux mourir en dansant que s'endormir avec la voix nasillarde de la Sétoise agressant le fond de mon cerveau. Je me levai et fis comprendre à Jo qu'il ferait mieux de m'accompagner. Il n'hésita pas. Agnès le regarda, étonnée de se faire lâcher ainsi. Elle ne comprendrait rien à notre délire.

« Ciao bella, à jamais. »

En m'éloignant des tentes, je regardais Jo en m'esclaffant.

— Elle m'a bouffé le cheerow[30] ta copine ! Un sida mental.

Son silence fut explicite. Pincement au cœur contre moquerie complice, il n'y avait même pas à choisir. Allez viens, on va se saouler pour la troisième fois de la nuit, et encore et encore jusqu'à ce que les filles de la lune viennent nous border.

— Fais tourner ta bouteille.

— Alcoolo !

— Fais pas chier, mec, fais-moi boire !

— Tes parents ne seraient pas contents s'ils te voyaient comme ça !

— Putain, Sacha, arrête de m'emmerder, file-moi du rhum

Il m'arracha la bouteille des mains et la vida à grandes gorgées.

— Égoïste, qu'est-ce que je vais boire maintenant ?

— On va aller se trouver une autre bouteille.

Facile à dire dans ce tohu-bohu infernal. À faire, c'était moins aisé. Tant pis, on se mettrait à autre chose. Je roulais un nouveau joint en marchant dans une semi-obscurité branlante et une foule compacte. Qu'on ne vienne pas me dire que l'ivresse cannabique diminue les réflexes et l'attention. Tout est une question d'entraînement.

Finalement, on se posa près d'une petite sono qui balançait une sorte de trance tech sympathique et joyeuse. On était bien, là, avec deux dizaines de fondus extasiés surfant sur les mélodies aériennes tout droit venues de Goa. Jo et moi étions juste pleins de THC mais dans le même délire euphorique.

La musique a ceci de formidable qu'elle s'adresse à tout le monde,

30 Cerveau en argot.

drogués ou personnes saines, frustrés ou extravertis, hommes, femmes, enfants et vieillards. On ne perçoit évidemment pas de la même manière une valse de Schubert et *Orange* de Cygnus X, mais aux premières notes d'un morceau aimé on est capable de se redresser d'un coup et de sentir son corps communier avec une mélodie magique.

J'entrai dans la danse à mon tour !

4

Si Rimbaud et Verlaine avaient eu vingt ans en 1995, ils auraient été *travellers* et deejays, têtes chercheuses d'existence sur les routes de France et d'Europe, aspirants poètes la tête dans les étoiles, le cœur dans les machines et les platines rythmant les nuits et les journées des teknivaliers.

Leurs rimes seraient devenues des lignes de basse, leurs alexandrins des rythmiques syncopées. Plus de césure ou d'hémistiches mais des mesures, du BPM, des pistes audio et du mixage, les poètes de la fin du millénaire sont deejays. Ils haranguent la foule depuis des promontoires incertains, balançant au public en transe des vagues de synthétiseurs, des boucles rythmiques issues de séquenceurs diaboliques.

Les moyens d'expression radicaux ne sont plus aujourd'hui des mots et des tournures de phrases alambiqués, ce sont des beats dévastateurs capables de sublimer et de détruire la matrice dans laquelle la société se perd.

Lutte contre le capitalisme, diront certains, contre-culture, expliqueront d'autres. Ils se trompent tous. Les leaders du mouvement teknival n'aspirent qu'à une chose : la liberté de vivre et de s'épanouir comme ils l'entendent, loin de l'asservissement des consciences, de la négation des inspirations et des modes de vie d'un autre temps.

Il y avait à Tarnos, dans l'ambiance surréaliste de cette base militaire accueillant les teufeurs de toute l'Europe, un espoir que le monde pouvait encore changer, non plus de manière collective, en suivant la doctrine de telle ou telle idéologie, mais en prenant sa vie à bras-le-corps et en décidant d'être maître de son avenir.

— C'est un truc de malade, ce lieu, souffla Johan sur les coups de 10 heures.
Le soleil commençait à taper et nous étions encore devant ce bus jaune et blanc étrange, recouvert de bâches aux dessins hypnotiques. Le dance floor s'était vidé, seule une dizaine d'irréductibles dansaient sur les beats sinusoïdaux envoyés par Renegade Sid. On le voyait à peine, caché dans l'ombre de l'arrière du camion depuis lequel il mixait. On devinait son crâne rasé, la dextérité de ses mouvements pour enchaîner les nappes rythmiques, mais il restait en retrait et les regards de tous les aficionados de gros son étaient dirigés vers la bâche noire fixée juste à côté du deejay. Elle représentait un *traveller*, les deux poings dirigés vers le dance floor, que j'imaginais dire :
« Entrez dans la danse, ne vous retenez plus, c'est ici et maintenant que se joue votre vie. »
La réponse de la foule étant sans équivoque. La transe des danseurs était impressionnante, le monde aurait pu s'écrouler, l'avenir des teufeurs n'aurait pas changé. Ils voulaient s'éclater.
— Putain, regarde le gars, là-bas ! Il est complètement chéper.
Un homme d'une trentaine d'années, en short militaire et le torse nu, enfonçait sa tête dans le mur d'enceintes des Spiral Tribes.
— Bwah ! Il est trop hardcore, lui. Il va y laisser ses tympans et son cheerow.
— Tu m'étonnes.
La vue de ce pauvre type complètement à bloc me fit réaliser qu'il allait peut-être falloir se reposer. Nous étions debout à fumer et à boire depuis bientôt vingt-quatre heures.
« Un peu de sommeil ne nous fera pas de mal. »
C'est à ce moment-là qu'Éric, notre ami sétois, fit sa réapparition, le nez rougi par un trop-plein de « tarinades[31] », le regard éclaté par l'alcool et le shit, le corps surexcité par la coke.
— Les gars, j'ai passé une nuit de guedin ! Un truc énorme.
Je voyais dans les yeux d'Éric un bien-être communicatif. Il était heureux de vivre sans tabou sa recherche de plaisir et son amour de la musique. Il voulait nous transmettre les émotions transitant par son âme, transpirant de son corps, transmutant ses cinq sens en une communion fractale et absolue inaccessible pour tout autre que lui. Bonheur solitaire et exclusif.

31 Une tarinade correspond à l'action de sniffer de la cocaïne.

« Il a dû taper au moins deux meuges pour être encore à donf comme ça. »
Johan lui tendit un joint d'olive à moitié consumé.

— Merci, mon pote. C'est cool. Un bon bédo pour se remettre de toutes ces émotions… Vous voulez taper un petit trayos[32] ? Elle est vraiment top, cette coke.

J'échangeais un regard complice avec Jo. Notre pote était à bloc et son bien-être était communicatif. J'étais tenté de goûter un peu de coke, mais je craignais de ne pas vraiment profiter de son effet, d'autant que Jo et moi avions décidé de tester la MDMA.

Nous étions repassés à l'aube au camion rouge des Italiens. Rafa était en plein mix et cette fois c'est Carlo qui nous avait reconnus. Il avait une mine radieuse, son visage semblait parcouru de vagues de plaisir indicible.

— Yé suis en pleine montée, les yeunes, c'est de la bombe, yé vous jure.

Il ne nous en avait pas fallu beaucoup pour être convaincus. Sabrina, la copine de Rafa, était elle aussi sous MDMA et sa description des effets du produit avait excité notre curiosité.

— Il n'y a aucun risque, vous prenez une gélule et vous avez l'impression de planer dans des vibes positives sans jamais vous sentir mal.

— Ah ! ouais, on peut pas faire de bad ?

— Ben tu vas pas en prendre dix, évidemment, mais c'est pas pour rien qu'on appelle ces gélules les pilules de l'amour.

Rien que le nom donnait trop envie d'en gober. Johan avait fait signe à Carlo pour lui dire qu'on était OK. Il avait insisté ensuite pour que Carlo dose lui-même les gélules, histoire de ne pas faire d'erreur au niveau des quantités à ingurgiter. L'Italien avait accepté et nous avait même offert quatre gélules pour le prix de deux.

— Il y a de quoi planer *sei* à *sette ore*, tu fais *attentione*, n'en prenez pas *due* en *una* fois et évitez de tout gober à *due*. C'est très forte.

Nous avions bien retenu les instructions et pensions proposer à Éric et aux autres de découvrir ensemble les effets de cette poudre d'amour. Expérience sensitive pour jeunesse collective. Johan expliqua le plan à notre ami sétois qui finissait son joint d'olive en ne cessant de bouger la tête.

---

32 Trayos est synonyme de trait de coke.

— Trop bonne idée, les gars, je suis partant. Allons gober ça aux tentes !

Voilà comme nous nous retrouvâmes, Johan, Éric, Ludo, Agnès et moi, complètement à bloc, scotchés par des vagues d'amour pur nous traversant le corps et l'esprit et nous empêchant de bouger de notre campement.

« Pourquoi faire ? On est trop bien, là ! »

La prise de MDMA fut une des plus belles expériences de ma vie. L'impression que chaque pore de ma peau était capable de jouir intensément me procura un sentiment d'extase enivrant.

Je n'étais pas le seul à tomber amoureux de cette sensation de plénitude. Agnès la première, si prompte à râler depuis que nous étions arrivés, s'était faite toute petite et, à voir son visage, elle était en train de découvrir des ressorts inconnus de sa personnalité. Elle se touchait régulièrement les mains pour évaluer sa capacité hypertrophiée à sentir les choses et n'arrêtait pas de demander à Ludo s'il connaissait le nom du morceau qui passait.

— Il est vraiment bien, celui-là. Tu connais ? J'aimerais bien l'acheter pour la voiture.

Ludo, qui était tout sauf un spécialiste de musique techno, secouait la tête à chaque fois, indiquant qu'il n'avait pas de réponse à donner. Son air désolé était d'un comique irrésistible et provoquait chez nous d'intenses fous rires. Il nous regardait alors, surpris par notre réaction, mais pas mécontent de son effet.

— Ben quoi ? Qu'est-ce que j'ai dit encore ?

« Rien de particulier, mec, on est juste foncedé. »

Johan vint à son aide en expliquant à Agnès que le seul moyen pour elle de récupérer le son joué était d'acheter des mixtapes au crew qui jouait le morceau qu'elle écoutait.

— La plupart des vinyles joués par les deejays sont pressés sur des white labels, donc impossible de savoir le titre du track ou le nom du label.

— Et pourquoi ?

— Pour que personne ne sache le son qui vient d'être mixé. Comme ça le deejay conserve ses petits secrets.

— C'est nawak ! s'étonna Ludo. Même les gars savent pas ce qu'ils mixent ?

« T'es trop mort, Ludo, c'est toi qui dis nawak. »

Johan lui expliqua.

— Mais si, sauf qu'ils vont pas forcément te le dire et que tu vas pas aller leur demander d'arrêter de mixer à chaque fois que tu veux le titre d'un morceau.

— Ah ouais, c'est sûr, ça.

Ludo, tout penaud, comprit la démarche, et Agnès, qui dans une autre situation aurait médit sur les deejays gardant pour eux leurs bons sons, hocha la tête, satisfaite de l'explication, sans rajouter de remarques négatives. Incroyable. Son intérêt nouveau pour la musique associé à l'arrêt de ses jérémiades l'avait transformée en une personne tout à fait agréable.

Éric, de son côté, avait pris une demi-gélule pour ne pas faire empirer son état second déjà bien avancé et il n'arrêtait pas de rouler des joints en s'arrêtant à chaque fin de spliff pour nous avouer :

— Pouah, je prends cher ! Il est trop bon ce prod !

Et, sur ce, il prenait deux nouvelles feuilles, effritait un peu de shit, le mélangeait à du tabac, roulait un filtre carton entre son pouce et son index puis finalisait son joint avant de l'allumer.

— C'est l'hallu, la MDMA, mon gars ; j'ai l'impression que mon corps ne pourra plus jamais ressentir autre chose que de l'amour.

Johan ne disait rien de son côté, mais je voyais sur son visage les effets du produit de Carlo. Il touchait sans arrêt sa mâchoire pour s'assurer qu'elle ne se décroche pas toute seule. Ses pupilles dilatées indiquaient l'apogée de son état.

— Une intense sensation d'extase, de bonheur, je saurais pas dire autre chose.

J'étais dans le même état. J'avais l'impression d'être connecté à lui, dans nos fous rires comme dans les montées de MDMA. Nous étions extasiés en pleine journée, sur un camp militaire recyclé en camp de vacances pour jeunesse en recherche de sensations fortes et de liberté infinie.

« France, regarde le visage de ta jeunesse. Le monde a changé tu ne vois pas ? »

5

« Le haschisch fait peur au pouvoir, c'est une évidence. Mais ce n'est pas son usage récréatif qui inquiète les autorités, il n'a que faire des fous rires des adolescents ou des soirées entre potes passées à se délasser dans l'anonymat de la nuit. Il a toute raison en revanche de craindre sa dimension spirituelle et méditative, sa capacité à permettre la découverte et l'exploration des sens. Regarde Napoléon qui a interdit la fumette à ses soldats après avoir compris que la marijuana et la guerre ne faisaient pas bon ménage. »

Je me perdais dans des méandres de pensées fumeuses en éclatant un gros trois feuilles de skunk. L'odeur poivrée emplit d'un coup la voiture du jeune cadre dynamique qui nous avait pris en stop. À voir son profil sociologique je n'aurais pas parié un franc sur sa bonne volonté. Je me trompais encore, prisonnier de mes a priori sur la société de consommation et ses apôtres commerciaux.

Bertrand était pourtant un brave type : côté pile, brillant cadre informatique de trente-cinq ans, tendance « les nouveaux rois du monde », bosseur acharné à salaire élevé, passionné par son boulot ; côté face, fumeur de sticks empilant les culs de joint dans son cendrier de voiture. Il ressemblait à une partie grandissante de la population hexagonale initiée aux bienfaits du shit depuis l'adolescence, qui ne se posait plus depuis longtemps la question de l'illégalité ou non de sa consommation.

« Quoi de plus normal que de se faire plaisir sans trop de mal ? La France pétard est une réalité impossible à nier. Cols bleus et cols blancs de tout le pays, unissez-vous ! »

En pénétrant dans la voiture, des relents bien connus de marocain avaient titillé nos narines. Jo et moi avions échangé un regard complice et mon acolyte avait lâché en prenant place dans le siège du mort :

— Ça sent bon ici.

Bertrand avait acquiescé et nous avait proposé de rouler un joint. Je m'étais empressé de répondre aux attentes de notre chauffeur bénévole, en pensant à la diffusion de notre plante préférée.

« Le cannabis est une plante subversive, une mauvaise herbe qui s'intercale dans tous les interstices vacants de la société. Jeunes rebelles, vieux malades, cadres dynamiques, tous adhèrent aux pouvoirs sensoriels et thérapeutiques du cannabis. L'un y trouve des raisons de réfléchir à son devenir d'homme, le second y trouve le réconfort que son corps lui interdit, le troisième y délasse son stress et ses inquiétudes. »

Dans ces conditions, il était dur de ne pas comprendre pourquoi nous étions dans un État prohibitionniste qui nous faisait risquer de lourdes amendes pour méditer, réfléchir et nous amuser. Depuis longtemps, on savait que la dépendance au cannabis était quasi nulle, et que si l'État s'était mis à produire et à revendre de la marijuana, la qualité des produits fumés aurait été améliorée et les bénéfices pour la collectivité énormes en termes de revenus autant qu'au niveau de la baisse de la délinquance et du commerce informel. L'éducation vis-à-vis de la consommation de marijuana aurait permis d'expliquer ses vertus aux jeunes adolescents plutôt que de les voir se complaire dans l'interdit sans percevoir la dimension spirituelle du cannabis.

— C'est une putain d'histoire de morale, expliqua Bertrand à Johan qui lui demandait s'il n'avait pas des problèmes au bureau quand il arrivait défoncé. Mon boss a rien foutre de ma conjonctivite chronique tant que je suis performant, et moi le shit ça me détend et ça me calme. Sans mon spliff, je crame au moins deux collègues de bureau par jour !

— Et tu t'es jamais fait démasquer ?

— Ben je le crie pas sur tous les toits et je ne fume pas non plus dix joints dans la journée. Un petit bédo sur le trajet du boulot, un second après le déjeuner, un troisième s'il y a un gros coup de pression au taf, et un quatrième en rentrant, juste de quoi me mettre zen pour pas tuer deux ou trois connards qui me prennent la tête sur la route…

Ses paroles étaient sagesse. Sa relation au travail m'ouvrait des perspectives professionnelles inattendues. Finalement je pourrais peut-être me fondre dans l'univers capitaliste sans être obligé de fuir loin de ce monde absurde pour vivre dans une communauté new age qui ne m'attirait au final pas plus que cela.

À l'écouter, concilier fumette et travail paraissait évident, exactement le contraire du message martelé par le gouvernement pour lequel le cannabis désocialisait et brisait les vies d'adolescents en les lobotomisant.

Où étaient les journalistes pour nous parler de tous les Bertrand de France, parfaitement intégrés au système et épanouis dans la pratique de méditation haschischée ? Il aurait fallu des articles, des premières pages, des ouvertures de journaux télévisés pour avertir nos concitoyens que la marijuana n'était pas mauvaise pour nos consciences mais pour nos dirigeants.

— Fais tourner au lieu de bloquer, me fit remarquer Jo en me prenant le joint à demi consumé. Quelle image tu vas donner de nous, des profiteurs qui fument seuls leurs pétards ?

— Mais… protestai-je mollement.

Bertrand ne tira que deux lattes dessus, par politesse. Il était déjà bien *irie*[33] et la circulation se densifiait à l'approche de Bordeaux. La belle endormie – d'avoir trop fumé ? – se présentait à nous comme une nouvelle étape de notre périple.

Le temps passait si vite. Le teknival était déjà bien loin, les échos de basses et le rhum avaient cessé de taper dans mon cerveau. La bêtise d'Agnès s'était évaporée dans une partie éloignée de mon cortex. Je revoyais Éric, à bloc, me faire promettre de passer le voir à Sète avant de rentrer à Nice. Et moi de le lui jurer en ignorant le quand et le comment de nos retrouvailles. Nous avions repris notre route, maintenant le cap à l'ouest en direction de l'Atlantique. Les kilomètres s'accumulaient, les rencontres passaient comme les déceptions et les joies. Nous étions en mission, Jo et moi, partenaires de fortunes diverses et variées, mais toujours inattendues.

« Le présent s'enfuit de peur que l'avenir n'arrive jamais. »

Bertrand, gentiment, nous déposa sur les grands boulevards bordelais avant de disparaître vers son open space professionnel et les milliers de lignes de codes de programmation incompréhensibles pour le commun des mortels qu'il allait inventer. Nous eûmes juste le temps de le remercier, pas celui d'échanger un contact.

---

33 *Irie* est un mot jamaïquain synonyme de tranquille, serein, positif.

« Les vies se croisent, les destins se séparent, les affinités d'un moment disparaissent comme se gravent les souvenirs dans mon cœur. »
De nouveaux seuls, Johan et moi étions à quelques pas de la petite maison occupée par mes deux cousins bordelais. Greg et JD étaient un peu plus âgés que moi, le premier avait vingt-quatre ans, le second vingt-deux. Ils vivaient ensemble depuis six ans, faisaient la fête depuis dix ans, me protégeaient depuis mon plus jeune âge et j'étais impatient de les présenter à mon Jo.
J'étais sûr que le feeling allait passer entre ces trois-là. Ils avaient de toute évidence des affinités de caractère et une relation complexe à leurs parents, dans des genres différents. Ceux de Jo étaient totalement barrés et ils avaient élevé mon ami dans un culte de la liberté et de la responsabilité qu'ils avaient du mal à assumer maintenant que Johan avait décidé de prendre sa vie en main. À l'inverse, les parents de mes cousins étaient plutôt protecteurs dans leur éducation, mais les aléas de la vie les avaient poussés à revoir leur stratégie d'éducation.
Mes cousins étaient en effet demi-frères et ils avaient eu des difficultés à intégrer les us et coutumes d'une famille recomposée classique des années 90 : le père de Greg avait épousé la mère de JD en secondes noces – pour le meilleur, mais surtout le pire quand on a une adolescence difficile. Greg et JD s'étaient parfaitement trouvés pour faire les quatre cents coups en guise de représailles contre leur nouvelle cellule familiale. Fugues, renvois de l'école, petits larcins en tout genre, leur association avait gravement nui à la sérénité et à la tranquillité de leurs parents, qui n'avaient pas trouvé de solution pour réamorcer le dialogue avec leur progéniture.
Trouver les causes de la rébellion de mes cousins n'était pourtant guère compliqué : l'égoïsme des adultes faisant valoir leur droit à la légèreté sans reconnaître leurs devoirs vis-à-vis des engagements biologiques pris dans leur jeunesse ; nécessaire volonté de s'épanouir en oubliant qu'un enfant qui grandit renvoie le temps qui passe, les rides, les compromissions, les prises de poids, les mensonges, les erreurs, et, plus inavouable, les regrets en plus des remords. Les nouveaux parents de Greg et JD étaient emblématiques d'une génération d'adultes souhaitant s'éclater sans assumer ses responsabilités. Consciente de son passage éphémère sur terre, elle voulait vivre à fond et renvoyait à ses enfants son incapacité à les accompagner dans le passage à l'âge adulte.

« Tu as tout, mon petit Greg : un toit, à manger, un scooter, une bande d'amis sympathiques, des parents qui t'aiment, alors pourquoi nous chercher les ennuis ? »
Ironie pathétique de la mentalité d'une classe d'âge s'étant révoltée contre une société sclérosée et pour une certaine conception de la liberté qui, maintenant aux affaires, démissionnait face à ses enfants.
« JD, tu me rends dingue. Tu ne veux plus faire d'études ? Eh bien tu trouves un travail. Démerde-toi, ce n'est pas moi qui vais te faire chier, mais par pitié, laisse-moi tranquille ! »
Pragmatiques devant l'adversité, les parents de Greg et JD avaient donc préféré les éloigner du domicile familial et leur donner un peu de liberté plutôt que de les voir constamment leur pourrir la vie. Leur confort sentimental était à ce prix. Drôle d'idée que de croire qu'en éloignant les problèmes on les résout, mais bien à l'image de parents trop préoccupés par leur propre bien-être pour comprendre que les « enfants rois » étaient plus une théorie leur permettant d'éviter tout conflit et de s'adjuger les faveurs de leur progéniture plutôt qu'un moyen de donner toutes leurs chances de s'épanouir dans leur prochaine vie d'adulte à des enfants et des adolescents.
La nouvelle indépendance de mes deux cousins, chèrement conquise, avait contribué à asseoir mon admiration pour eux. Je les voyais libres et indépendants. Plus âgés, plus cool, autonomes (en tout cas j'avais cette impression, ne me doutant pas que leurs parents payaient en grande partie leur loyer, leurs charges et leur nourriture), ils m'avaient servi de modèles en initiant mes premières amours (les sœurs de leurs petites amies), en allumant mes premiers joints sur les plages du bassin d'Arcachon, en décapsulant mes premières bouteilles de Jenlain. Ils m'avaient fait découvrir le reggae et offert le sublime *Exodus* de Marley dès mes douze ans. La musique était d'ailleurs devenue leur raison de vivre et une de nos passions communes, avec la ganja évidemment.
Chaque été, pour moi, était l'occasion de les retrouver et j'étais toujours aussi impatient de voir l'avancement de leur étonnant projet professionnel : devenir artistes. Mon conseiller d'orientation au lycée aurait levé les yeux au ciel en soupirant toute l'amertume de son âme face à leur détermination, mais je n'aurais pas pu mieux décrire leurs aspirations professionnelles. Ils allaient devenir des

artistes. Ils en étaient déjà, d'ailleurs, il restait juste à matérialiser leur talent par des revenus réguliers, ce qui n'était pas une mince affaire.

Mes deux cousins avaient en effet décidé depuis quelques années de devenir deejays professionnels et de vivre de leur art. Cette vocation était née dans le grenier de leurs grands-parents respectifs quand ils avaient découverts des trésors de disques vinyles à collectionner. Chacun de son côté avait pris toute la mesure onirique de ces objets noirs et ronds capables de faire hérisser les poils aux plus blasés des légionnaires ou de tirer des larmes d'un bourreau insensible. Ils avaient cherché le secret de cette émotion indescriptible qui vous prend toute l'ouïe lorsque le diamant accroche le sillon du disque. Ils ne s'étaient jamais remis de cette rencontre fortuite avec un objet porteur d'émotions, devenu vecteur de leur passion commune.

Elle s'était ensuite développée au fil des années passées à accumuler ces précieux disques, à découvrir des raretés, des inédits, des collectors ; à découvrir ensuite qu'on pouvait les enchaîner les uns à la suite des autres si on possédait deux platines de disques, et comprendre enfin le pouvoir démoniaque exercé par le préposé au mix, le maître de cérémonie, l'homme qui faisait bouger le postérieur de ces dames, qui faisait lever les bras en l'air, allumer les briquets dans la foule et mettait en extase un public de fêtards assoiffé de bonnes vibrations.

J'étais sûr qu'ils allaient adorer Johan. Je sonnais à la porte. Un grand gaillard, teint hâlé et longues dreadlocks plongeant jusqu'au bas du dos, vint m'ouvrir : JD.

— Alors le cous', ça va ? demanda-t-il avec un grand sourire.

— Yes papa, la pêche.

— Entrez les gars ! Bienvenue à la casa.

Il cria à son frère que nous étions arrivés et je vis la casquette de Greg sortir des escaliers qui menaient au souplex. Leur maison était faite de manière étrange, tout en longueur. À Bordeaux on appelle cela une échoppe, un agencement d'une baraque qui donne sur la rue avec un sous-sol qui sert de chambre ou de bureau, selon. Un long couloir traversait le rez-de-chaussée en laissant sur la gauche deux chambres, pour arriver sur une grande cuisine qui donnait sur une toute petite cour.

Nous déposâmes nos affaires dans la chambre de Greg, qui devenait la nôtre le temps de notre séjour. J'adorais l'ambiance de cette pièce. Les murs étaient tapissés de flyers des centaines de concerts et de soirées que mon cousin avait écumés depuis qu'il s'était lancé dans la musique. Des noms de légendes jamaïcaines comme Burning Spear ou Gregory Isaacs côtoyaient des noms d'inconnus, toujours sur un fond vert jaune rouge. Un énorme poster de Bob Marley, assis dans son jardin et fumant le chalice, était épinglé en face de son lit. Un drapeau « black, gold and green », celui de la Jamaïque, tapissait le mur de gauche, et quelques écharpes représentant des lions de Judée, symbole rasta incontournable, venaient parachever l'ambiance de sa chambre.

Pour beaucoup, une telle décoration serait passée pour une fixette d'adolescent attardé, un besoin de recréer un univers rassurant ; pour moi, c'était la chambre d'un passionné, d'un homme libre et intègre, résolu à réussir : mon cousin. Chacun a le droit de créer sa propre réalité, celle de Greg me convenait bien.

Les codes couleur des affiches de concerts reggae étaient basiques, certes, mais chaudes et positives, il n'y avait pas tromperie sur la marchandise : en route pour la joie, les îles, l'Afrique, la bonne musique.

— Vous avez fait bon voyage ? demanda Greg en allumant avec gravité un long cône.

Les vapeurs de skunk emplirent la pièce en une seconde. Nous étions à la maison, enfin.

— Tranquille, on n'a pas eu de trop de problème pour rejoindre Bordeaux.

— Vous veniez d'où, comme ça ?

— Du tekos de Tarnos…

— Ah ouais, carrément ! Qu'est-ce que vous êtes allés branler là-bas ? T'es technophile, maintenant, Sacha ?

Greg aimait charrier ses interlocuteurs. Il avait le don pour être moqueur, presque cassant, sans être pour autant vexant.

— Oui, bien sûr, on est à bloc ! répondis-je en lui rendant son ironie et sans avouer notre prise de MDMA.

— Ah ! je comprends mieux votre odeur, alors. On s'éclate en festival, on transpire et on oublie de prendre des douches pendant une semaine.

— Tu m'étonnes. On est crade qu'on en peut plus, on va défoncer ta salle de bains.

— Eh bien vas-y vite, ça sent le fauve, ici.
Étrange comme l'homme peut s'habituer à sa propre odeur. J'imaginais que Jo et moi n'étions pas de toute première fraîcheur mais de là à puer ainsi… Bertrand ne nous avait rien fait remarquer. « Vraiment bien, ce Bertrand. J'aurais dû prendre son téléphone pour garder le contact. »
Je fus le premier à plonger sous la douche. La chaleur de l'eau sur ma peau réveilla un corps endolori par le voyage, les nuits à dormir à même le sol et les journées à marcher, travailler ou danser en plein cagnard. La vapeur d'eau chaude m'avait donné un second souffle. J'étais prêt à repartir.
En sortant de la salle de bains, je vis que Jo s'était parfaitement acclimaté aux règles de bienséance de la maison. Assis comme un pacha sur un fauteuil qui paraissait aussi confortable que déglingué, il faisait face à une grosse branche de ganja dont il détachait méticuleusement les têtes.

— C'est notre dernière récolte, une variété de weed qui cartonne tout à Meuda[34], la california, un subtil dosage entre la puissance de défonce de l'indica et la douceur au goût de la sativa, lui expliquait JD en tenant une branche entre le pouce et l'index et en jouant avec afin de voir toutes ses différentes facettes.

— Trop bon.
Les yeux de Johan brillaient du plaisir de découvrir de nouvelles senteurs, de nouveaux goûts, une nouvelle défonce. En le voyant ainsi, je nous imaginais dix ans plus tard, dans un pays où la prohibition aurait cessé et où il existerait des spécialistes de ganja et de cannabis, comme il existe des œnologues. À l'instar des bars à vins, où l'on déguste les meilleurs crus avec un spécialiste qui vous parle de terroirs, de vignobles, de climats, nous pourrions passer la porte de fumerie de haschisch pour découvrir les meilleures herbes et les haschischs les plus rares introduits par un docteur ès fumette ! « Ne rêve pas trop. »
J'étais persuadé que mes cousins avaient un bel avenir dans la culture de ganja. Probablement même plus que dans la musique, tant il était difficile de percer dans le milieu de la nuit bordelaise quand on était spécialiste de musique jamaïcaine.
Greg nous raconta les difficultés pour obtenir une résidence dans des pubs bordelais qui préféraient le rock indépendant au reggae.

34 Amsterdam en verlan.

Ce dernier accumulait les mauvais clichés et les patrons de bars de la région n'appréciaient pas voir débarquer dans leurs établissements des fumeurs de ganja, incapables de retenir leurs élans cannabiques sur les dance floors.
« État policier, quand tu nous tiens. »
Les cachets officiels n'affluaient pas, tout juste permettaient-ils d'acheter les dernières galettes qui sortaient des presses à vinyles de Kingston afin de pouvoir les jouer sur leurs platines Technics MK2. Alors pour réaliser le projet de mes cousins, à savoir construire leur propre sound system, à la jamaïcaine, leur permettant ensuite de pouvoir mixer quand et où ils le souhaiteraient, il fallait trouver autre chose pour se faire un peu de maille.
Par chance, Greg et JD avaient la main verte, et pour financer leur projet musical ils étaient devenus cultivateurs d'intérieur. Parmi les meilleurs de la région, à les entendre. Ils avaient travaillé dur pour cela. Greg était monté de nombreuses fois à Amsterdam apprendre les techniques de culture « indoor » : l'hydroponie.
Il avait participé à plusieurs Cannabis Cup et testé un nombre incalculable d'herbes hybrides et de matériels étranges avant de se lancer à son propre compte. S'il avait mis le dixième de cette énergie à passer son bac et à poursuivre des études supérieures, il aurait pu prétendre au même parcours que Bertrand : prépa math sup, math spé, puis grande école d'ingénieurs. Ses parents en auraient conçu une fierté immense – statut social, quand tu nous tiens –, mais Greg était plus rebelle, moins dans le moule et il avait donc créé son petit commerce informel qui marchait plutôt bien.
Il nous fit la visite de son atelier.
La plus grande partie du souplex était consacrée à la culture de marijuana. La pièce était divisée en différentes parties. La première était celle des boutures, ces petites branches qui deviendront grandes et dont Greg prenait un soin tout particulier. On remarquait une bonne vingtaine de petits pots contenant des jeunes pousses et mon cousin prit le temps de nous expliquer à quelle variété chacune appartenait. Telle plante était de la sativa camerounaise, telle autre venait du Ghana, une troisième provenait d'Inde directement, mais la plupart était des versions hybrides de ganja aux noms mythiques, tout droit sorties des cerveaux géniaux de cultivateurs néerlandais : Purple Haze, White Widow, Orange Bud, Jack Herrer… les grands crus de l'herbe mondiale. En les conservant ainsi, Greg essayait d'évaluer la variété d'herbes qui serait le plus

apte à se développer près des grands boulevards bordelais.
La seconde partie du souplex, la plus grande, était l'endroit à culture à proprement parler. Il était séparé du reste de l'espace par des toiles hautes tendues jusqu'au plafond et totalement hermétiques à la lumière. Une longue fermeture Éclair permettait d'accéder à l'intérieur et d'observer les ampoules à sodium 300 watts réglées par une minuterie impressionnante. Les conditions étaient optimales pour la vie et le développement de la ganja de Greg.
Une dizaine de pieds massifs hauts de plus d'un mètre et d'envergure identique était en pleine floraison. Des têtes énormes pendaient aux extrémités de chaque branche. On pouvait y distinguer de magnifiques cristaux de THC. Les vapeurs étouffantes d'odeurs poivrées faisaient presque tourner la tête. On était au paradis du fumeur, enfin mieux, dans sa cave réservée aux grands crus.
La troisième partie de la pièce était l'atelier séchage. La récolte précédente était en train d'être préparée. Une bonne partie des plants était suspendue par leurs pieds à des cordes à linge afin de sécher parfaitement. Le reste était posé sur des tissus et n'attendait plus que d'être cueilli et trié.

— Incroyable ! s'exclama Jo.

— Et vous n'avez pas tout vu, ajouta Greg, pas peu fier d'expliquer qu'il attendait un nouveau matériel qui lui permettrait de recycler l'air ventilé en diminuant nettement le bruit de son système de ventilation.

Je fus soufflé de voir le professionnalisme de mes cousins, et même un peu surpris, car l'année précédente leur atelier était encore tout à fait expérimental, une sorte de capharnaüm du petit cultivateur organisé un peu à l'arrache. En un an, ils avaient totalement changé de dimension.

— Mais comment tu fais pour que personne ne se rende compte de rien ?

Bonne question, Johan, entre l'odeur et le bruit, il fallait pouvoir assurer sérieusement pour ne pas se faire choper par le voisinage.

— Ah, ben ça il faut demander à Jah[35], répondit JD dans un grand éclat de rire. Pour l'instant, je touche du bois, personne ne nous a remarqués.

— Tes voisins n'entendent pas le bruit du souffle de ton ventilateur ?

— Non.

35 Réincarnation divine sur Terre chez les rastas.

— Ni l'odeur de weed rejetée ?
— Non plus.
— Il faut dire, ajouta Greg, que la vieille à côté a plus de quatre-vingts ans. Elle est sourde comme un pot et JD va lui faire les courses de temps en temps, donc il n'y a aucune raison qu'elle nous cause le moindre problème.
— Et de l'autre côté ?
— Idem, c'est un couple de retraités qui passe son temps à Lacanau à qui on est toujours prêts à donner un coup de main, si besoin.
De l'art d'entretenir des relations de bon voisinage !
— Mais bon, arrêtons de parler de ça, vous allez finir par nous porter malheur. Jo, va vite prendre ta douche, on va passer aux choses sérieuses.
Johan me regarda du coin de l'œil pour voir si je savais de quoi Greg parlait.
« Je ne vois pas, Jo », répondit mon regard.
— La dégustation, ajouta JD. Vous allez découvrir la burdigala weed.
Trop bon !

6

La voix douce et sirupeuse de Garnett Silk me réveilla le lendemain. *Zion is a Vision*, chantait-il. J'ouvrais doucement les yeux. Johan dormait encore à côté de moi. De légers rayons de soleil arrivaient à percer à travers les volets de la chambre. Ils se projetaient contre le mur pour entamer des danses endiablées aux messages mystérieux et j'étais peut-être le dernier homme à pouvoir les interpréter. Fallait-il se réveiller ?
« Pas encore, pitié. »
Je tendis le bras pour attraper la fin du dernier joint éteint avant de me coucher. Son effet fut radical : tout le THC accumulé la veille remonta vers mon cerveau pour exploser dans un formidable feu d'artifice me faisant retomber dans un semi-coma de plaisirs haschischés. Je renvoyais à plus tard, ou à jamais, l'interprétation des irisations solaires, leur préférant le confort de mes songes. Bercé par la voix de Garnett Silk, j'entrais en connexion avec le cosmos. C'était fort. L'archange du reggae emplissait les murs de la maison et mon corps tout entier.
En haut, JD montait le son. Les infrabasses faisaient trembler légèrement les vitres. Les voisins et le monde extérieur étaient prévenus : le deejay était au contrôle, sûr de sa force et de sa mission : nous éveiller, nous amener à la transe, à la méditation.
« Reggae music is the rule ! »
Pourquoi aimais-je tant cette musique ? Il n'est pas facile d'analyser un sentiment ni de décrire les contours d'une émotion. Le reggae me prenait aux tripes, je ressentais sa rythmique, ses lignes de basses au plus profond de mon âme. Mais plus qu'un sentiment, le reggae portait un message universel et entraînant qui me plaisait,

me remplissait de passion, me transformait en ardent militant de sa cause perdue.
Cette musique était révolutionnaire, positive et consciente. C'était le moyen d'expression d'un peuple opprimé depuis des siècles, d'abord déporté depuis les terres d'Afrique pour cultiver le Nouveau Monde, ensuite cantonné dans la misère et la violence des faubourgs de Kingston. Le reggae était le seul moyen de révolte non violente des damnés de la terre, ceux qui n'avaient plus rien à perdre, mais qui conservaient un certain détachement vis-à-vis des injustices et une classe indéniable pour porter des messages insurrectionnels.
Musique rebelle aux mélodies acérées et déchirantes, aux rythmiques syncopées et radicales, le reggae élevait les âmes des poètes et les consciences populaires. Voilà peut-être pourquoi en France personne ne s'intéressait au renouveau du style et à la génération montante en train de révolutionner la musique jamaïcaine, vingt ans après Peter Tosh, Bunny Wailer et Bob Marley.

— Ils ne passent pas notre musique à la radio ni à la télévision parce qu'ils ont peur de son effet sur les masses, nous avait expliqué Greg la veille, certain d'une censure dirigée contre sa musique favorite.

— Et quand le public peut identifier un message révolutionnaire, ils s'arrangent pour le travestir. Ils l'ont déjà fait il y a quinze ans et ils le feront de nouveau pour ralentir sa diffusion.

JD faisait référence à l'album de Bob Marley *Burnin'*, véritable appel au soulèvement populaire et légitimant l'utilisation de la violence pour l'émancipation des peuples. Quand l'album était sorti, en 1973, le producteur Chris Blackwell avait ôté le *Lootin'* qui figurait dans le morceau ayant donné son titre à l'album, initialement *Burnin' & Lootin'*, en conservant seulement le mot *Burnin'* sur la pochette, et y avait ajouté la tête de Marley fumant un gros joint. Où comment faire d'un leader politique un pauvre petit musicien noir fumeur de joint cool et gentil, un argument de vente pour babas cool tiers-mondistes en mal de sensations fortes. Pour JD, cette anecdote résumait bien la tentative de récupération et de déformation dont était victime le reggae.

— À quoi sert de financer des gens qui luttent contre le système alors que tu peux éduquer les foules avec de la merde en barre comme la dance ou les boys bands ?

Il fallait bien reconnaître la force de l'argument. L'homme préfère souvent la facilité, en musique comme dans le reste. Pas de reggae dans la presse, pas de reggae à la radio ni à la télévision. La musique jamaïcaine restait dans son ghetto culturel et ne se diffusait que grâce à la bonne volonté de militants comme mes cousins, prêts à tout pour jouer un vinyle de Xterminator ou de Penthouse, les deux labels à la pointe du renouveau du reggae : le new roots.
Il y avait de quoi surprendre plus d'un mélomane averti tant l'explosion de ce nouveau son venu de Jamaïque se diffusait à vitesse grand V sur la planète dans les milieux underground. On se passait des K7 pirates des envolées vocales de Sizzla, des enregistrements live volés de la voix brute et rocailleuse de Buju Banton. On attendait avec impatience les prochaines paroles sans concession d'Anthony B ou les nouvelles mélodies chaudes et suaves de Luciano. La nouvelle génération rasta possédait même déjà son premier martyr en la personne de Garnett Silk, l'artiste qui avait réintroduit le roots et son message culturel, rebelle et positif, dans les ghettos de Kingtson, alors que depuis le début des années 80 le reggae y avait été remplacé par un son digital aux paroles vulgaires et violentes. Mort, tué dans l'incendie de sa maison en voulant sauver sa mère des flammes, il avait montré la voix royale au renouveau d'une musique universelle et à ses soldats chanteurs. Depuis sa mort, chaque jour, de nouveaux artistes se convertissaient au new roots, tous plus talentueux les uns que les autres et prêts à faire rayonner la Jamaïque comme le nouveau centre du monde libre et musical.
Le reggae était en effet en pleine effervescence, comme à la fin des années 60, et les presses vinyles de Kingston marchaient à plein régime. Pourquoi donc ce silence médiatique, cette absence de couverture des grands organes de presse, toujours prompts à nous vanter la sortie du énième groupe de rock, ersatz des Stones ou des Beatles ?

— En même temps, si tu regardes bien, les autres styles de musique de jeunes restent également confidentiels, avais-je remarqué. La techno n'a pas non plus de couverture médiatique, sauf pour dire que c'est une musique de drogués. Le rap reste une « musique de sauvage, de pauvres banlieusards ne maîtrisant pas les rudiments de la langue française ». Dès qu'il s'agit de musique de jeunes, c'est comme si elle n'existait pas ou ne méritait pas d'être analysée comme un courant musical émergent digne de ce nom.

— Ouais, mais le rap a sa radio, lui, nous on a que dalle !

JD avait raison, pas de pitié pour la musique jamaïcaine. Encore moins que pour les autres.

— Et si tu regardes bien, la musique classique a au moins deux radios nationales, le jazz en a le même nombre… Tu ne vas pas me dire qu'il n'y a pas en France plus de monde qui kiffe Bob Marley que Chopin ?

— C'est vrai.

— Bien sûr que c'est vrai. Et la raison de tout ce merdier est simple. Personne dans cette société ne veut reconnaître que quelque chose est en train de se passer. Tout est en train de changer. La techno, le rap, le new roots sont en train d'apporter un énorme souffle d'air frais dans la musique et la culture mondiales, mais les gars au pouvoir s'en foutent. Ils ne veulent pas voir ça !

— Pourquoi ?

— Tout simplement parce que ceux qui contrôlent la presse n'ont de cesse de se mettre en avant. Ils ne se remettent pas d'avoir raté leur révolution en 68, et accepteraient tout sauf que le vent de la nouveauté soit apporté par d'autres qu'eux.

C'est vrai qu'à écouter les médias culturels, on avait l'impression que la musique tournait en rond depuis les Floyd et les Sex Pistols. Pourtant, Africa Bambaataa, Grandmaster Flash, Carl Cox, Jeff Mills, Fatiss Burell, Donovan Germain et tant d'autres insufflaient une énergie radicale dans la musique actuelle. Ils restaient inaccessibles au grand public pour le moment, faute de posséder des relais médiatiques assez puissants. Nos élites culturelles refusaient de voir la vérité en face : la révolution musicale est en marche. Elles préféraient l'ignorer.

— Ils jettent le bébé à la mer après l'avoir noyé. Ils accepteront tout sauf qu'on prenne leur place, s'était enflammé Greg.

Mon cousin était sacrément remonté contre la génération de nos parents. Je n'avais pas forcément les arguments pour le contredire, et son discours était séduisant, même si imaginer un complot d'une génération pour conserver le pouvoir en sacrifiant celle de ses enfants paraissait un peu grossier.

Johan n'était pas convaincu non plus.

— Mais quel intérêt auraient-ils à nous censurer ainsi, ou à faire passer les arts émergents comme le rap ou le reggae pour des mouvements mineurs ?

— Qu'est-ce que j'en sais, moi, je ne suis pas dans leur tête. Ils sont trop bien dans leur petit confort intellectuel et ne souhaitent qu'une chose : que rien ne change.

Il n'était guère évident en fait de comprendre les mécanismes de rétention d'information ou de direction artistique de telle ou telle radio. On n'y connaissait rien du tout et on aurait pu établir les plus belles théories possible, il nous manquait une chose importante : la connaissance de ce milieu. Peu importait, après tout, nous étions les détenteurs d'un savoir qui allait exploser à la face du monde entier. Mieux, mes cousins en étaient les premiers messagers et cette mission suffisait à occuper leur vie, à les passionner, à les faire se lever le matin, heureux des tâches à accomplir et certains de leur bon droit.

Il n'en fallait pas plus pour nous convaincre, Jo et moi, et ce d'autant plus facilement que la fume était gratos et à volonté.

Voilà comment nous passâmes nos premiers jours à Bordeaux : entre débats et découvertes musicales, entre feuilles OCB et cartons à rouler, entre pieds de ganja à mettre en bocal et Tour de France à la télévision.

Cela pouvait étonner à première vue, mais nous étions en effet branchés sur Antenne 2 toutes les après-midi pour surveiller d'un œil les retransmissions en direct de la Grande Boucle. J'étais un grand fan de cette course, que je suivais depuis mon plus jeune âge, impressionné autant par les paysages traversés par les coureurs que par leurs efforts une fois que s'élevaient les premiers cols. J'assumais sans complexe ma passion pour un sport de ringards et ses pratiquants, de drôles d'énergumènes au physique plus proche de celui de junkies que de grands sportifs. JD me charriait d'ailleurs sur cette attirance pour un sport où le dopage et la drogue circulaient librement – ah, le fameux pot belge ! –, mais là encore je n'avais pas de vision moraliste de la pratique d'un sport. S'il fallait se charger pour passer l'étape de l'Alpe-d'Huez, qu'ils se chargent, et s'ils mouraient dix ans avant n'importe lequel d'entre nous à la suite de leurs abus sportifs, au moins auraient-ils vécu des moments extraordinaires.

« Est-ce que cela vaut le coup ? »

Je n'en savais rien à le vivre, mais à le regarder certainement. Analyser les stratégies d'équipes, la fin de règne d'Indurain, incapable de gagner son sixième Tour, le panache de Luc Leblanc, l'émergence de Richard Virenque, la réussite insolente de Bjarne Riis et celle de son dauphin Jan Ullrich était tout simplement kiffant. Observer la longue file de coureurs, formes oblongues, se mouvoir le long de la route, bariolée de mille couleurs, entourée d'une foule dense et passionnée, était un grand moment de sport télévisé. Et puis il y avait ces drames humains qui se jouaient sous nos yeux sans que l'on puisse percevoir réellement l'incroyable courage des coureurs anonymes, les sans-grade du peloton, les porteurs de bidons, les premiers lâchés dès que la route s'élevait.

Apercevoir ces damnés de l'asphalte, abonnés du gruppetto, certains de n'obtenir aucun autre accessit que la souffrance de la course, l'absence de reconnaissance du public, donnait une dimension tragique à cette course mythique. Leurs chutes successives, leurs descentes d'équilibristes, leurs travaux d'équipiers disciplinés étaient touchants et la dévotion à leur sport, émouvante. Dopés, drogués, tricheurs ou voleurs, peu importait, ces hommes étaient des gladiateurs méritant notre plus grand respect.

J'avais convaincu Jo de suivre les étapes avec moi et nous passions des après-midi à liquider la consommation de mes cousins en nous poilant devant un spectacle magistral. Le col de la Madeleine, la montée vers Sestrières, le port de Larrau étaient le prétexte à de grands débats sur la capacité de l'homme à se surpasser et des coureurs français à ne plus émerger depuis Laurent Fignon et Bernard Hinault.

— Ils n'ont plus la meilleure drogue depuis l'arrêt de Hinault et de Tapie. Les médecins espagnols nous ont supplantés.

— Arrête tes conneries, ils ont tous les mêmes dopants, c'est juste qu'ils sont moins forts ou moins motivés.

— Ah ouais ? Dis-moi, ton Miguel Indurain, il n'a pas un peu un gros cul pour passer la montagne ?

— Euh… peut-être.

Nous étions en voie de « beaufitudisation » totale, et pour être honnête, c'était bien agréable. Nous n'avions pas à tenir de discours cohérents, nous n'avions de toute manière aucune compétence technique pour cela, nous jugions le premier coureur venu à la taille de ses mollets ou de ses cuisses, à la masse de graisse encore présente sur le cœur, à sa nationalité et aux rumeurs l'entourant. Nous pouvions en discuter pendant des heures.

Mon seul regret était de ne pouvoir écouter les commentaires mythiques de Patrick Chêne et de Bernard Thévenet, sortes de marionnettes du Bébête show chargées d'animer les après-midi

cyclistes de la France entière. Leurs envolées lyriques quand rien ne se passait dans le peloton mais qu'il fallait tenir éveillé le public pendant la sieste, leurs approximations mémorables sur des coureurs pourtant reconnaissables, leurs commentaires franchouillards sur la beauté toujours plus extraordinaire du moindre petit village traversé par le Tour, sorte de trou du cul du monde du vélo passant à la postérité l'espace d'une image télévisée, étaient aussi intéressantes à analyser que les stratégies de course. Nous étions en pleine société du spectacle sans en mesurer le pathétique.
Malheureusement, JD restait intransigeant sur les sons ambiançant son appartement, et il n'avait aucune envie de se laisser distraire par les analyses des commentateurs du Tour de France. Sous son toit, la bonne musique avait le monopole sonore et je pouvais difficilement l'en blâmer.
Faute de mieux, j'avais donc accepté le compromis de suivre le maillot jaune en version muette.
Greg observait d'un mauvais œil notre petit manège. Pour lui, nous perdions notre temps à contempler les dérives de la société de consommation qui avait transformé le sport en produit d'appel pour objets publicitaires divers et variés. Il crachait sur la caravane du Tour, sorte de défilé de marques improbables souhaitant toucher la France des campagnes, pestait contre les dizaines de milliers de spectateurs amassés sur le bas-côté de la route qui les pourrissaient d'ordures ménagères de tout type, maudissait les coureurs qui jetaient leurs bidons d'eau vides en plein champ…
« Regarde-moi ces crados, ils pourraient pas respecter un peu les paysages qu'ils traversent ! »
Greg avait un caractère de cochon et lui aussi avait du mal à se faire à notre passe-temps de l'après-midi. On possède tous nos petites manies et si lui cherchait à découvrir des complots ourdis un peu partout pour stopper la diffusion de sa musique préférée, eh bien moi j'aimais suivre la marche en avant d'un peloton à vélo.

— Fais attention à ne pas t'endormir en fixant de trop près les rayons de leurs roues, se moquait mon cousin à chacun de ses passages devant moi.

— T'inquiètes, je reste éveillé. Le taf avance.

Le Tour de France n'était en réalité qu'un moyen de nous accompagner dans notre nouvelle tâche. JD et Greg nous avaient en effet recrutés pour les aider à trier leur dernière récolte. Il y avait du boulot, avec une quinzaine de pieds qui portaient chacun entre deux et cinq cents grammes de têtes à couper et à séparer de leurs feuilles. Au moins une bonne semaine de travail si on voulait bien faire les choses. Ce n'était pas un travail facile, mais il était néanmoins beaucoup plus agréable et moins éreintant que le castrage du maïs. Il rapportait plus aussi, bien que notre salaire soit payé en nature. Nous revenions à une société de troc en échangeant notre force de travail contre beaucoup de weed, le gîte et le couvert.

Dans ce contexte studieux, la Grande Boucle apparaissait comme un agréable passe-temps nous permettant de mettre quelques gouttes de sueur dans nos après-midi jardinage. Un peu comme dans les usines à cigares de La Havane où des lecteurs cubains passent l'après-midi sur des estrades à lire des livres pour distraire les rouleurs de feuilles à tabac modelant à l'infini le même cigare. J'aimais bien cette comparaison. Nous n'étions ni cubains ni rouleurs de cigares, mais pas loin d'être jamaïcains et de gros rouleurs de joints.

Pour être tout à fait honnête, nous n'étions pas des foudres de guerre en matière de triage de ganja. Nos journées commençaient tard. Quand on se couche à quatre heures du matin, il ne faut pas compter se lever à l'aube. Nous émergions doucement aux alentours de midi, et, après un solide petit déjeuner, nous nous mettions au boulot. Le travail durait le temps de l'étape télévisée, entre deux et trois heures. Et encore, si Greg n'avait pas débarqué pour nous proposer de faire du beurre de shit à partir des feuilles détachées méticuleusement des grosses têtes de skunk récoltées. Nous transformions alors notre plan de travail dédié au triage de marijuana en table de cuisine vouée à la préparation d'un space cake à base de beurre « local ».

Pour préparer notre petite pâtisserie, nous disposions d'un formidable ouvrage écrit par un grand monsieur de l'ivresse cannabique : Jean-Pierre Galland. *Fumées clandestines* était en effet la bible de tous les fumeurs de joints français qui se respectaient, un joli ouvrage coloré aux illustrations suggestives et aux messages subversifs. On y trouvait un maximum d'informations utiles sur la culture de l'herbe et ses dérivés culinaires. On pouvait y découvrir les origines du cannabis, sa diffusion sur la planète, ses différents rites mystiques ou la multitude de plaisirs qu'il procurait. Ce bouquin édité par les éditions du Lézard était une véritable mine

d'or pour les amateurs de ganja et son auteur avait acquis auprès de nous un respect éternel. J'aurais aimé une fois dans ma vie le rencontrer pour partager avec lui un bon gros cône et refaire le monde à ses côtés.
« Monsieur Galland, j'aime beaucoup votre prose, et je dois vous avouer que je suis un de vos plus fervents adeptes. Vous partagerez bien ce trois-feuilles de skunk avec nous tout en dissertant du prochain vainqueur du Tour de France ? »
En attendant de le rencontrer, nous suivions ces conseils culinaires à la lettre. Et si nous nous mettions dans l'idée de manger le gâteau dans la foulée de sa confection, il fallait s'attendre au meilleur, et parfois au pire.
« Délire incontrôlable, garanti à 100 %. »
Une après-midi, nous avions ainsi fait le test de se partager à quatre un gâteau magique au chocolat avant d'aller passer un peu de bon temps dans la rue Sainte-Catherine en oubliant que nous étions en pleine période de soldes. Erreur fatale.
Il faisait très chaud, et la rue piétonne était bondée par une foule de consommateurs en transit dévorant des yeux les vitrines des magasins qui affichaient des tarifs dégressifs racoleurs. En moins de deux minutes passées à tenter de traverser la foule, nous nous étions tous perdus, et il n'avait pas été facile de se maîtriser pour garder son calme en pleine prise de claque cannabique.
La montée du space cake peut en effet être très violente, en fonction des quantités ingurgitées bien sûr, mais également du poids et de la corpulence du gourmand. De nature un peu frêle, j'aurais dû être un peu plus précautionneux avec mon appétit et me goinfrer d'un peu moins de gâteau. Parfois il faut payer pour apprendre et, cette après-midi-là, j'allais recevoir une belle leçon.
D'abord enjoué à la sensation des premières bouffées de shit me montant au cerveau, je m'étais retrouvé moins à l'aise en me prenant de lourdes claques successives de THC en pleine rue agitée – ce qui n'avait rien d'agréable quand on n'a qu'une envie, celle de se retrouver au calme pour encaisser au mieux ses abus.
« Tu as préjugé de tes forces, Sacha, tu vas prendre cher. »
Un peu de lucidité ne fait de mal à personne, et mon intuition était la bonne. Je n'avais plus qu'à prendre mon mal en patience en espérant que les effets du space cake ne durent pas trop longtemps.
C'était beau de rêver, mais la réalité fut tout autre. Assis sur un

banc à l'ombre des arbres de la place Saint-Michel, je tentais de faire bonne figure en fumant clope sur clope. Une étrange et violente langueur me prenait les deux jambes, je sentais des fourmis parcourir mes orteils et tenter de rejoindre mes genoux. Je n'arrivais plus à bouger mes cuisses. Je ne pouvais pas me lever non plus pour me dégourdir et permettre à mon sang de circuler un peu mieux.
J'avais la drôle d'impression que des litres d'hémoglobine abandonnaient le bas de mon corps pour affluer dans mon cerveau. Ma gorge se nouait à la recherche d'un microcentilitre de salive pouvant soulager la sécheresse de ma bouche, mais les substances liquides semblaient avoir quitté mon corps comme par magie, ou plutôt sous le coup d'un mauvais sort. J'avais du mal à respirer et je tentais désespérément de retrouver mes esprits. Sans succès. La sensation était très désagréable.
« Putain, je me tape un bad monstrueux, là ! »
Il fallait bien le reconnaître, j'étais en plein mauvais délire. Je n'arrivais pas à trouver une position confortable sur ce satané banc blanc couvert de fientes de pigeons bordelais et, manque de chance, un petit yorkshire aussi teigneux que sa maîtresse était vieille et laide avait décidé de venir me tenir compagnie. Sa conversation n'avait rien d'agréable et ses aboiements ressemblaient plus à une leçon de morale qu'à l'assistance bienveillante dont j'avais besoin. Maudite intuition animale ! L'affreuse bête semblait avoir repéré ma faiblesse depuis l'autre bout de la place Saint-Michel, car dès que sa propriétaire l'avait délesté de sa laisse elle avait couru vers moi pour me faire part de ses reproches intempestifs.
« Tu vas te taire, sale clebs de merde… »
Je chuchotais toutes sortes d'insultes visant à faire fuir la sale bête, mais la baisse de tension que je subissais ne me donnait guère d'autorité sur l'animal tapageur. Et les aboiements incessants du canidé contre moi se dessinaient comme un message divin jugeant avec sévérité mon goût de la défonce.
« Dégage de là, je te dis, putain de chien, fous-moi la paix ! »
Incapable de réagir autrement que par la pensée, je rêvais de balancer un grand coup de Doc Martens dans la mâchoire du yorkshire pour le faire taire une bonne fois pour toutes. La vision de sa tête en sang écrasée dans sa bave et son cervelet aurait atténué quelque peu mes bouffées de chaleur cannabiques. Étrange et

soudaine pulsion de violence dont je ne me savais pas coutumier, mais j'étais prêt à tout pour passer à autre chose : à supplier, à jurer, et même à croire. Je me prenais ainsi à promettre à Dieu d'arrêter de fumer pourvu que je puisse de nouveau me lever décemment et m'enfuir loin de ce maudit chien.

« Menteur. »

Je n'en pensais évidemment pas un traître mot et, après de longues minutes passées à tenter de reprendre mes esprits et au prix d'un grand effort de concentration, je réussis enfin à mieux gérer les montées successives du space cake. Je me levai enfin pour trouver un endroit plus propice pour gérer ma défonce cannabique.

Ma démarche nonchalante et peu assurée aurait pu paraître étrange dans des circonstances différentes, mais en pleine période de soldes, dans des rues noires de monde, il n'y avait guère de risques de se faire remarquer.

Il y avait en revanche toutes les raisons de se sentir mal de nouveau. Les passants s'entrecroisaient et avec eux des bribes de conversations sans queue ni tête affluaient dans mon esprit.

« Tu as vu ce petit bikini… Quel dommage qu'il n'y ait plus ma taille… J'aurais dû venir hier… Le pull rouge était quand même mieux, non… Caroline m'a parlé d'un petit magasin où… Qu'est-ce qu'il fait chaud… Papa, je veux une glace… Tu crois qu'il y aura une seconde démarque… J'ai déposé mon CV à la boutique mais ils ne recherchaient plus personne… »

Horreur. Je rêvais de voir tous ces automates consuméristes enfermés et exterminés avec leurs achats, pour en finir une bonne fois pour toutes avec eux. Nouvelle sensation de violence psychologique désagréable que j'imputais à mon mauvais délire. Il fallait que je trouve un havre de paix dans cet enfer capitalistique étouffant.

Par bonheur, je trouvais refuge chez Mollat, le célèbre libraire bordelais. Situé non loin de la place Gambetta, il avait le bon goût d'avoir agencé son magasin avec un réel souci du confort de ses clients. Les allées étaient assez larges pour laisser les férus de lecture se croiser sans se toucher, la musique de fond était discrète mais apaisante. Le magasin avait en outre le grand mérite de posséder une climatisation agréable et des vendeurs tolérants pour un jeune assoiffé de culture, les yeux révulsés par un trop-plein de gourmandise haschischée.

Avec discrétion, je m'assis dans un coin de la librairie consacré à la

littérature française, en faisant mine de chercher un ouvrage rare. J'espérais devenir transparent et pouvoir profiter de l'air frais sans avoir à justifier ma présence dans le magasin.
Je tentais ainsi de reprendre le dessus sur mon ivresse cannabique mais c'était peine perdue. J'avais abusé des quantités prescrites habituellement et c'était à présent les nerfs autour de mon cœur qui se contractaient. Sensation douloureuse et inquiétante que je n'arrivais pas à contrôler. Je posais ma main droite contre mon pectoral gauche en priant pour que ma nervosité s'apaise.
« Calme-toi, Sacha, calme-toi. »
Cruel espoir déçu de voir mon corps entendre raison, je n'avais aucun contrôle sur mes palpitations nerveuses. Les battements de mon cœur s'emballaient à présent et j'essayais de les ralentir en respirant avec régularité et en aspirant de grandes bouffées d'air.

— Vous allez bien, jeune homme ?

Un vendeur attentif s'était approché de moi. Je tentai de faire bonne figure en lui décochant un sourire entendu, mais mes yeux explosés ne devaient pas faire beaucoup pour asseoir ma crédibilité.

— Oui, oui, j'ai un petit coup de chaud je crois…

— Vous voulez un verre d'eau ?

— Ça serait vraiment gentil, oui.

— Ne bougez pas, asseyez-vous, je reviens de suite.

Le vendeur s'empressa d'aller me chercher de quoi boire. Son absence me permit de reprendre mes esprits et de faire redescendre un peu mon rythme cardiaque. Je m'assis contre un trépied pour reprendre des forces. Depuis mon nouveau trône, je pouvais apercevoir l'extérieur de la rue à travers la vitrine. Le ballet des consommateurs ne cessait pas.
« Quel drôle de monde. Des hommes et des femmes se ruent sur les bonnes affaires du moment pendant que je me tape un bad trip mémorable. J'inverserais bien les rôles et me dévouerais au dieu de la consommation pour l'après-midi si je pouvais retrouver mon état sensitif normal. Ça m'apprendra à présumer de mes forces… »
Grâce au verre d'eau et à une bonne dizaine de minutes passées assis à absorber l'ambiance apaisante de chez Mollat, je repris le dessus. L'art encore une fois venait à mon secours. Je remerciai ce signe du destin, tout en moquant ma soudaine croyance en des forces supérieures capables de répondre à mes espoirs et de combler mes faiblesses.

Je pus alors prendre un peu de temps pour errer entre les rayons regorgeant de trésors littéraires. La librairie faisait également des soldes, mais visiblement la littérature avait moins de succès commercial que les dernières claquettes et strings venus du Brésil, fabriqués en Chine, pour devenir à la mode en France.
« Mondialisation, quand tu nous tiens. »
Mon cœur se serra à la vue de ces milliers de livres ne bénéficiant que d'un faible pourcentage de réduction et qui trouveraient difficilement preneur. Était-ce cela, le déclin de l'empire occidental dont on nous rebattait les oreilles : la fin de la lecture et la victoire du règne de la consommation ? On ne lisait plus, ou mal, et cet aveu était terrible pour notre pays et notre civilisation.
« La fin des temps, de notre temps, est en marche. »

7

JD s'excusa une bonne vingtaine de fois de son erreur. Après vérification, il s'était trompé dans les doses de beurre à mélanger aux autres ingrédients pour la préparation du space cake, et il avait multiplié par quatre les quantités conseillées par *Fumées clandestines*.

Dans ces conditions, il aurait été difficile de ne pas se taper un mauvais délire, et je ne fus pas surpris, en rentrant, de découvrir mes deux cousins affalés dans les canapés en plein coma cannabique. Jo était carrément allé se coucher en pleine après-midi et il n'émergea que le lendemain.

Je le rejoignis dans la chambre, sans même passer par la case roulage de joint pour m'endormir. J'avais l'impression d'avoir ingurgité assez de shit pour un petit moment et je n'avais qu'une envie : me laisser emporter aux pays des rêves. Mon désir fut exaucé sur-le-champ.

Le lendemain, la vie tournait au ralenti à la baraque. Je fus le premier levé et je commençai à préparer le petit déjeuner en repensant étrangement à Laura et Fanny. Que faisaient les deux nymphes en ce moment ? Laura saluait-elle nue le soleil pendant que Fanny imaginait de nouvelles figures acrobatiques ? Leurs corps d'ivoire renvoyaient-ils au jour les secrets de la poésie féminine ? Leurs seins et leurs hanches se jouaient-ils encore des rythmes effrénés des joueurs de djembé du lac ?

J'imaginais dans les fumées voluptueuses de mon thé d'indicibles danses érotiques répétées par les deux adolescentes et j'espérais encore une fois pouvoir y participer avec elles.

« Pauvre rêveur, elles t'ont déjà oublié. »

Je touchais là les limites de mon statut de voyageur et de ses rencontres éphémères. Il n'y avait pas d'avenir autre part que dans la fuite et la découverte toujours renouvelée de nouveaux horizons. Le nomade n'a d'amis que le temps et l'ennui.

— Alors le cous', bien dormi ?

Greg brisa le cercle non vertueux de mon spleen naissant avec ses moqueries rassurantes.

— Tu as dû faire de beaux rêves, à voir ta tête de déterré !

C'était un euphémisme tant mes paupières avaient eu du mal à se décoller l'une de l'autre, retenues par les sillons noirs de cernes monstrueux creusés par la fatigue et la nuit. Mon teint livide était plus proche de celui d'un cadavre en décomposition, condamné à ne jamais quitter l'obscurité de son caveau, que de celui d'un vacancier estival passant ses journées à lézarder sur la plage.

— Tu m'étonnes, je n'ai aucun souvenir de quoi que ce soit. J'ai dormi comme une masse, complètement HS.

— La même pour moi. JD nous a défracté la tête avec ses conneries, c'est la dernière fois que je le laisse faire la cuisine seul.

— C'est clair que tu aurais pu le surveiller d'un peu plus près. C'est toi l'aîné, après tout.

Greg sourit à l'évocation de ses responsabilités. Il y avait une sorte d'ironie du destin à lui confier la charge de son demi-frère là où ses parents avaient démissionné. Il était pourtant évident qu'il s'en sortait mieux qu'eux.

— Et dire que sa mère n'arrête pas de vanter ses talents culinaires… Elle le voit déjà grand chef d'un restau gastro de Bordeaux. Elle aurait fait une drôle de gueule en nous voyant hier après-midi.

— Pas pire que si elle avait goûté au gâteau, remarqua Jo.

— C'est clair ! m'esclaffai-je, en visualisant la maternelle de JD à bloc de THC.

— Elle ne s'en serait jamais remise… Elle a les jambes qui flageolent à la moindre goutte d'alcool.

— Ça l'aurait peut-être détendue.

— On peut toujours rêver.

Tout en imaginant les effets destructeurs du space cake sur sa belle-mère, Greg s'était mis à rouler un petit stick[36], chose inhabituelle pour lui dont le rituel matinal était de fumer seul un énorme joint d'herbe.

36 Petit joint, souvent à l'usage d'une seule personne, roulé avec une seule feuille.

— Pour bien débuter la journée, il me faut mon gros tarpé perso ! se justifiait-il à chaque fois qu'on lui demandait de le faire tourner.
Ce matin-là, il n'en avait pas besoin. Moi non plus, d'ailleurs, je préférais penser au week-end que nous allions passer au bord de l'océan.
Greg et JD devaient en effet faire la première partie d'un festival de reggae qui se déroulait vers Cissac, dans le Médoc. Des potes à eux logeaient dans une maison à Arcachon, à trois quarts d'heure de là, et ils nous avaient proposé de venir squatter chez eux. Mes cousins avaient accepté et nous avions prévu de nous y poser quelques jours, histoire de nous changer les idées et de profiter de l'air marin. Le départ était prévu le soir même, mais en attendant j'étais pris d'une irrépressible envie de ne rien faire.
« Fainéantise, quand tu nous tiens… »
Je ne me sentais pas du tout de terminer de séparer les têtes de skunk de leurs branches puis de les nettoyer de toutes leurs feuilles. Je prévins Greg qu'il ne faudrait pas compter sur mon aide cette après-midi, surtout si on devait se préparer à un week-end festif. Il fallait que je me « reconstitue ».

— Je crois que personne ne pourra faire quoi que ce soit aujourd'hui… On va « chiller[37] » toute l'après-midi.
Je n'en espérais pas moins et sur ces bonnes paroles je m'allongeai sur le long sofa de la chambre de Greg. J'ai toujours aimé les lendemains de grosse défonce, car ils sont toujours l'occasion de remise en question profonde, et-ou de moments de lucidité rares. Ce matin-là, et malgré la force des réminiscences de la veille, j'étais d'une sérénité absolue. Une ligne d'horizon évidente s'offrait à moi, un chemin à suivre se dessinait sans que rien ne puisse m'éloigner de mon destin : être libre, avancer coûte que coûte vers le bleu d'airain, voler à nouveau, pour toujours. Une inspiration encore inconnue emplit mon âme de chaleur et mes sens sortirent de leur torpeur pour se retrouver plongés dans une fontaine de jouvence. J'étais bien, délassé de toutes pollutions extérieures, détaché du moindre souci du quotidien.
J'aurais pu m'éteindre, englouti dans la volupté et la douceur du canapé. Celui-ci semblait avoir été conçu pour accueillir les rêveries des fumeurs d'opium, ou à défaut des amateurs de haschisch. Je

37 Rester tranquille. Vient de l'anglais *chill out*.

laissai chacun de mes membres se détendre, et pas un des mes muscles ne voulut résister à l'appel du grand large : sommeil et détente m'appelaient au loin. Je répondais à leur chant envoûtant, prêt à me laisser guider une dernière fois vers les calmes tropiques de l'esprit. Mon cerveau ankylosé cherchait des zones d'ombre dans lesquelles s'engouffrer sans avoir à assumer quelque décision que ce soit. Je laissai mes pensées se transformer en songes et ceux-ci s'envolaient avec délicatesse le long de grands arcs-en-ciel dessinés par le grand ordonnateur cannabicophile… Qu'il était bon de se sentir porté par de douces langueurs matinales, résidus d'abus passés transformés en fulgurances apaisantes. Les battements de mon cœur retrouvaient les rythmes magiques et cosmiques de l'absolu.

« Mon Dieu que c'est bon de se sentir ainsi… Si l'humanité tout entière avait pu percevoir ne serait-ce qu'une seconde l'étendue du pouvoir apaisant et relaxant du shit, son avenir en aurait été modifié. »

À défaut d'en avoir conscience et de changer le cours de l'histoire, je décidai en ce doux matin de juillet 1995 de diffuser ce secret bien gardé et de le propager au maximum de mes possibilités. Je m'en fis la promesse sans savoir encore par quel moyen j'avertirais mes contemporains des bienfaits méditatifs, sensitifs et contemplatifs du cannabis. J'avais le temps pour trouver ce moyen, une éternité de bien-être, espérais-je. Pour le moment, j'étais tout à ma douce langueur matinale, bercé par les éléments protecteurs de ma nouvelle clairvoyance. Leurre ou réalité, peu importait, car seuls les sentiments ont valeur de preuve, et l'émotion qui me prenait le corps étaient bien réelle.

J'aurais bien passé le reste de ma vie dans ce drôle d'état, le corps lové dans les volutes haschischées de mon esprit. C'était un peu trop tôt encore.

— Alors, la compagnie, bien dormi ?

JD pénétra dans la cuisine en se frottant les yeux rougis par la nuit. Son visage était encore marqué par les formes d'un oreiller serré de trop près. Les plis laissés par cet ami indélicat donnaient à mon cousin un aspect cartoonesque détonnant. Greg et moi ne pûmes retenir des rires qui ne le touchèrent guère. Tout juste nous adressa-t-il un regard dédaigneux pour clore un débat qui ne devait pas avoir lieu.

— Bande de gros nains, vous croyez que vous êtes beaux, avec vos gueules de toxicos ? Regardez vos tronches de zombies avant de vous moquer de moi.
Sans en dire plus, et malgré nos pouffements, il se jeta sur le pain grillé afin de reprendre les forces perdues pendant sa nuit agitée. Après avoir englouti une bonne demi-baguette beurrée et tartinée de marmelade d'orange, JD nous adressa un nouveau regard interrogateur.

— Pas trop dur, la récupération ? s'inquiéta-t-il.
Un silence évocateur répondant à sa question, mon cousin s'excusa à nouveau :

— Franchement, les gars, je suis encore désolé pour hier, j'ai vraiment merdé, et je ne sais pas quoi faire pour me faire pardonner.

— Laisse tomber, ça peut arriver à tout le monde.
Je mentais pour le rassurer – à quoi bon l'enfoncer un peu plus ? Il avait pris aussi cher que nous, et on s'en était bien remis. Cela nous ferait une bonne histoire à raconter à notre retour de voyage. Son frère n'était pas du même avis, mais il n'en dit pas plus. Je le soupçonnais de se demander si le tempérament de tête brûlée de JD ne lui avait pas fait présumer de nos forces.

— Je vois pas trop ce que tu peux faire pour te rattraper, maugréa Greg qui voulait marquer le coup.

— Hé ! hé ! c'est parce que tu mésestimes ton petit frère adoré…
Greg regarda JD avec une surprise non feinte. Je quittai à regret ma position allongée pour me redresser et apercevoir sur la tête de mon cousin les stigmates de sa nouvelle idée géniale. Pour être franc, nous craignions le pire.

— Et tu penses à quoi ?

— Tu vas voir… Vous allez adorer !
JD disparut au sous-sol en courant comme un dératé pour remonter quelques instants plus tard avec un gros pied de ganja qui n'avait pas encore été préparé.

— Voilà ma contribution à la réhabilitation.

— Oh non, JD, j'ai pas envie de trier encore.
Je m'effondrai de nouveau sur le sofa, cachant mon ennui derrière mes deux mains, tel un vampire apercevant un crucifix retourné ou un rayon de soleil agressif. Le fou voulait nous refaire travailler

après nous avoir retourné le cerveau ! Selon la table des dix commandements du fumeur de joints, qui restait à établir mais dont je me ferais une joie d'écrire un premier jet, c'était péché.

— Mais qui te parle de bosser ?

— Tu veux faire quoi avec cette ganja, alors ?

— Du « c'est moi qui l'a fait »[38], exulta-t-il, en insistant sur la faute d'accord du verbe avoir. On va se faire notre propre bédo !

L'idée était aussi inattendue que géniale ! Elle me redonna des forces, et je me redressai de nouveau pour écouter le plan d'attaque.

— Du « c'est moi qui l'a fait » ? répéta machinalement Greg, comme si l'idée lancée par son frère avait du mal à atteindre le cortex de son cerveau.

Les millions de neurones détruits la veille à coups de gâteau au chocolat manquaient cruellement pour connecter le projet de JD à la capacité d'analyse de son frère. L'expression rebondit sans fin et en écho dans le trou noir des pensées de Greg, incapable de décider s'il s'agissait d'une bonne ou d'une mauvaise idée. De dépit, mon cousin, constatant mon engouement, en déduisit que cela nous occuperait jusqu'à notre départ le soir.

Nous nous mîmes donc au travail avec application, tels des sadhus indiens travaillant dans les montagnes de Parvati, là où les champs de ganja produisent le meilleur haschisch du monde. Ce n'était pas l'avis de Greg qui avait toujours eu un petit faible pour le shit fabriqué dans le Kif et la vallée de Ketama. Son frère et lui étaient là encore complémentaires, le premier passionné par la mystique indienne et ses dérivés fumeux, la crème et le charasse, le second accro au Maroc et au pollen, « double zéro » et autre olive.

De mon côté, j'appréciais pouvoir goûter les deux, et je me faisais une joie d'ajouter un nouveau shit à la longue liste de ceux que j'avais déjà testés : celui des grands boulevards bordelais.

JD avait ramené les ustensiles nécessaires à la fabrication du « c'est moi qui l'a fait » : une bassine et une saphi aux mailles assez fines pour extraire, en tapotant le pied de ganja dessus, les micro-cristaux de THC qui, agglomérés, allaient donner une substance noirâtre, pâteuse et explosive.

À la fin de la journée, nous avions dégagé trois petits grammes de haschisch local que JD partagea en trois parts. Il en donna une à Jo et à moi, et roula la troisième dans un énorme spliff pour que nous

38 La faute de français est voulue dans cette expression.

puissions goûter le fruit de notre travail.
« Excellent ! »
Jo s'émerveilla devant la pureté du bédo, et il regarda se consumer le joint avec un respect inhabituel. Le shit maison lui avait excité le cerveau, mais pas d'une manière lourde et agressive comme peut le provoquer la consommation de skunk, saturant les neurones d'ivresses diverses, flouant l'esprit derrière la force des sensations provoquées. Les bouffées aspirées lui donnaient plutôt l'impression de naviguer en eaux calmes, s'acclimatant avec sérénité aux effets stimulants et apaisants du produit fait maison.

— C'est dément ! conclut-il avant de me faire tourner le joint.

Le mot était bien trouvé. En vingt-quatre heures nous étions passés d'un abus de cannabis fortuit mais assumé à la dégustation du plus pur des produits tout droit sorti de la cave et de la sueur de mes cousins.
Étrange déclinaison des plaisirs cannabiques, toujours prompts à surprendre le plus curieux de ses amateurs.

8

En arrivant à Cissac-Médoc, personne n'aurait pu imaginer que ce modeste village de mille cinq cents habitants devienne l'espace d'une soirée une petite Jamaïque. Dans des circonstances habituelles, il aurait été difficile de trouver le moindre indice de la présence de rastas ou de drapeaux vert-jaune-rouge le long des petites routes départementales légèrement sinueuses et bordées par les plus grands vignobles du Bordelais. Château-Latour, premier cru Mouton-Rothschild, cuvée Lafitte, étaient les principaux étendards des environs, bien loin d'Orange Street, de Trenchtown et des principaux studios d'enregistrement de Downtown Kingston. Les apparences étaient trompeuses, car derrière le calme apparent des habitants paisibles des bords de la Gironde se cachait de furieux aficionados de la musique jamaïcaine, qui, une fois par an, en plein été, déclaraient leur amour aux artistes reggae du monde entier. Je n'avais pas mesuré l'exacte portée de l'évènement quand Greg et JD m'avaient expliqué qu'ils faisaient l'ouverture et la clôture d'un concert de reggae organisé à quelques kilomètres de Pauillac, tout en assurant les transitions entre les groupes qui se relaieraient sur le devant de la scène. J'imaginais une petite salle des fêtes, avec quelques banderoles et trois cotillons entourant une scène modeste sur laquelle des artistes locaux amateurs de Jah se passeraient le relais en chantant en langue d'oc. Je voyais déjà la buvette sympathique dans le fond d'une salle où Johan et moi aurions passé la soirée à rouler des joints à côté de quelques ivrognes se dandinant sur une musique leur paraissant aussi folklorique qu'un Kowaka japonais. J'avais tout faux. Nous étions partis en début d'après-midi d'Arcachon et, dès notre passage à Lacanau, on pouvait apercevoir des panneaux annonçant l'événement reggae de l'été, une affiche à faire pâlir les concerts des plus grandes villes de France : Burning Spear, Ijahman Levi, Toots & the Maytals et le duo reggae français du moment Raggasonic étaient annoncés pour une soirée qui allait s'avérer mémorable. Et tout en bas de l'affiche, juste au-dessus de la liste des points de vente et du numéro de l'infoline, on pouvait lire le nom de plusieurs groupes locaux inconnus faisant la première partie du show et celui du sound system de mes cousins, Indika Sound System.

— Wicked, s'était exclamé JD, tout fier d'apparaître aux côtés des plus grands noms du reggae.

— Ça met la pression, m'étais-je moqué. Vous n'avez pas le droit à l'erreur, sinon les Jamaïcains vont vous tirer les oreilles.

— T'inquiète, on va tout cartonner ! avait assuré Greg.

Il le fallait au vu du monde qui se dirigeait vers la commune de Cissac. Dès trois heures de l'après-midi, le nombre de voitures constituant de monstrueux embouteillages et faisant du pare-chocs contre pare-chocs, sortes de chenilles de métal sans queue ni tête, était impressionnant. On pouvait imaginer la foule qui allait remplir le petit stade de football de la commune et danser toute la nuit sur de la bonne musique.

La petite salle des fêtes de mon imagination avait en effet pris la forme d'un véritable stade municipal pouvant accueillir plus de dix mille personnes, et la modeste buvette s'avérait être trois grands bars où se relayaient une bonne vingtaine de serveurs.

– C'est big ! m'avait soufflé Jo.

— Tu l'as dit, bouffi.

Johan et moi n'étions pas trop des habitués de ce type de concerts qui la plupart du temps, dans notre Sud-Est natal, étaient l'occasion pour la flicaille nationale de soigner ses statistiques en matière de flagrant délit de consommation ou de revente de ganja. Ici, les choses étaient sensiblement différentes. J'avais un peu flippé en voyant les premiers camions de policiers garés sur le bord de la route à l'entrée des villages de Hourtin et Carcans. Johan m'avait donné un coup de coude en marmonnant.

— Tiens, ici aussi, les mini-puceaux sont partout ! T'as bien caché la beuh ?

— T'inquiète pas, Jo, ils sont pas là pour nous emmerder, lui avait répondu JD, sûr de lui.

Et il avait raison. À Cissac, point de comité d'accueil hostile vous faisant signe de la main pour stopper votre véhicule et le fouiller de fond en comble, mais plutôt des policiers municipaux avenants, toujours prêts à vous indiquer où se situait le parking des artistes et le chemin le plus court pour l'atteindre.

— Ben, ils son charmants ici, avais-je soufflé, étonné de ne pas nous voir contrôler avec notre petite R5 remplie de jeunes aux longues dreadlocks et aux yeux rougis.

— C'est le mot.

Greg sourit en confirmant mon point de vue. Il était tout excité de mixer devant un public de plusieurs milliers de personnes et pressé de pouvoir installer ses platines sur la scène. Lui et JD avaient ramené leurs meilleurs vinyles pour ambiancer l'assistance jusqu'au petit matin, et pour ce faire ils avaient passé une bonne partie de la soirée précédente à préparer les sélections de morceaux qu'ils enchaîneraient toute la nuit. Les débats avaient été houleux, JD souhaitant mixer surtout des standards de reggae, là où Greg voulait jouer ses derniers vinyles de la nouvelle génération d'artistes new roots.

— On doit montrer que le reggae est bien vivant ! répétait sans arrêt Greg pour justifier ses choix…

— Mais personne ne connaît ce sceud, lui répliquait JD.

— Ben justement ça sera l'occase de le découvrir.

Finalement un compromis avait été trouvé. Greg commencerait le show avec ses sélections new roots, Sizzla, Buju Banton, Garnett Silk, Luciano en tête, et il assurerait les transitions entre les groupes ; JD clôturerait la soirée à coups de classiques de Max Romeo, des Abyssinians, des Wailing Souls ou de Gregory Isaacs. Le choix avait été judicieux car les premiers vinyles joués par Greg avaient introduit parfaitement le ragga incisif et engagé des Raggasonic. Le public s'était enflammé sur *Murderer* et *Champion* de Buju Banton, autant que sur *Praise Ye Jah* de Sizzla ou sur *One Thing* et *Raid Di Barn* d'Anthony B.

Un pur moment de folie avant que monte sur scène le groupe parisien du moment. Les Raggasonic étaient un jeune groupe de reggae, composé de deux toasteurs talentueux, Daddy Mory et Big Red, et d'un producteur de génie, Frenchie, et se posait comme le combo de l'année depuis la sortie de leur album éponyme. Leur prestation scénique énergique servait au mieux les paroles destructrices de *Babylon* écrites par Mory et Big Red. *J'entends parler du sida*, *Bleu blanc rouge*, *Légalisez la ganja*, et l'incontournable duo posé avec NTM *Aiguisé comme une lame* étaient en train de devenir les hymnes de toute une génération. Jo était surexcité de voir sur scène ce groupe qu'il avait découvert quatre ans auparavant dans *La Haine*, un film mythique qui avait usé les têtes de lecture de nos magnétoscopes à force d'y tourner lors de nos nuits blanches enfumées. « Pour une fois que le cinéma ne diabolise pas la jeunesse populaire et cherche à la décrire comme elle est à défaut de la comprendre. » Nous n'avions pas été déçus par leur prestation live. Ils avaient délivré un show ultra-dynamique et professionnel, soutenu par le Ruff Cutt Band, un groupe anglais de référence en la matière selon JD. Le public n'avait pas eu le temps de souffler car Greg leur avait succédé et s'était ensuite chargé de maintenir la pression à son maximum avec quelques titres de Chaka Demus & Pliers, dont le terrible *Bam Bam*, et d'autres tueries qui avaient fait danser les milliers de spectateurs venus partager leur amour du reggae. Juste avant l'entrée de Toots Hibbert et de son groupe les Maytals, Greg était sorti de scène ruisselant de sueur. Être un musicien ne s'improvisait pas, c'était un sport de haut niveau, et la consommation régulière de marijuana, si elle inspirait les artistes, n'était pas la meilleure conseillère en termes de condition physique. Il le découvrait à ses dépens.

— Chanmé, ta prestation, avait avoué JD à son frère exténué.
Greg avait hoché la tête en essayant de reprendre son souffle. La soirée commençait sur les chapeaux de roues. Jo et moi profitions de ce spectacle derrière la scène, assez fiers d'être pour la première fois dans le secret des artistes. Nous découvrions, avec des yeux d'enfants excités de posséder enfin un jouet tant désiré, les coulisses d'un concert et la microsociété qui s'agitait pour proposer et réussir la meilleure soirée possible.

Confortablement installés devant les loges du sound system de nos cousins, nous observions les allées et venues des « runners », attachés de presse, musiciens, chanteurs, ingénieurs du son, bénévoles, petites fourmis indispensables à la bonne organisation du show. Quand ils ne jouaient pas, mes cousins roulaient joint sur joint. On aurait dit qu'ils souhaitaient ériger un mur de fumée haschischée autour d'eux, sorte d'armure musicale infranchissable les protégeant de toute déconcentration fatale. La réalité était plus terre à terre : c'était le meilleur moyen de faire la promotion de leur herbe magique. Ils avaient embarqué avec eux un pochon de cent grammes d'herbe et ils espéraient bien l'écouler sur place, histoire d'arrondir le cachet misérable qui leur avait été accordé. La stratégie était excellente car dès qu'un artiste jamaïcain passait devant nous, il s'arrêtait en s'exclamant.

— *Good weed man ! Do you have some ganja ?*

— *Of course*, tonton, assieds-toi avec nous et discutons un coup.

Voilà comment, ce soir-là, nous nous sommes retrouvés à fumer des spliffs avec le légendaire Ijahman. L'auteur de *Jah Heavy Load* et du sublime *Are We a Warrior* était un grand amateur de marijuana et son bassiste nous avait amenés à lui pour que nous lui fassions goûter notre spécialité locale. Le vétéran jamaïcain n'en était pas revenu.

— *Bwoy ! This is an excellent weed ! Did you made it by yourself ?*

Greg était devenu rouge de fierté devant les compliments d'une de ses idoles.

— Oui, c'est bien moi qui la cultive.

— Mais tu possèdes un talent fou. C'est une des meilleures herbes que j'ai fumées !

— Merci, mister Ijahman.

— Ne me remercie pas, tu es fou. C'est moi qui te bénis d'avoir été là ce soir et de m'offrir le produit de ton travail. Notre rencontre est un don de Jah et grâce à toi je vais jouer comme jamais.

Je n'en croyais pas mes oreilles. C'était extraordinaire d'entendre ce grand musicien complimenter ainsi mes cousins et plus encore de le voir donner un des plus beaux concerts de sa carrière. Totalement en transe sur la scène, le chanteur avait sublimé la fatigue de sa tournée mondiale, commencée six mois auparavant, pour nous offrir un moment rare de communion avec le public. La ganja de Greg y était-elle pour quelque chose ? Pourquoi l'artiste nous aurait-il menti ? Je le croyais sans peine, d'autant plus que tout son groupe semblait dans la même dimension que son leader. L'ensemble des musiciens jouait en effet dans une symbiose parfaite, comme transcendé par les circonstances et les effluves de THC local. La section cuivre éclaira la nuit de ses envolées lyriques ;

l'harmonie du couple basse-batterie était remarquable, syncopée, hypnotique ; les danses vocales des choristes ensorcelaient les âmes des spectateurs présents devant la scène ; les solos de guitare nous montraient la voie à suivre pour apaiser nos cœurs et nos âmes.
Je restai scotché devant la force de leur prestation musicale, épaté par la force de leur message et la douceur de leur musique. Je n'étais pas au bout de mes surprises. En redescendant de scène, je tombai nez à nez avec un rasta au bonnet en cuir. De petite taille, portant de grosses lunettes de soleil, arborant un tee-shirt représentant Hailé Selassié, je reconnus l'immense Winston Rodney, dont le nom scénique résonne dans le cœur de tous les amateurs de musique jamaïcaine : Buning Spear.
J'étais en face d'une autre grande icône du reggae, un peu déstabilisé, je l'avoue, et je ne savais pas comment partager mon enthousiasme avec lui. Prenant mon courage à deux mains, j'essayai de rassembler mes maigres connaissances d'anglais pour avouer mon admiration à cet alter ego de Bob Marley.

— *Blessed love*, me répondit l'artiste, à qui je m'empressai de tendre mon joint de skunk, espérant honteusement bénéficier en retour des mêmes compliments que Greg.
Je reçus un poli refus en guise de belles louanges. J'expliquai que c'était de l'excellente herbe, mais rien n'y fit, l'auteur de *Marcus Garvey* et de *Garvey's Ghost* ne fumait plus de ganja depuis longtemps. Il lui était donc impossible de le voir apprécier notre herbe locale.

— Mais si tu as un bon verre de bordeaux à me faire goûter après le show, ce sera avec plaisir.
« Incroyable ! »
Je restai interdit. La plus grande légende du reggae encore vivante, un rasta convaincu et emblématique, refusait un joint d'herbe, sa plante sacrée, sa porte d'accès à la méditation et à son dieu, l'emblème de sa culture et de sa tradition, pour lui préférer du vin rouge français. Si ce mélange des genres et des cultures était possible, alors tout était possible. Le président et le gouvernement français pouvaient se mettre à la skunk, les commissariats de quartier allaient se transformer en coffee shops, les consommateurs de shit ne seraient plus poursuivis, la Cannabis Cup française allait être organisée et commentée par les médias les plus sérieux.

— C'est nawak, avait réagi Jo quand je lui avais raconté l'anecdote.

— Je te jure que c'est pourtant bien vrai.

— Tu « mythones »... Burning Spear qui refuse un joint, j'y crois pas du tout.

Et pourtant, la réalité dépassait la fiction, comme dans bien des cas. Les romanciers et les cinéastes devraient vivre un peu plus avant de se mettre à écrire leurs livres et leurs scénarios. Cela nous donnerait peut-être des histoires plus fortes, plus ancrées dans nos âmes décharnées, plus à même de toucher nos cœurs qui saignent.

Après la prestation d'Ijahman Levi, la folie redescendit un peu. Les organisateurs avaient programmé un groupe de reggae français qu'ils présentaient comme la prochaine sensation du mouvement reggae. Curieux, nous nous mîmes à observer et à écouter ces jeunes rastas blancs sans être véritablement convaincus. Passer après une pointure comme l'auteur de *Haile I Hymn* était loin d'être une chose facile, et si le groupe faisait du mieux qu'il pouvait, la magie n'opérait pas.

— Il leur faut notre potion magique, se moqua Jo.

— Clair, et double dose, même.

Le chanteur faisait de son mieux pour susciter l'enthousiasme de la foule, soutenu par son backing band, mais le public ne réagissait pas, ou trop peu. Côté backstage, juste à côté de nous, un jeune homme était d'un tout autre avis. Rasé de près, l'œil brillant, les lunettes de soleil Vuarnet retenant des cheveux longs gominés, il vantait à qui voulait l'entendre les qualités des musiciens sur scène. La vie n'est qu'une question de point de vue.

— Écoute ce morceau, c'est leur meilleur... Tu vois le guitariste ? Il pourrait jouer avec les plus grands. T'entends les harmonies vocales du chœur ? On a pensé ça comme les plus grands trios vocaux jamaïcains.

L'homme trop propre sur lui était le manager du groupe, enfin celui qui essayait de l'être, car la soirée avançant et les verres se vidant, sa démarche se faisait moins certaine et son argumentation moins pertinente. Il n'est pas aisé de garder sa concentration avec quelques mojitos dans le nez.

Sur scène, le groupe donnait son maximum devant un public maintenant clairsemé. La plupart des spectateurs avaient préféré profiter de cette pause pour aller satisfaire un besoin pressant, boire un coup ou manger un bout. Il était dur de faire ses preuves dans de telles conditions.

Backstage, le pseudo-manager continuait de butiner de personne en personne, espérant convaincre chacun de ses qualités de découvreur de talent.

— La première fois que je les ai vus, je n'en suis pas revenu. Ils possédaient un vrai potentiel qui ne demandait qu'à se révéler. On a travaillé, je les ai fait travailler, tu n'imagines pas, car on ne réussit pas comme ça dans la musique, tu sais. C'est du travail, et de la sueur, et du travail encore, tu vois.

L'histoire du diamant brut à polir était éculée, mais dans ce coin perdu du Médoc, notre apprenti manager semblait vouloir utiliser les ficelles les plus grosses du métier. Par manque d'inspiration ou totale incompétence ?

— Fais-moi confiance, dans deux ans, après un album et une grosse tournée, ils seront en haut des charts.

La partie était loin d'être gagnée, d'autant qu'il avait de plus en plus de mal à discerner la qualité de ses interlocuteurs. De plus en plus aviné, il s'avança vers Jo, en le prenant pour un journaliste. Amusé, mon ami ne démentit pas la méprise et écouta patiemment l'argumentaire du manager, acceptant avec bienveillance le CD promotionnel du groupe.

— Tu penses à m'envoyer ta playlist quand tu les joueras dans ton émission, OK ?

— Pas de problème répondit Jo, sans cœur pour le pauvre manager ivre.

— C'est cool, merci. C'est grâce à des gens comme toi que le reggae va s'en sortir ! ajouta le jeune homme aux cheveux en arrière.

— Amateur, souffla mon ami en le voyant partir, titubant légèrement, à l'assaut d'une nouvelle personne à convaincre.

Johan était dur, ce métier me paraissait si ingrat ! Mettre en avant des artistes en élaborant un discours autour d'une œuvre en formation n'était guère aisé. Déceler le talent d'artiste en devenir, percevoir leur potentiel et lui permettre de se réaliser, faciliter la diffusion des vibes d'un groupe encore inconnu, en qui personne ne croit, devait constituer un sacré challenge.

— C'est pas comme ça qu'il va les sortir de leur bled, ajouta Jo en voyant le manager se diriger vers une plantureuse métisse, vêtue d'une tenue aussi discrète qu'un gilet fluorescent permettant de repérer un cycliste sur la route.

— Tu abuses, il fait de son mieux.

— Ah ouais ? ben moi, il me fout le trouillon, ce gars-là, il est en train d'essayer de se pécho la salope de la soirée plutôt que de valoriser le travail de ses potes sur scène.

— N'exagère pas.

Johan avait pourtant touché juste. Quand JD nous vit observer le manège de la métisse flashie et du pseudo-manager, il nous raconta qu'il connaissait bien la demoiselle en question, comme la plupart des gars qui étaient dans le milieu du reggae.

— Miss Tic est une animatrice d'une radio locale qui a la chatte mouillée dès qu'un chanteur jamaïcain approche d'elle. Et quand il n'y a pas de rasta black à se mettre sous la dent, elle se rabat vers le premier musicien capable de lui jouer un petit skank de guitare. Cette nana est prête à tout pour se retrouver dans le plumard d'un artiste. On la voit traîner dans les bakstages de tous les concerts reggae de la région.

L'arrière-scène d'un concert m'apparut comme un drôle de monde où les personnages étonnants et pathétiques se relayaient. Tout était exacerbé, les caractères, les émotions, le ridicule.

— Et depuis le temps qu'elle tourne autour de tout ce qui bouge, elle a encore du succès ? demanda Jo avec un air de léger dégoût dont je ne le savais pas coutumier.

Je ressentis de la gêne en écoutant ces deux machos décrire la groupie nymphomane.

— Ben c'est quoi le problème ? Elle fait ce qu'elle veut de son cul, non ?

— Ouais c'est sûr, m'enfin bon, elle pourrait avoir un peu de dignité, quand même.

— Si c'était un mec qui se tirait toute les gonzesses du concert, vous applaudiriez. Et là, vu que c'est une nana, vous la traitez de salope.

JD et Jo ne répondirent pas, leur machisme et leur mauvaise foi étaient évidents, et ils n'avaient pas envie de s'embrouiller avec moi. Il valait mieux passer à autre chose et profiter de la soirée, d'autant que Ijahman nous faisait signe de le rejoindre dans sa loge.

Nous retournions aux choses sérieuses : partager notre amour des bonnes choses avec un amateur de choix. Faisant tourner les joints de skunk et les verres de vieux rhum, nous passâmes une bonne partie de la nuit à écouter le reste des concerts en fumant des joints avec lui et ses musiciens, gravant ce moment à tout jamais dans nos mémoire. Ijahman était un grand monsieur de la musique, mais un mec admirable aussi qui n'hésita pas à nous inviter chez lui en Jamaïque pour nous faire découvrir son île.

— Il faut venir chez nous, c'est le paradis. L'herbe est bonne, les filles splendides, et la musique est partout ! Vous y serez traités comme des princes.

Greg et JD étaient comme des fous et se voyaient déjà loger chez le légendaire artiste, découvrir leur terre promise avec un incroyable guide. Il n'y aurait pas d'or ni d'onyx ou de bdelium, mais des gens simples, des fruits en abondance et du reggae à profusion. Ce ne serait pas le jardin d'Éden, mais Kingston, Jamaïca et ses Blue Mountains.

« Le top ! Un truc de ouf, inespéré. »

Plus tard dans la nuit, quand, rentrés à Arcachon chez leurs amis, nous nous mîmes à rêver aux perspectives d'avenir découlant de notre rencontre d'un soir, il y avait de la poussière d'étoiles et d'espoir dans nos yeux.

Personne n'est encore coupable de rêver dans ce monde. C'est une des dernières libertés qu'il nous reste, peut-être la dernière. Les songes et les mirages à atteindre sont les moteurs de la vie, les opiums du peuple. Mais plutôt qu'une pipe à opium nous préférions un cône à trois feuilles plein de weed.

Fais tourner, mon frère.

9

L'été, la plage publique est un lieu de sociabilité assez révélateur des carences de notre société et de son incapacité à proposer un modèle équilibré au sein duquel chaque être humain pourrait s'épanouir dans sa diversité.
J'allumai un joint pour faire bonne figure devant l'injustice de mes contemporains. L'odeur caractéristique de la skunk fut aspirée par le vent, jaloux de mes produits. Il recracha à l'horizon la fumée épaisse et grasse sous forme de superbes cumulonimbus. J'étais le seul dans le secret. Confident discret.
« Je te donnerai l'adresse de mes cousins, Éole, ne t'en fais pas, je fais tourner mes bons plans. »
La ganja inspirait le début de ma soirée, enflammée par un soleil couchant et aveuglant. Continuant d'observer les alentours, je remarquais une drôle de pièce de théâtre balnéaire qui se jouait à l'improviste devant moi. La scène était la promenade du bord de mer de la petite ville d'Arcachon. Le public était réduit à Jo et moi, mais nous valions tous les spectateurs de l'histoire de la tragédie grecque. Les acteurs étaient nombreux mais très vite je discernai les héros de la pièce : un groupe de jeunes aux cheveux longs et aux lunettes de soleil fluorescentes.

Acte I : le surfeur est un homme heureux malgré lui.

Certains hommes sont avantagés dès leur naissance grâce à un heureux hasard qui les voit tomber sur une famille équilibrée et fortunée, une santé qui leur accorde une longue vie saine et sereine, une plastique qui correspond aux canons de beauté de l'époque. Parfois c'est le gros lot et ils récupèrent les trois atouts d'un coup. Les mêmes personnes en tirent souvent un sentiment de supériorité non feint des plus détestables ; elles passent leur vie à maintenir ces atouts innés et en ressentent une fierté à vomir. La plupart du temps les surfeurs sont doublement chanceux. Ils appartiennent à la catégorie des nantis mais sont dotés en sus d'une profonde naïveté que d'aucun trouverait perverse, ou assimilable à de la bêtise, mais qui, je le jure pour en connaître un grand nombre, n'est pas feinte. À croire que leur amour de la nature leur a joué un mauvais tour en laissant leur intellect à l'état de friche afin de mieux ressentir les beautés de Gaia.

Quoi qu'il en soit, le surfeur et sa bande sont dotés d'un formidable sens de l'émerveillement qui leur permet de s'étonner chaque jour de leur chance inédite de posséder de quoi s'acheter une planche de surf, une voiture pour aller sur des « spots » inédits, de l'argent de poche pour sortir tous les soirs raconter à qui veut l'entendre la dernière figure incroyable « rentrée » sur leur spot de rêve. Ils aimeraient évidemment pouvoir partager ces moments rares avec d'autres, mais, manque de chance, il n'y a aucune planche en rab à prêter au malheureux qui n'en possède pas, ni de place en sus dans la voiture pour accueillir le novice motivé à les accompagner, mais dépourvu de moyen de locomotion.

« Quel dommage, on aurait trop aimé t'avoir avec nous pour te faire découvrir ce spot de fou ! »

Fiers de leur groupe soudé et structuré, ils privilégient à tout, sans s'en rendre compte, je l'assure, l'entre-soi. Ils sortent ensemble, vivent ensemble, s'accouplent ensemble, se trompent séparément mais avec le même genre de personnages, meurent ensemble. Les surfeurs constituent une des tribus de jeunes les plus hermétiques qui soient et je les soupçonne de cultiver leur opacité par peur du ridicule et de leurs limites. Je n'ai pourtant pas de preuves à apporter à mon raisonnement, du moins à ce stade de la pièce de théâtre s'esquissant devant moi.

Car l'acte I, comme mon second joint, était maintenant bien entamé. Jo et moi observions avec curiosité la horde de surfeurs squattant les pontons de la jetée d'Arcachon et mimant en silence une scène de leur quotidien. Leur groupe puait le fric et l'assurance des classes aisées qui n'auront jamais à se préoccuper de combien il reste dans le porte-monnaie à la fin du mois. La moindre fringue arborée sur leur corps musculeux avec une négligence coupable équivalait facilement à deux semaines de vie sur la route avec Johan.

« Pauvre petit être laid et souffreteux, tu n'avais qu'à mieux naître. »

J'exagérais un peu les pensées des acteurs et souriais en m'imaginant être le destinataire de cette mauvaise plaisanterie – que personne ne m'adressait d'ailleurs. J'avais juste envie d'être médisant, de mauvaise foi, et j'avais trouvé les victimes idéales.
À voir se dandiner avec une grâce vulgaire ces superbes éphèbes au bronzage impeccable, on ne pouvait qu'accepter l'inégalité des hommes qui sursoit à leur existence. La chevelure décolorée de ces athlètes estivaux, fantasmes absolus de midinettes peroxydées et pathétiques, volait au gré du vent et des projets machiavéliques qu'ils destinaient à tel apôtre du plaisir ou à tel serviteur du mauvais goût.
C'est probablement le dépit qui me faisait penser ainsi, et les caresses rouges du soleil sur ma peau, l'absence de temps pour me faire hâler, de muscles à huiler pour faire valoir mes qualités de sportif, de goût pour me vêtir à l'instar de cette tribu reine du bord de mer, mais je ne les supportais pas. Délit de sale gueule, probablement, compétition perdue d'avance plus sûrement.
Les tongs ne valent pas les Doc Martens sur le sable blanc et immaculé, la crème solaire est préférable au tee-shirt noir et le jean troué est à proscrire et à remplacer par un maillot coloré taille XXL.
Fin de l'acte I ; comique et pathétique, un groupe était de trop sur cette plage. La tragédie s'annonçait.

Acte II : le surfeur est un rebelle prêt à tout pour changer le monde, sauf en cas de swell.

Tatoué pour bien montrer qu'il possède comme ses frères polynésiens un corps en osmose avec le cosmos, le surfeur prend soin de la nature. Pour lui, rien n'est pire que la pollution de l'océan. Combat admirable, surtout sur les plages indonésiennes où il « chope » une déferlante d'enfer devant des enfants au profil cadavérique et à l'estomac déformé par un régime de riz et de lentilles, très apprécié par le surfeur pour garder sa ligne et cuver les litres de bières qu'il s'envoie le soir, une fois le héros au repos.
Que voulez-vous, on ne peut pas être de tous les combats et quand l'océan sera lavé de tous les mauvais comportements humains, peut-être s'inquiétera-t-il de ses contemporains. En attendant, le grand rebelle des mers est très attaché à son apparence extérieure, à ses tenues vestimentaires, à l'image qu'il renvoie au monde entier qui s'arrête de tourner pour admirer son profil musculeux.
Le surfeur porte des fringues, toujours de marque, souvent très

chères (Billabong, Rip Curl, Oxbow, dans le désordre), mais un peu défraîchies par les éléments contraires car il ne faut pas faire trop gravure de mode, juste désinvolte chic et bien propre sur soi. Le surfeur est une *fashion victim* qui se doit de respecter son statut social. Il en oublie souvent l'origine de ses tee-shirts fabriqués par des gosses indiens ou chinois, qu'il porte le torse bombé afin de montrer qu'il possède assez de force pour combattre les méchants et en finir avec la guerre dans le monde.

Tout ça pour dire que si vous avez un projet humanitaire à défendre, une espèce de poisson en voie de disparition ou une variété d'algues à sauver des amateurs de sushis, vous pouvez compter sur lui… sauf si la météo lui est favorable. Dans ce cas, oubliez tous vos plans. Les femmes et les enfants passeront en dernier, il faut que le mammifère aux épaules en arrière et aux cheveux lâchés au vent puisse aller se faire bronzer sur sa planche de surf. Il y a des priorités dans la vie, et la glisse est l'ultime destinée de notre hominidé décérébré.

— Mais qu'est-ce qu'il fait, ce gonze ? demanda Jo en m'arrachant le joint de la bouche.

— Il vit, Jo, il se meut dans l'espace pour donner l'impression qu'il existe. Il lance un message au monde entier pour annoncer que ça y est, à l'âge de vingt ans, il marche. Miracle de l'évolution et de la motricité humaine.

Les jacassements du surfeur leader du groupe d'invertébrés s'agitant non loin de nous étaient étonnants, incompréhensibles pour toute personne raisonnable et raisonnée ; il fallait un peu d'imagination pour déchiffrer la chorégraphie qu'il entamait avec une grâce indéniable. Depuis son perchoir, on le voyait étendre les bras en soulevant victorieusement un étrange trophée.

L'objet de toute son agitation se trouvait être une grande serviette de plage au message explicite « Free Tibet », chose étonnante car il n'y a pas d'océan où surfer dans cette partie du monde. La remarque aurait pu intéresser le metteur en scène de la pièce de théâtre, mais elle ne nous est guère utile à ce stade de l'histoire.

Fier de son message subversif, le surfeur leader se contorsionnait dans tous les sens pour que l'ensemble de la plage puisse bien prendre toute la mesure de son engagement politique.

Malheureusement, et c'était d'un tragique émouvant, aucun passant ne prit soin de mesurer l'acte ultime de rébellion qui se déroulait sous nos yeux ébahis. Seul un petit groupe de préadolescentes n'aspirant qu'à être dépucelées par un des surfeurs se pâmaient bruyamment devant les jacasseries du chef de bande.

— La boîte qu'il a, s'esclaffa Jo d'une manière assez forte pour que sa moquerie soit entendue par nos grands sportifs des temps modernes.

— Jo, tu vas nous attirer des ennuis…

— Tu rigoles, il est tellement bête qu'il doit penser que Tibet est mal orthographié et qu'il s'agit d'un pauvre Thibault emprisonné par erreur.

— Tu abuses, là.

Remarquant notre présence, le leader des surfeurs nous montra du doigt et un de ses sbires s'approcha de nous avec une démarche qui n'avait rien à envier à celle d'un babouin trisomique.

Fin de l'acte II : le contact est imminent et un duel mortel s'annonce. Le suspense monte d'un cran.

Acte III : quand les extrêmes se rencontrent, tout peut arriver, le pire comme le meilleur.

Le décérébré, arborant avec fierté un maillot fuchsia du plus bel effet, s'avança vers nous le poing serré.

— Jo, t'es vraiment relou de te foutre de leur gueule comme ça. J'ai vraiment pas envie de m'embrouiller avec ces gars-là.

— Qui te parle de t'embrouiller ? On est cool, là.

« Frappe le premier, quelles que soient les intentions de ton adversaire. »

Je repensais à cette scène de *Butch Cassidy et le Kid*, dans laquelle Paul Newman décoche un violent coup de pied dans les parties génitales d'un géant de deux mètres qui venait de le provoquer en duel et à qui il proposait de fixer quelques règles de combat avant de commencer à se battre.

L'important était le résultat, je le savais, mais je ne me sentais pas l'âme d'un bagarreur et je me préparais donc à négocier un compromis acceptable pour sortir de cette crise la tête haute. Le surfeur servile s'approcha et nous héla dans un étrange dialecte de jeunes de banlieue.

— Hé, les babas cool, z'avez pas des yeufs ?

Horreur, stupeur, le graisseux jeune mâle au bronzage parfait semblait vouloir se moquer de nous. Johan tourna la tête vers moi.

— C'est à nous que parle ce gros blaireau ?

« Jo par pitié, nous pouvons communiquer avec cette étrange groupe dans la paix et l'harmonie. »
Semblant ignorer le nom d'oiseau dont il s'était vu affublé en retour, la montagne de muscles graisseux s'approcha de nous et avec un sourire benêt, probablement ravageur pour les pucelles toutes mouillées qui bavaient devant son pote engagé pour la libération du Tibet, répéta sa question.

— T'as pas des oceb ?

— Des quoi ?

— Des yeufs, man, des Rizzla ou des oceb pour me rouler un oinj…

— Des OCB ?

— Oui, voilà, c'est ce que je viens de dire.

Dans un élan de générosité émouvant, et avec une volonté affichée d'entente cordiale, Jo sortit ses feuilles et lui donna de quoi partir plus loin jouer au fumeur de shit.

— Merci les gars, z'êtes trop cool.

Satisfait de notre offrande, le leader des surfeurs ordonna avec moult gestes explicites à son compagnon d'infortune de rouler un joint.

Jo et moi étions désappointés du déroulement de la pièce de théâtre, moins par l'absence totale de suspense ou d'intrigue que par l'utilisation de notre drogue préférée par des hominidés venant juste d'apprendre à se tenir sur deux pattes. Quel gâchis !

Comble de malheur, nous participions à leur beau projet, incapables de leur refuser le moyen de consommer du cannabis.

Quelques minutes plus tard, le lourdaud revint à la charge pour partager son joint. Ainsi donc le cannabis avait ce pouvoir-là également, celui de faire communier des abrutis et des têtes chercheuses d'existence. Le haschisch avait la capacité de dépasser toutes les différences d'intérêt, de culture, de classe, de goût, pour nous réunir autour d'une même passion.

Voilà pourquoi il faisait tant peur au pouvoir en place. Jeunes du monde entier, unissez-vous !

Fin de l'acte III : tout est bien qui finit bien autour d'un bon joint.

Épilogue : tel est pris qui croyait prendre, ou comment la paraffine nous fait dépasser les incompréhensions.

La suite de la soirée fut pathétique pour moi et mes médisances. Jo et moi nous retrouvâmes à fumer quelques joints avec les victimes de notre ironie. Nous n'étions pas à un paradoxe près car, non contents de fumer leur shit, nous nous sentîmes obligés de partager un peu de notre herbe. La faute à la spontanéité de Johan et à la qualité du cannabis de nos nouveaux collègues.

— Ouah, mais qui est-ce qui vous a vendu ça ?

— Tu veux dire quoi ? demanda le surfeur en chef avec une pointe de surprise désagréable s'affichant sur le visage.

— Ben c'est de la para[39], mec, que vous fumez là !

— Mais non, pas du tout.

— Ah ! écoute, je te jure que je peux pas me tromper, demande à Sacha.

Les regards de l'assistance se tournèrent vers moi et je fus obligé d'acquiescer. Nos amis surfeurs fumaient une affreuse pâte de haschisch coupée à la plus mesquine des paraffines.

— Vous vous êtes fait carotter, les gars, ajouta Johan en les enfonçant.

Le leader surfeur, qui s'appelait Yann, probablement à l'origine du plan, était gêné, et je le sortis de son embarras en lui proposant de rouler un joint de mon herbe bordelaise. Son sourire fit plaisir à voir et je fus obligé de reconnaître que l'ivresse cannabique fit de nos amis des joyeux drilles avec qui nous passâmes un agréable moment.

Je regrettais mes mauvaises pensées, mes jugements définitifs, car à les écouter plaisanter sur eux-mêmes j'étais bien obligé de reconnaître leur autodérision.

— Regardez-moi cette petite surfeuse toute défoncée, se moquait Yann en montrant du doigt le Golgoth qui nous avait taxé des feuilles.

— Fais pas le malin, Yann, sinon je te reparle de tes plans super de bédos pleins de para que tu nous as trouvés, en nous expliquant que c'était le meilleur shit du coin.

Bilan des courses, on s'était retrouvés invités le soir même à une fête que Yann organisait dans la villa de ses parents et la bande de surfeurs nous avait demandé de leur trouver une cinquantaine de grammes d'herbe pour la fête.

— Aucun problème, s'était avancé Jo, sans savoir si mes cousins avaient de quoi les servir.

Ils avaient largement de quoi les dépanner. Voilà comment nous nous étions retrouvés dans une superbe villa du Moulleau,

39 Abréviation de paraffine.

un quartier chic d'Arcachon, dans une fiesta privée où une cinquantaine de personnes issues de la jeunesse dorée bordelaise avait prévu de se miner la tête toute la nuit.
Nous étions dans le rôle de Robin des bois des temps modernes, à faire payer aux jeunes riches le prix fort de la weed locale cultivée avec amour par la petite classe moyenne française. Yann et ses amis ne comptaient pas en effet et on leur avait fait le gramme d'herbe à quasiment cinquante francs, deux fois plus cher que le prix habituel.

— Vous avez trouvé les pigeons parfaits, m'avait soufflé JD quand je lui avais refilé son argent.

— Ils sont pas si nazes que ça, avais-je répondu. Ils sont juste pleins de tunes et ne comptent pas…

— Des clients idéaux, si tu préfères.

Et de sacrés fêtards ! Le champagne rosé du père de Yann coula à flots toute la soirée et je dois bien reconnaître ici que la boisson pétillante fait plus que bon ménage avec la skunk bordelaise. J'en veux pour preuve les innombrables bulles de sang qui explosèrent sans cesse dans le blanc de mes yeux, et l'état de ma gorge, qui pas une seule seconde de la nuit ne fut sèche, malgré le nombre incalculable de joints enquillés les uns après les autres. JD dut même retourner à la maison vers quatre heures du matin quand nous eûmes terminé le stock d'herbe que nous leur avions dépanné.

— Ils assurent, les bougres, m'avait confié Johan, un sourire béat aux lèvres, trop heureux de dégoupiller une énième bouteille de Moët et Chandon.

— Et ils partagent…

Je m'en voulais encore des jugements hâtifs de l'après-midi. Yann et ses amis, s'ils avaient un style vestimentaire critiquable et une apparence détestable, possédaient néanmoins des qualités festives appréciables.

L'alcool coulait sans fin, jamais les spliffs ne cessaient de tourner, seule la musique pouvait un peu laisser à désirer. Et encore, quand nous en eûmes assez d'écouter les intégrales de Dutronc et de Téléphone, artistes emblématiques des beaux quartiers bordelais qui s'encanaillent, ils proposèrent à Greg de mixer.

Il ne fallut pas beaucoup le pousser pour qu'il se mette derrière les platines et fasse décoller la soirée à grands coups de « big tunes[40] » de Shabba Ranks, de Shaggy ou de Chaka Demus & Pliers.

— Trop fort, ton cousin, m'avait confié Yann, les yeux explosés et les paupières violettes saturées mais non repues de haschisch.

— Et encore, t'as rien vu !

La fête continua jusqu'à l'aube, moment auquel nos nouveaux amis nous convièrent à assister à un double rite sacré pour eux. Surfer les premiers rouleaux tubulaires de l'océan après avoir acheté les croissants et les chocolatines tout chauds sortis des fourneaux de chez Guignard, le seul boulanger du Moulleau, un artisan aux talents reconnus dans toute la région.

— C'est des oufs, me souffla Jo, la bouche encore pleine de pain au chocolat, en admirant les figures acrobatiques de Yann qui glissait sur une vague haute de deux mètres.

— C'est le mot, reconnus-je, interloqué par les capacités sportives du surfeur.

Je n'aurais pas pu nager plus d'une dizaine de mètres dans une mer agitée comme ce matin sans couler à pic. Et lui dévalait un mur d'eau agressif avec une grâce inédite. L'osmose avec la nature était parfaite, un moment rare de poésie musculaire, une seconde éternelle où je compris que le sport extrême était un art véritablement accessible à une petite élite de fondus passionnés et admirables.

— Va falloir s'y mettre, m'avait lancé Yann en sortant de l'eau.

— T'as qu'à croire que le saucisson c'est un fruit !

— Le ?

Johan explosa d'un rire nerveux, de celui qu'on a après une nuit blanche et enfumée. Il précisa avec humour :

— Si ma tante en avait deux, ce serait mon oncle.

— Gros naze, lui lança Yann, encore défoncé par l'adrénaline naturelle qu'il venait d'emmagasiner.

— Tiens, fume plutôt, champion, tu l'as bien mérité.

Je lui tendis un gros joint de weed pour le féliciter de son exploit matinal. C'était ma salutation au soleil personnel, n'en déplaise à Laura. Yann me remercia d'un grand sourire et se jeta sur le sable pour communier avec nous en ce jour de début d'une nouvelle amitié.

---

40 Hits musicaux en jamaïcain.

10

Le week-end prévu au bord de l'océan se prolongea par une longue semaine passée chez les parents de Yann. Ils possédaient une belle propriété, à deux cents mètres d'une plage de sable blanc rongée par le varech venu de l'océan et déposé avec une régularité sans faille par les courants d'eau froide du bassin d'Arcachon.
Le Moulleau était une jolie petite station balnéaire, aussi vide d'habitants et confite d'ennui l'hiver que pleine de la vitalité et de l'oisiveté estivale de la moyenne et de la grande bourgeoisie bordelaise. Yann m'avait expliqué qu'on y pratiquait la voile dès son plus jeune âge, d'abord sur des petits Optimist, connus aussi sous le sobriquet bien trouvé de « caisse à savon », puis sur des 4,20 lourdauds et difficiles à manier autant qu'à gréer avant enfin de faire ses preuves sur de légers et fulgurants catamarans, les Hobie Cat 15 et 16.
La jeunesse dorée bordelaise se retrouvait ainsi sur le bassin d'Arcachon à maîtriser les vents, à éviter les bancs de sables vicieux, à appréhender au mieux les coups bas de la marée montante puis descendante pendant que ses géniteurs fortunés profitaient de ces quelques heures de tranquillité gagnées pour prolonger un apéritif et un déjeuner arrosé entre adultes consentants, ou, plus raisonnablement, pour lézarder sur la plage en oubliant les vicissitudes de leur vie de couple ou de leur carrière. L'homme n'est jamais satisfait de son sort, quels que soient son nom, ses dorures ou sa classe sociale.
Ce petit village de bord de mer, calme, situé à l'embouchure d'un océan imprévisible, était le lieu idéal pour apprendre à développer ses relations sociales lors de goûters arrangés et pompeux mais

remplis de grands plateaux de cannelés chauds, croustillants et fondants à souhait, spécialité locale dont seuls un pâtissier ou deux maîtrisaient la recette à la perfection. Je pouvais attester que Foulon était l'un d'eux et je dus reconnaître les délices de ce mets qui n'était par malheur jamais arrivé sur les bords de la Méditerranée. Le Moulleau était enfin dominé par une belle et ocre église, Notre-Dame-des-Passes, centre intellectuel et cultuel des environs dominant le banc d'Arguin qui allait mourir au loin dans les bras du précieux cap Ferret. On y célébrait comme partout en France des mariages heureux ou arrangés, des baptêmes assommants où les nouveau-nés s'époumonaient à crier leur dégoût de la première onction ordonnée par un prêtre au sourire adipeux, et des communions solennelles à mourir d'ennui devant des grands-parents toujours aussi heureux de voir la tradition respectée, preuve s'il en fallait que le temps ne s'écoulait pas aussi vite que la perte de leur prostate ou leur cancer du sein le laissaient penser.
La maison des parents de Yann était égale à la description bourgeoise et bien cintrée du Moulleau. Construite un siècle plus tôt sur trois étages, bien équilibrée, elle répondait au joli nom de La Pinasse bleue, l'étrange bateau oblong caractéristique des alentours de l'île aux oiseaux et présent sur les trois quarts des cartes postales vendues aux touristes estivaux. La baraque à la peinture blanche et immaculée possédait un intérieur au charme certain pour les amateurs de chinoiseries et indienneries d'un autre siècle. Yann m'y avait amené pour me faire découvrir les trésors cachés dont ses parents avaient hérité et qui faisaient leur fierté. À juste titre, dus-je avouer.
Bonze nacré et sculpté en position debout avec une minutie inquiétante, bouddha d'acajou poli et brillant comme un crâne lisse de grand-père chauve et suant, vases aux motifs kabbalistiques et aux écritures mandarines incompréhensibles mais tellement exotiques, tapis d'Orient aux couleurs chaudes ternies par le temps et les pas incessant des propriétaires et de leurs invités, meubles divers issus d'un passé lointain et fantasmé – ils viennent d'Indochine, avait chuchoté mon ami avec un ton mystérieux et entendu comme s'ils étaient les derniers trésors connus rescapés de l'empire colonial français –, tous dessinés dans un bois précieux et odorant se terminant dans des formes fantastiques : tel fauteuil possédait des accoudoirs en dragons cracheurs de feu, tel banc

verni avait son dossier orné d'un Kama-sutra tantrique aussi discret qu'osé.
Le jardin entourant ce paradis perdu d'un temps où la France apportait son génie aux bons sauvages africains et asiatiques en échange d'une exploitation pure, simple et gracieuse de la richesse de leurs terres et de leurs sous-sols était le terrain de jeux rêvé pour les enfants amateurs de cabanes en bois secrètes, aventuriers en herbe et en imaginaire, ersatz de Huckleberry Finn et de Tom Sawyer. La Pinasse bleue se voyait enfouie, presque étouffée, sous de gigantesques pins aux pommes abondantes de pignons et de généreux figuiers dont les feuilles cachaient la somptueuse demeure à laquelle menait une longue et sinueuse allée de gravier bordée par des parterres de bégonias et d'hortensias, ces fleurs aux milles confettis blancs et rosés s'entremêlant dans d'étonnants bouquets.
Non loin de la grande villa, les parents de Yann avaient eu la judicieuse idée de faire construire une petite maison, pour que notre hôte et sa sœur puissent être indépendants pendant les vacances – et eux tranquilles par la même occasion – quand ils en auraient l'âge – aujourd'hui donc – et une dépendance en contrebas de la maison où les enfants de Yann et de sa sœur jouiraient ensuite de leur autonomie, quand leur temps de vivre serait venu. Prolongement de la race encadré et maîtrisé pour une meilleure survie... Darwin n'aurait pas fait mieux.
Ainsi se présentait le paradis de Yann, où il nous avait accueillis avec gentillesse.
Nous étions installés avec mes cousins dans la petite dépendance, agréable nid douillet où personne ne venait compter le nombre de joints que nous écrasions dans les statuettes en bois en forme de nénuphars et aux cratères de fleurs qui servaient de cendriers. La décoration de notre nouvelle chaumière était spartiate mais nous disposions de tout le nécessaire, et bien plus, à un séjour parfait : vaisselle précieuse en abondance là où aucun de nous ne cuisinait vraiment, linge brodé trop beau pour essuyer notre crasse quotidienne et nos baignades salées, draperies soyeuses et parfumées pour accompagner nos songes agités et enfumés, minibar rempli de liqueurs diverses et variées.

— À consommer sans modération, avait ordonné Yann, mes parents ne doivent même plus savoir que ces bouteilles existent...
Il ne fallait pas nous le dire deux fois et nous fîmes rapidement leur

compte aux nombreuses et corsées bouteilles de limoncello, d'alcool de prune, de liqueur d'orange et de banane. Nous changions de standing d'hébergement non sans un plaisir certain.
« C'est effrayant comme on s'habitue aux belles et bonnes choses. »
Les potes de mes cousins, loin de démériter dans leur accueil – mais l'alcool fort gratuit, les broderies fines et la vaisselle en porcelaine en moins –, n'avaient en effet pas prévu que nous resterions chez eux plus de trois ou quatre jours, d'autres de leurs amis devant débarquer après le festival de reggae.
Sans la proposition de Yann de venir crécher chez lui, nous serions rentrés dans la foulée à Bordeaux, et on ne s'était pas fait prier pour répondre favorablement à notre nouveau collègue de défonce car tout était réuni pour passer une pure semaine de folie : drogue, reggae et sex'n roll.
Nos amis ne se déplaçaient en effet jamais sans un groupe de supportrices, fluctuant selon les amourettes de la nuit ou des semaines précédentes, mais toujours conséquent. Heureux bonheur nous profitant car pendant que nos amis se dépensaient sur l'eau, nous faisions tourner nos joints d'herbe folle à leur fan club et nos réserves de ganja constituaient une bonne entrée en matière pour la drague.
Jo s'était ainsi entiché d'une jolie brunette, Coralie, une body-boardeuse de dix-huit ans à la peau tannée par les embruns et les caresses rugueuses du soleil et aux formes parfaites sculptées par des milliers d'heures passées dans l'océan à ramer pour se hisser en haut d'un mur d'eau qu'elle dévalait ensuite avec une agilité impressionnante. Malheureusement pour elle, une chute en scooter avait immobilisé son bras pendant deux semaines. Elle avait ainsi tout le temps de s'occuper de Jo. Les deux jeunes amants formaient un couple parfaitement assorti : il fumait pour elle et elle était sportive et saine pour deux.
Plus âgés, mes deux cousins avaient été moins heureux dans leurs rencontres. Ni l'un ni l'autre n'avaient conclu avec une des jolies sirènes locales – mais avaient-ils vraiment cherché ? – et ils avaient plutôt opté pour s'enfermer des journées entières dans le bureau de Yann, qui avait été aménagé en salle de jeux.
À l'origine, la pièce avait été dédiée à l'étude d'ouvrages sérieux, passage obligé pour futurs apprentis khâgneux et hypokhâgneux : Balzac, Proust, Flaubert, Chateaubriand, pour ce que je me

remémore encore aujourd'hui, cauchemars de tous collégiens normalement constitués et instruments de torture de professeurs en mal de talent littéraire. Malgré leur bonne volonté manifeste, les ambitions naturelles et légitimes des parents de Yann avaient sombré dans ce lieu transformé en véritable caverne d'Ali Baba. Terrifiante victoire de l'image sur la puissance de la lecture, éloge de la médiocrité intellectuelle où la première midinette voulant montrer ses seins refaits à la télévision recueille plus d'attention que nos savants rats de bibliothèque incapables de s'adapter au jeu de l'expression directe nécessaire aux passages télévisés. Nous vivions à une époque où l'on n'avait plus le temps de lire les classiques, préférant visionner leurs adaptations en films tellement plus faciles à oublier. Pathétique jeu d'une société qui abrutit sa jeunesse en lui faisant croire qu'elle se libère de la corvée de la lecture.

On trouvait encore, trônant au milieu de cette salle magique sur un parquet de bois ciré avec patience par une femme de ménage au service de la famille de Yann depuis trois décennies, un somptueux flipper Terminator en parfait état de marche, qui, dès qu'il tiltait, saluait la dextérité du joueur par un fameux « Hasta la vista Baby ». Le flipper faisait face à une somptueuse collection de cassettes vidéo d'origine, où s'entassaient des centaines de films d'horreur, de guerre, de science-fiction et des westerns dont je n'avais pas vu dix pour cent. Il m'aurait fallu plus d'une année sans interruption pour tous les regarder et je me demandais combien une telle collection avait coûté.

« Un bras, sûrement. »

Plus loin sur la gauche, on pouvait jouer avec un véritable baby-foot, un de ceux qu'on ne trouve que dans les cafés près des lycées ou des collèges, aux joueurs de plomb bleus et rouges se faisant face, immobiles, attendant un geste de poignet habile pour envoyer la balle dans les cages en aluminium peint en noir. L'objet était d'autant plus remarquable qu'il possédait, pour y jouer, des balles dures, signe inintéressant pour les néophytes, mais fondamental pour les amateurs de ce jeu car indiquant que son propriétaire était un vrai passionné, le contrôle de la balle étant bien plus compliqué à réaliser qu'avec des balles molles, et les possibilités de passes, dribbles et tirs étant bien plus étendues. C'était le baby-foot idéal pour enchaîner roulettes, pissettes, râteaux, gamelles lors de parties endiablées.

Tous ces instruments de divertissement, clinquants, brillants, attirants comme une nouvelle variété d'herbe encore inconnue ou un shilom marqué de Renzo, n'étaient pourtant rien devant la série d'objets trônant devant un grand écran de télévision. On y reconnaissait tout ce que le génie japonais avait pu inventer comme consoles de jeux mythiques : la Super Famicom, version bridée de la Super Nintendo que Yann possédait également ; son ancêtre, la NES en version de luxe, avec le robot dont personne n'a jamais compris à quoi il servait et le pistolet d'un autre temps qui permettait d'abattre un nombre incroyable de canards dans *Duck Hunt* ; une paire de Game Boy, évidemment, petite console de poche indispensable aux *gamers* du monde entier ; la Megadrive, réponse désespérée de Sega pour faire face au succès de la dernière console de Nintendo ; et, plus rare car hors de prix, la fabuleuse Neo Geo, une console aussi chère que son nombre de propriétaires en France était réduit, une machine rivalisant avec les bornes des salles de jeux de l'époque, seules capables de proposer *Fatal Fury* en version Deluxe et une armée d'adversaires à affronter, tous plus terrifiants les uns que les autres, ou un « shoot them up » mythique, *Aero Fighters,* que les plus fondus des amateurs de jeux vidéo connaissaient sous le sobriquet de *Sonic Wings.*
Ce n'est pourtant pas ce jeu de combats qui faisait le bonheur de mes cousins, mais bien l'arrivée du dernier épisode de *Zelda* sur Super Nintendo. Les nouvelles aventures de Link étaient en effet attendues depuis longtemps par les fans du héros. Mes cousins faisaient partie du lot des inconditionnels, et ils s'étaient donc lancés comme défi de terminer le jeu avant notre départ du Moulleau, ce qui n'était pas une mince affaire pour un tel jeu de plateau, terme désignant les jeux d'aventures alliant énigmes à résoudre, longue quête à travers des mondes surnaturels et combats titanesques contre des ennemis sordides. Le tout avec comme unique objectif de sauver une princesse dont le héros, Link, n'était même pas amoureux. Et après ça, des journalistes osaient écrire avec une régularité aberrante, dans les quotidiens et les hebdomadaires en mal de questionnement existentiel, que les jeux vidéo abrutissaient la jeunesse là où ils enseignaient honneur et sens du devoir !
Le reste du temps, et quand nous ne faisions pas la fête, mes cousins se contentaient d'écouler leur stock de weed auprès des amis de Yann. La « bordelaise » connaissait un gros succès dans cette partie

du bassin d'Arcachon, et Greg avait même été obligé de faire un aller-retour rapide à Bordeaux pour satisfaire tous les amateurs. De mon côté, moins porté sur les jeux vidéo que Greg et JD, je m'étais entiché de la sœur de Yann, Vanessa, une jeune beauté locale, sorte de madone d'un an ma cadette à la plastique délicieuse et au sourire ravageur. Son frère n'avait pas percé mon petit manège, ou, du moins, il avait feint de l'ignorer tout en dressant quelques barrières évidentes.

— Ne la fais pas trop fumer, Sacha, elle est encore jeune… m'avait-il demandé un soir où j'insistais lourdement pour lui apprendre à rouler un trois-feuilles.

« Message retenu, boss, on est chez toi. »

Il me restait à la séduire d'une autre manière qu'en lui faisant découvrir mon savoir-faire cannabique et l'affaire était loin d'être entendue. Vanessa était en effet une invitation brutale, violente, irrésistible au sexe. Tout en elle appelait l'amour : sa peau nacrée et dorée, ses cheveux de miel tirés en arrière et se terminant par une queue de cheval impeccable et outrancière à la fois, ses ongles soigneusement rougis, mais avec une sensualité répondant à ses lèvres chaudes et pulpeuses, rendues brillantes par un gloss hors de prix et soulignées par le trait d'un crayon dont l'utilité était de se faire remarquer. Son parfum d'ambre et de musc était assez poivré pour chatouiller le nez des indélicats soupirants qui s'approchaient trop près de sa gorge en espérant toucher des doigts les promesses exquises suggérées par son corps de gamine éduquée moins dans les dortoirs des classes vertes et de colonies de vacances que devant les films de cul qu'on se faisait passer dans toutes les classes de collège.

Ses poignets fins venaient rappeler un âge indécent où les tabous n'existent pas encore, seize ans. Un an nous séparait, mais c'était peut-être une éternité et, histoire de ne pas perdre de temps et encore plein de l'assurance de mes succès mirandais, j'avais attaqué sans ambages le soir de la première fête que nous avions faite chez elle et son frère, ignorant encore sa parenté avec Yann.

— Je te ferais bien l'amour, lui avais-je chuchoté dans le creux de l'oreille après avoir échangé diverses amabilités dont j'avais aussitôt oublié le sens, tout à mon admiration de ses mignons petits tétons qui pointaient sous son débardeur fuchsia porté sans le moindre soutien-gorge.

— C'est tout ? m'avait-elle répondu, guère surprise et encore moins emballée par ma proposition.

— Ça serait déjà pas mal.

— Bof, ça me dit pas trop.

— Pourquoi ?

— Qu'est-ce que tu veux que je te dise, c'est pas le moment, tu vois.

— Je te plais pas ?

— Si, plutôt, t'es mignon.

— Alors quoi ?

— Je négocie pas ce genre de chose.

Évidence qui annonçait mon retrait et mon échec cuisant. Il n'en fut rien. Nous étions dans un coin sombre de la terrasse de sa villa. À l'abri des regards qui auraient moqué le bon gros râteau que j'étais en train de me prendre, je me fis violence. Dans un élan euphorique de certitudes sur ma capacité de séduction, j'avançais mes lèvres qu'elle accrocha avec force. Sa salive brûlante m'envahit la gorge pendant que sa main caressait mon bras puis le haut de mon ventre jusqu'à mon nombril. Elle entra en action comme un automate sibyllin reproduit des gestes jusqu'à atteindre la perfection. Je bandais dur et elle caressa mon sexe à travers mon bermuda avant de se détacher soudainement de moi.

— À quoi tu joues ?

— Je t'ai dis que je n'avais pas envie.

— C'est pas ce qu'on dirait.

— Il ne faut pas se fier aux apparences, alors…

« Putain d'allumeuse, je rêve, tu ne vas pas me la faire comme ça, crois-moi. »

Elle se leva et me la joua petite princesse blasée, le sourire délicat aux lèvres de celle qui sait qu'elle plaît et que ce sera où elle veut et quand elle veut. J'aimais déjà la légèreté de cette nana, nature et bien prise de tête. Je prenais mes désirs pour des réalités – dommage pour moi –, car elle avait d'autres plans en prévision.

— Je vais me repoudrer le nez.

— De quoi ?

La garce préférait à ma compagnie celle de ses copines et de leurs tarinades de blanche et immaculée cocaïne bien plus distrayante que ma conversation passablement éméchée.

« Si ton frère savait à quoi tu passes ton temps, enfermée dans la salle de bains avec un « pascal » enroulé en forme de paille et ta toute première carte de crédit, il préférerait que je te fasse découvrir les vertus apaisantes du cannabis. »

Il ne le savait pas, tout occupé qu'il était à se murger la tête et à s'enfumer l'esprit jusqu'à ce que l'aube vienne siffler la fin de la récréation.

Je restai donc seul à méditer mon échec, fatigué par les verres de rhum enfilés pour atteindre une ivresse dont j'espérais qu'elle serait communicative mais qui ne l'avait pas été. J'étais bon pour une nouvelle nuit sans sexe accompagné, la énième depuis Mirande et Fanny.

« La poisse. »

Heureusement pour les héros solitaires, les Lucky Luke incapables de tirer tout court, il reste dans la moiteur de leur lit vide une satisfaction non négligeable, un plaisir largement supérieur à une partenaire peu inspirée, maladroite ou moins excitante nue qu'habillée : l'onanisme cannabique, preuve s'il en est encore sur cette pauvre petite planète en phase d'autodestruction qu'il vaut mieux être seul que mal accompagné.

Et dans un coin de ma tête demeuraient les souvenirs du corps de Fanny, dont mon esprit avait mémorisé chaque partie intime. Le cannabis décuplant les émotions sensitives, la solitude permettant de se concentrer sur son propre plaisir, l'imagination profitant à l'originalité du contexte, je terminais la soirée dans un râle de plaisir et des spasmes de jouissance délicieux autant qu'éphémères, un profond sommeil venant éteindre les ardeurs de mon imagination et allumer l'excitation de mes songes.

11

L'art de la séduction est difficile à maîtriser quand on a dix-sept ans, une plastique assez éloignée des canons de beauté habituels matraqués à longueur de journée par la télévision et sa jumelle consumériste, la publicité. Je n'étais pas rompu à sa pratique, loin s'en faut. J'avais des préoccupations bien différentes et plus festives, aucun souci de mon apparence extérieure, si ce n'est de conserver un petit air désinvolte et négligé qui me donnait l'air de sortir du lit à n'importe quelle heure du jour et de la nuit, ce qui finalement me donnait un style particulier et reconnaissable entre tous : fumeur de joints et fêtard invétéré. Malgré tout, le charme de Vanessa me trotta dans la tête toute la semaine et je fis différentes tentatives plus ou moins fructueuses pour me rapprocher de la belle frondeuse.
La plus heureuse se passa la nuit avant notre départ d'Arcachon. Greg et JD avaient réussi à vaincre Ganondorf, l'ennemi ancestral de Link, et sauvé par la même occasion la princesse Zelda et le royaume d'Hyrule. Ils n'y seraient pas arrivés sans l'aide éhontée de Yann qui s'était empressé de leur donner les solutions des énigmes devant lesquelles ils piétinaient.

— À ce rythme, moi aussi je peux terminer n'importe quel jeu, s'était moqué Johan.

Le terme était d'ailleurs impropre, mon ami ayant passé sa semaine au lit, à jouir et à faire jouir sa sympathique surfeuse dont il ne semblait plus vouloir, ou pouvoir, se décoller. Sa remarque n'avait guère touché mes cousins, qui commençaient à sérieusement manquer de skunk et qui s'inquiétaient en outre du retard pris sur leurs prochaines récoltes.

Un de leurs amis était censé passer la semaine pour s'occuper de leurs plantations, mais leur entretien était tellement millimétré qu'ils envisageaient déjà le pire des scénarios se déroulant sous leur propre toit :

— Et s'il a oublié de venir arroser les boutures, ou pire, s'il n'est pas passé pendant un jour ou deux et que le courant a sauté, les plants ne sont plus éclairés et la récolte va être foutue…

La paranoïa paysanne de Greg avait été exacerbée par son aller-retour à Bordeaux pour récupérer un peu de ganja. Mon cousin s'était aperçu d'un léger dysfonctionnement de la minuterie déclenchant l'éclairage de ses plans, et il n'était pas sûr d'avoir réussi à le réparer. Depuis, il angoissait sur le devenir de ses plantations, tel un agriculteur en pleine période de sécheresse qui ne sait si son champ va supporter la canicule.

— Tu délires, avait essayé de le rassurer JD. Tout se passe nickel.

Mais Greg n'était pas convaincu, il était pressé de rentrer. Tout cela m'avait poussé à accélérer mon entreprise d'approche de Vanessa, histoire de n'avoir aucun regret et de m'ôter de l'esprit une bonne fois pour toutes le souvenir de son haleine chaude et sucrée.

Nous fêtions donc notre départ quand je me retrouvai vers minuit sur le grand balcon de la chambre de Vanessa à entamer une négociation crapuleuse avec la belle. Au-dessus de nos têtes, un drap fin d'étoiles semblait vouloir protéger notre discussion.

Fatigué de la voir constamment partir se repoudrer le nez, je tentais de lui expliquer mon point de vue sur les bénéfices des produits naturels comme le haschisch, à l'inverse d'autres drogues comme la cocaïne. À défaut de la séduire, j'espérais au moins partager avec elle les bienfaits du cannabis et l'éloigner de ses mauvaises habitudes. J'étais loin d'être convaincant.

— Mouais, j'ai plutôt l'impression que le shit endort tous ceux qui le fument, alors que la coke est un super-excitant avec lequel on passe des soirées de dingues.

J'avais du mal à me concentrer sur mon argumentation, la faute à son jean moulant joliment sali sur lequel tombait une chemisette Dior laissant apparaître le galbe blanc de son sein droit légèrement moucheté par des grains de beauté délicieux. Un véritable appel à la luxure dont la belle allumeuse faisait encore semblant de tout ignorer. Pauvre de moi, qui espérais encore je ne sais quoi de cette femme enfant lascive aussi ingénue que j'étais clair après la dizaine de bédos que je venais de rouler. Devant mon silence entendu, pour ne pas dire idiot, elle enchaîna :

— De toute manière, le shit, ça ne me fait rien. À chaque fois que j'en ai fumé, j'ai rien senti.

Elle était blasée de tout sans rien connaître. Icône de toute une génération, fatiguée de n'avoir rien vécu. Je sortis mon arme fatale et lui montrai le petit toc de « c'est moi qui l'a fait » que je n'avais pas encore fumé, le gardant pour une occasion spéciale. Lui faire découvrir la défonce haschischée pouvait en être une. J'espérais ne pas être déçu.

— Tu l'as fais toi-même ? me fit-elle répéter, attirée par l'idée de goûter quelque chose de rare.

— Avec les deux mains que tu vois, acquiesçais-je, en essayant de cacher le bout déjà jauni de mon index droit.

Vanessa fit mine de réfléchir quelques secondes mais je savais qu'elle allait accepter et je me préparai à sortir le shilom de poche que j'avais acheté à un vendeur ambulant spécialiste des bracelets indiens, tee-shirts « vert-jaune-rouge », statuettes africaines made in China et autres attirails du petit baba cool de salon modèle. J'avais regardé avec dédain ce charlatan mercantile pour adolescents en mal de sensations, mais je m'étais décidé à acquérir le petit shilom qui me faisait défaut depuis Mirande.

Je n'avais pas idée alors qu'il me servirait si vite, mais je bénissais mon intuition masculine d'avoir fait ce petit achat. Le destin tournait en ma faveur, jusqu'à ce qu'un duo de guignols frappe puis entre dans la chambre, troublant notre tête-à-tête.

— On vous dérange pas ? avait lancé, goguenard, le plus petit des deux en rajustant son pantalon qui tombait au-dessous des fesses.

— Pas du tout, entrez, avait répondu Vanessa ; Sacha et moi, on discutait tranquille.

J'étais dépité devant l'arrivée ces deux énergumènes habillés comme des rappeurs américains et essayant de se donner un accent de banlieusards parisiens. Ils venaient obscurcir les perspectives amoureuses de ma soirée. Les deux gonzes se présentaient comme originaires du 93, le 9-3 de NTM, la Mecque des rappeurs français, le paradis de la racaille en jogging Nike dont une des deux jambes remontait juste au-dessus du genou dans une dissymétrie vestimentaire très à la mode dans les milieux populaires, et dont ils tiraient une grande fierté.

Je dus supporter une bonne demi-heure leurs anecdotes épuisantes et sans queue ni tête témoignant de leur appartenance certaine à la ceinture des cités Nord de Saint-Denis, espérant en silence que Vanessa ne soit pas impressionnée par ces maudits lascars de pacotille.

Les deux petits malins oublièrent, en effet, de préciser à ma belle promise que Le Raincy où ils habitaient était le Neuilly de ce département, bien moins productif en matière de sportifs de haut niveau que de toxicomanes condamnés. On a les records qu'on peut et, par bonheur, Vanessa n'avait que faire de leurs origines géographiques. Je me demandais comment ils avaient pu atterrir chez Yann, sans savoir que l'un des deux était un de ses amis d'enfance, fils d'un homme politique en vue, lui-même copain de fac du père de Yann. Mon hôte me raconta le lendemain qu'eu égard à ces liens d'amitié, il devait se le farcir chaque année, moquant au passage l'étrange et subite apparition de son accent « racailleux » et s'excusant pour son attitude aussi lourde que désagréable.

L'ersatz de banlieusard du 93 et son acolyte étaient en effet bien décidés à faire les malins en employant un jargon qui paraissait aussi naturel dans leurs bouches qu'un bang entre les mains du ministre de l'Intérieur français.

— T'as quoi à fumer ? Un bon bédo ? Montre-moi ça, zyva…

Et d'un œil suspect, le premier blaireau, à casquette siglée du 23 mythique de Michael Jordan, fit mine d'examiner ma boulette, tel un orpailleur guyanais inspectant un bout de pierre quelconque récolté une paire de secondes auparavant.

— Mouais, ça vaut pas le teusch qu'on a au quartier !

— C'est net, renchérit le second blaireau, à casquette siglée, elle, du numéro fétiche de Michael Johnson, héros des Los Angeles Lakers.

— T'façon, le bédo ça me fait quetchi ! Moi c'est stricly the weed. Un truc qui me met bien high, tu vois, de la pure hollandaise que je fume sans tabac.

— Clair y'a que ça d'vrai, de la grosse skunk qui claque la tête.

Vanessa hochait de la tête, le regard lointain et vaporeux, sans que je sache si elle acquiesçait aux conneries des deux invertébrés ineptes.

— Ah ouais ? ben vous allez fumer avec nous ce petit shilom, alors ? Ça me fera plaisir de vous faire découvrir ma petite spécialité.

— T'inquiète, cousin, on va fumer ta savonnette sans souci !

Sans écouter leur réponse, Vanessa sortit une petite boîte à cigarettes de laquelle elle retira un petit sachet de plastique, celui qui entoure habituellement un paquet de Marlboro ou de Camel, plein de poudre blanche cristalline.

— Bon, on va se goûter ça, alors, mais avant, on se tape un petit trait, histoire de se détendre.

— Cool, trop nice, l'idée ! s'exclama le premier blaireau à casquette.

J'hésitai une seconde. Je n'étais pas vraiment fan à l'idée de taper une ligne. La coke n'était pas une drogue qui m'attirait. Je ne voulais pas sniffer de produit dont je ne connaissais pas l'origine et probablement coupé au glucose, si ce n'était pas au speed ou au détergent.

En même temps, je n'étais pas contre tester un psychotrope encore inconnu avec une nana comme la sœur de Yann. Je me disais que c'était la bonne occasion de tester ses effets aphrodisiaques.

« Il ne faut pas être obtus non plus, Sacha. C'est la bonne occase pour passer un bon moment ! »

Et puis si je refusais, Vanessa s'éloignerait sans que je puisse l'embrasser de nouveau. Mes principes anticocaïne vacillaient à la première nymphe délurée me passant devant, je n'étais pas fier.

« Et puis tu t'es fait une soirée Dramamine à Mirande, non ? Et la MDMA à Tarnos ? Tu peux bien tirer un petit rail ce soir. »

L'argument se défendait. J'acceptai donc de dépuceler mes doucereuses et immaculées narines roses. J'approchai le billet de deux cents francs que me tendit Vanessa afin d'aspirer les deux lignes de poudre blanche qui se présentaient sur le CD *Legalize It* de Peter Tosh.

« Peter, excuse ce blasphème, c'est pour la bonne cause. »

Dire que je n'ai pas apprécié cette expérience serait mentir. Le petit endolorissement délicat qui me prit le nez et l'euphorie naissante dans mon cerveau furent tout à fait plaisants. J'éprouvais un sentiment délicieux d'assurance en moi, d'énergie positive me prenant le corps, et une furieuse envie de faire la fête, de danser, de discuter. Par malheur, la conversation des deux faux banlieusards me cassait la tête.

— Pas mal, cette coke, sister, vraiment bien. C'est quoi ton plan ?
Vanessa ignora le grand bêta qui essayait de s'intéresser à elle. Une diva comme elle ne pouvait prêter attention à un raté comme lui. Le dédain de la belle ne sembla pourtant pas ralentir son débit de parole, qui s'était largement accéléré depuis la prise de cocaïne. Le voilà qui me cherchait des poux à nouveau.
« Il ne va jamais me lâcher. »

— Tu sais, dans mon quartier, je touche du double zéro, une bombe dix fois plus forte que ton petit shit local, m'expliquait-il avec une certitude détestable comblant d'aise son blaireau d'ami qui ne cessait de hocher la tête et de renifler en se touchant la narine avec le pouce comme s'il sortait tout droit de *Scarface*.
J'allais les calmer, ces deux-là. Je décidai donc de cramer toute ma boulette pour leur faire découvrir les vertus de l'humilité et du « c'est moi qui l'a fait ».
Je préparai le mix devant une Vanessa attentive et les deux zouaves insupportables. J'expliquai à mon élève intéressée les différents rites du shilom en ignorant les gausseries des deux incultes en notre compagnie.
Quand tout fut prêt, je demandais au blaireau numéro un, l'ami de Yann, s'il savait allumer un shilom.

— Mais bien sûr, brother ! Tu me prends pour qui ? Un clampin qu'est jamais sorti de son bled ?
Je lui fis donc éclater le shilom, et, magnanime devant sa mythomanie, j'expliquais la technique d'allumage de l'appareil à fumer. Frondeur, il aspira une grosse bouffée qu'il garda quelques secondes dans sa gorge avant de recracher la fumée blanche et grasse autour de lui. Sous l'effet de la claque et de la surprise, il faillit tomber de son tabouret.

— Ça va ? demandai-je, en me reprochant d'avoir peut-être un peu forcé la dose.
Mais déjà son acolyte tirait une latte qu'il voulut aussi grosse que celle de son ami. Au rictus de sa bouche et au plissement marqué et long de trois bonnes secondes de ses yeux, je pouvais imaginer l'effet du « c'est moi qui l'a fait » sur lui.
« Voilà ce qui arrive quand on veut faire les marioles ! »
Ce fut au tour de Vanessa, à qui je conseillais d'aspirer une petite taffe afin de se faire au goût et de mesurer l'effet avant d'en prendre une seconde.

— T'inquiète, je te dis que le shit ne me fait rien du tout.
Elle se mettait aussi à fanfaronner. Il fallait croire que c'était un virus qui se répandait sans distinction de quotient intellectuel.
« Vas-y, chérie, ne m'écoute pas… Fume à ta guise. »
La sœur de Yann prit à son tour une drôle de claque et se retrouva scotchée, les yeux rouge sang, sur son rocking-chair en osier. Je tirai enfin ma latte bien méritée et savourai la puissance et la saveur de mon charasse.
« Quel dommage de leur avoir fait goûter pareil matos. »
Je regrettais mon geste. Aucun de mes trois invités n'était en mesure de savourer le cannabis qui tournait. Je passai à nouveau le shilom au blaireau numéro un qui, pour ne pas être ridicule, se força à tirer dessus une seconde fois, mais de manière plus raisonnable. Son voisin l'imita, puis Vanessa aspira une belle bouffée qui me fit penser qu'elle appréciait peut être le fruit de mon travail. Je terminai le shilom et commençai à le nettoyer. J'ôtai la pierre que je récurai avec un mouchoir en papier, ce qui ne facilita pas l'opération, puis je retirai un des lacets de ma Doc Martens droite afin d'astiquer l'intérieur du shilom pour lui rendre un aspect décent. Sans cette fastidieuse mais nécessaire opération, le shilom aurait commencé à avoir une odeur désagréable au bout de quelques jours d'utilisation et j'aurais été obligé de le mettre dans les braises d'un feu pour lui rendre sa propreté virginale.
En d'autres temps, quelques minutes avant d'avoir tiré sur le shilom, blaireau numéro un et blaireau numéro deux se seraient moqués de me voir aussi attentionné. Là, les deux pseudo-racailles ne parlaient plus. On aurait pu entendre le THC passer dans leurs poumons, se mélanger à leur sang puis se diriger vers leur cerveau pour activer la dopamine, cette substance magique sans laquelle la vie serait triste, vide de sens, frigide. Elle les avait calmés pour un bon moment.
Vanessa tenta de son côté de prendre son sachet plastique, sans un mot là non plus, et de dessiner avec sa carte bleue huit rangées de coke ; elle s'arrêta à la troisième.
Moi j'étais bien. Le shit était excellent, son effet à la hauteur de l'herbe de mes deux cousins. Je fus sorti de mes pensées par blaireau numéro un qui avait une soudaine envie de glace.

— Tu sais où j'peux trouver un chanmé glacier, dans ce bled ?

— Le Cornet d'Amour, répondit lentement Vanessa en insistant sur chaque syllabe comme si elle parlait à un enfant.

— C'est où ?

— À deux pas de la jetée du Moulleau. Tu sors de la villa, tu prends à droite, à la première intersection tu vas à gauche, tu descends sur la zone piétonne et une cinquantaine de mètres avant d'arriver à la jetée, tu tomberas dessus.

J'avais devancé la sœur de Yann pour expliquer où ils trouveraient leur bonheur. Je ne la sentais pas capable d'enchaîner deux phrases à la suite.

« Le shit, ça ne te fait toujours rien ? », ricanai-je intérieurement sans aucune pitié.

— Cimer, les jeunes. On vous ramène quelque chose ?

— Non, c'est bon, merci, murmura Vanessa, encore sous l'effet du « c'est moi qui l'a fait ».

— Rien pour moi non plus, confirmai-je, trop heureux de me retrouver seul avec la sœur de Yann dans sa chambre.

J'allais déchanter. Les deux gugusses n'étaient pas partis depuis deux secondes, et la porte refermée, que je retrouvais Vanessa allongée sur son lit, la tête bien collée contre un oreiller douillet, le souffle régulier annonçant de beaux rêves et un léger filet de bave qui commençait à lui couler de la bouche le long de la joue. C'était un tue-l'amour de trop. Je sortis de la chambre, déçu mais consolé, je dois le confesser, d'avoir tapé les trois lignes de coke préparées par l'adolescente.

« Quitte à ce que la soirée soit ratée, autant s'éclater ! »

Et si la nuit fut blanche, euphorique, dansante et extatique, le matin fut à mourir de rire. Le père de Yann débarqua en effet à sept heures, les cheveux mal coiffés, un tee-shirt mis à l'envers, les yeux entre la colère obligatoire et le fou rire au bord des lèvres.

Yann et deux de ses amis finissaient leur petit déjeuner avant d'aller surfer. Mes cousins et moi nous préparions pour aller chercher Jo chez Coralie avant de rejoindre Bordeaux.

— Yann, dis moi, Pierre et Patrice étaient avec toi hier soir ? commença-t-il sur un ton soupçonneux.

— Oui, reconnut mon ami, jusqu'à minuit, après ils ont disparu sans nous dire un mot. Pourquoi ?

— Parce que la maréchaussée vient de m'appeler. Ils ont retrouvé tes deux amis endormis avec leur voiture garée sur une place qui n'en fut jamais une, devant le Cornet d'Amour, et ne savent pas expliquer comment ils ont atterri là ! Tu n'aurais pas une idée à me suggérer ?

— Aucune.

Le père de Yann nous regarda tour à tour. Son fou rire put éclater.

— Ces deux idiots sont au commissariat d'Arcachon en salle de dégrisement et ils ont expliqué à l'inspecteur que quelqu'un avait dû mettre une drogue soporifique dans leur glace pour qu'ils s'endorment ainsi.

Je vous laisse imaginer ma joie intérieure devant le ridicule de la situation. J'étais peu charitable, mais ces deux-là avaient bien cherché leur malchance.

Sur ce dernier fou rire, nous quittâmes Yann et sa clique en jurant de revenir bientôt apprendre à surfer.

« Une promesse n'engage que celui qui y croit », pensais-je lâchement.

Je me doutais que je ne reverrais pas nos potes surfeurs avant très longtemps.

— *Keep it cool* ! nous avait lancé Yann en nous voyant nous éloigner.

— T'inquiète, mon pote. On est cool, on reste cool !

TROISIÈME PARTIE

1

Ce fut alors que reprit notre grande expédition à travers le sud de la France. De nouveau sans toit, sans moyen de locomotion autre que notre pouce levé, sans avoir de comptes à rendre à personne, nous retrouvions la liberté de Jonathan Livingstone.
Ce livre est un des premiers qu'on m'ait offerts et je garde une marque indélébile de la quête d'absolu et de la volonté de réaliser les rêves d'un goéland. Plus grand que le géant albatros du mélancolique Charles, plus sombre que l'aigle noir de la ténébreuse Barbara, plus espiègle que le pic-vert Woody Woodpecker, l'oiseau au bec étrange et à la démarche gauche a été sublimé par Richard Bach en représentant de la lutte des individus pour s'émanciper de leur sort scellé et collectif.
Jo et moi marchions à présent dans ses pas, fiers de notre liberté rare, avides de parcourir de nouveaux paysages et impatients de poursuivre notre folle équipée. Nous étions des jeunes voyageurs solitaires prêts à tout pour « vivre ».
J'avouai mes pensées à mon ami, mais il n'avait pas lu ce livre et était moins intéressé par mes envolées existentielles que par le poids de son sac. Johan n'aimait pas lire. Les romans avaient un extraordinaire pouvoir soporifique sur lui. Il ne voyait pas l'intérêt de ce petit objet subversif, bien trop fastidieux à manipuler en comparaison du magnétoscope qui racontait des histoires sans effort pour les téléspectateurs.
Le point de vue de mon ami était terrifiant pour l'avenir du livre. Il signait son arrêt de mort, bien aidé en cela par un programme scolaire ambitionnant de donner le goût de la lecture à travers les atermoiements pathétiques et désuets de Madame Bovary, les

transpirations incessantes de Pagnol ou les longueurs interminables des descriptions de Proust.
Ces auteurs d'un temps pas si lointain, certainement admirables si l'on écoute les érudits littéraires devenus enseignants du secondaire, faisaient plus pour tuer l'amour de la lecture que n'importe quel blogbuster américain. Il nous aurait fallu Céline, Burroughs, Harrison, Nabokov – un peu de décadence, par pitié ! – pour soulever les cœurs, initier le débat, susciter la polémique autant que les controverses dans nos pauvres cours de français. Mais l'Éducation nationale avait horreur de la subversion, tout occupée qu'elle était à faire de nous de bons moutons obéissants, de dociles automates prêts à se satisfaire de leurs existences absurdes.
Johan et moi étions à nouveau sur la route, fuyant l'ordre établi de notre système scolaire et celui de la société, avec l'impression d'être des aventuriers courageux et téméraires. Nous en étions bien loin, avec la certitude de rentrer chez nos parents le jour où nous serions fatigués de dormir à la belle étoile et de marcher sur les chemins de traverse, mais nous étions heureux de le croire.
« Et qui sait… peut-être que, à force d'y croire, nous ne rentrerons jamais… »
Souvent je me prenais à rêver de ce choix définitif. Larguer les amarres pour toujours, embarquer sur le premier cargo à quitter le port pour rejoindre les États-Unis, et, de là, gagner le Canada et ses vertes immensités naturelles, encore vierges de toute humanité. Et si Johan préférait, nous continuerions notre route vers l'Espagne, direction le Moyen Atlas et la vallée de Ketama, dans le rif marocain, où des champs de cannabis s'étendaient à perte de vue. Nous y deviendrions des cultivateurs attentionnés, futurs producteurs du meilleur haschisch de la région.
Enfin, je dis nous, mais pour Jo les choses se compliquaient sérieusement à Nice. Furieux de sa décision de rester à mes côtés et des reports successifs de son retour chez lui, ses adorables géniteurs avaient déménagé à Nantes en laissant à mon ami comme seul souvenir son scooter à ramener à plus de mille kilomètres de là.
« Une belle leçon à méditer. »
La nouvelle n'avait pas ému plus que cela Johan. Il avait accepté la punition avec philosophie, s'imaginant déjà parcourir la moitié du pays à moins de cinquante kilomètres à l'heure en passant par le plateau du Larzac en Ardèche pour y vérifier que les résistants français au capitalisme y vivaient toujours.

— Avec un peu de bol, j'y trouverai un taf et je n'aurai pas besoin d'aller jusqu'à Nantes, m'avait-il lancé sans plaisanter.
J'acquiesçai en silence, inspiré par son idée. J'étais prêt à le suivre sans la moindre hésitation. Nous étions frères de cœur, un statut bien supérieur à celui de frères de sang. Nos familles n'y pourraient rien, nous étions à présent liés par des sentiments au-delà du descriptible. Ce ne serait pas encore les États-Unis, ni le Maroc, mais plutôt le sud de la France. Le lieu importait peu, nous allions écrire les pages d'une histoire qui deviendrait éternelle.
Je nous imaginais déjà à deux sur son Booster, pauvre petit engin destiné à polluer les centres-villes et à emballer les filles à la sortie des lycées, empruntant des départementales improbables sur notre destrier métallique et pétaradant. Nous avions déjà le plus beau des trésors à déterrer, la liberté, et une quête formidable à entamer pour nous émanciper des règles régissant un monde insipide et flétri.
Nous étions ambitieux, mais qui ne tente rien n'a rien, m'avait confié Fanny, et j'avais adopté ce sage dicton comme une devise à suivre dans le déroulement futur de ma vie. Johan n'en avait pas besoin, lui. Il était spontané comme personne et son intuition en faisait un guerrier autonome impossible à déstabiliser.
Tout autre jeune homme de son âge se serait affolé à l'idée de ce long périple. Lui n'en paraissait guère affecté et, au lieu de s'excuser auprès de ses parents et de se dépêcher de rentrer au domicile familial, il m'avait proposé de poursuivre notre *road trip* et de prendre la direction de Dax.

— On va bien s'éclater là-bas, crois-moi.

Je n'avais pas été convaincu par son idée.

— Dax, tu es sûr ?

— Certain !

— Mais c'est où, ça ? Et y a quoi à faire, là-bas ?

— La fête, mon pote, une big, big fête avec de quoi se faire « mal à la canine » !

L'argument était convaincant, la route toute tracée, direction Dax et sa feria. Ses parents pourraient bien l'attendre encore quelques jours, ils n'avaient pas le choix de toute façon. À dix-sept ans on ne reçoit plus d'ordre de personne. Si la société permet qu'on puisse aller en prison ou en maison de correction, on peut bien lui dire d'aller se faire foutre. Échange de bons procédés.
Certains d'assumer nos choix, nous avions à nouveau fixé nos sacs

à dos poussiéreux, alourdis par un gentil cadeau de mes cousins. Pour ne pas nous laisser partir sans fume, Greg et JD nous avaient offert une cinquantaine de grammes de marijuana à chacun. Délicate attention, pas bien lourde, évidement, mais quelque peu dangereuse.

Les « condés » n'auraient guère apprécié découvrir nos réserves de ganja cachées maladroitement entre une serviette de bain encore salée et des paires de chaussettes trouées. Aucune explication n'aurait pu les convaincre de nous laisser repartir tranquillement s'ils avaient mis la main sur nos sachets de weed. J'imaginais le dialogue de sourds, support générateur d'un problème insoluble.

— C'est une spécialité locale. Un produit rare, reconnu jusqu'en Jamaïque !

— Je ne veux rien savoir. Vous allez nous suivre au poste pour vous expliquer.

— Mais nous sommes attendus à Dax.

— Vous nous raconterez tout cela bien au frais depuis votre cellule.

Le combat était inégal et David ne gagnait jamais contre Goliath, si ce n'est dans des contes pour enfants destinés à faire rêver le peuple.

Il fallait donc rester discrets si nous ne voulions pas nous faire remarquer par les petits hommes en bleu. Et pour cela, le stop n'était pas la manière idéale pour se déplacer. Loin de là.

Un autre danger de notre périple était d'attirer les jalousies et autres malveillances de compagnons de route, voyageurs ou chauffeurs occasionnels mal intentionnés. Et il y en avait autant que d'imbéciles sur terre, ce n'était pas peu de le dire.

Un routier basque nous avait ainsi démasqués, jouant les complices en moquant nos chevelures longues et mal coiffées.

— Alors, les fumeurs de joints, ça se passe comment, les vacances ?

— Bien, bien, avait répondu Jo sur un ton calme et posé.

L'apparente neutralité de mon ami n'avait servi à rien, car notre chauffeur de poids lourd avait décidé de se payer deux petits jeunes. Il n'y a rien à faire contre la méchanceté pure et gratuite, la petitesse d'esprit ou la médiocrité humaine. Ce sont des fléaux définitifs et la gangrène de nos sociétés.

— Moi j'aime pas le chichon, je trouve que ça rend con.

Ni moi ni Jo n'avions répondu. J'avais encore en tête la mauvaise expérience près de Mirande et je ne souhaitais en aucun cas entamer un débat à propos de la prohibition du cannabis en France.

— Il paraît qu'en plus ça rend impuissant et qu'on peut plus faire de mioches. Vous me direz que ça c'est pas plus mal car ça évitera qu'on voie tous ces foutus babas cool pulluler un peu partout sur la route.

— Nous on fume pas, monsieur, répondit Jo d'une voix monocorde, et c'est pas parce qu'on a les cheveux longs qu'on fume forcément.

— Ah ouais ? avait répondu, étonné et soupçonneux, notre conducteur, eh ben c'est ce qu'on va voir.

Le salopard nous avait déposés un peu plus loin, juste à côté de deux voitures des douanes volantes dont les passagers assermentés nous virent descendre du camion et affichèrent un étrange sourire, mélange de vice et de sadisme cachés mais n'attendant qu'une bonne occasion pour se libérer.

Histoire de nous enfoncer un peu plus, le fourbe conducteur du dix-tonnes avait longuement klaxonné en s'éloignant de nous, attirant un peu plus l'attention des douaniers sur nos pauvres petites personnes.

Nous ne faisions guère les malins avec nos cents grammes de skunk bordelaise sur le dos, mais une bonne étoile nous protégeait toujours et, tout en gardant notre dignité et nos yeux explosés derrière de grandes lunettes de soleil, nous allâmes tendre le pouce un peu plus loin en quémandant la solidarité d'un conducteur anonyme. Celui-ci prit la forme d'un jeune couple d'étudiants à bord d'une Clio rouge vif.

« Sauvés ! »

Nous abandonnâmes les douaniers à leur triste besogne et Mathieu et Julie nous firent oublier notre précédent chauffeur. Par chance, ils descendaient passer leurs vacances dans les environs de Biarritz et avaient accepté de faire un petit détour par Dax afin de nous y déposer.

Un semblant de sérénité pouvait accompagner la fin de notre périple. Dehors, le soleil tapait fort sur les forêts de pins qui s'étendaient à perte de vue. Un léger vent marin venait fouetter les solides branches de ces arbres protecteurs. Leur succession des deux côtés de la route semblait nous ouvrir une voie royale vers une destinée évidente, mais encore inconnue.

Nous enfilions les kilomètres et les rencontres. Certaines étaient plus réjouissantes que d'autres, comme dans le quotidien de chacun. Nos existences ressemblaient à un 33-tours s'enroulant en continu sur une platine dont le diamant de la tête de lecture lisait en 45-tours. La mélodie en était modifiée mais à bien l'écouter l'harmonie n'avait pas totalement disparu du vinyle qui tournait sans arrêt. Comme dans la vie.

Le bitume français était un formidable révélateur de l'état de la société de 1995. Nous ne nous rendions pas compte alors du délitement total de notre monde à l'approche d'un siècle et d'un millénaire nouveaux. Nous écrivions l'histoire de nos vies, perdus dans la foule qui s'entrecroisait sur les routes de France, à la recherche d'un travail, d'un amour, d'un ami, d'un but dans la vie. Nous devenions l'avant-garde de notre génération, avec le secret espoir de percevoir les choses différemment.

2

Les bords de l'Adour nous accueillirent avec générosité. Les fêtes de Dax avaient commencé le matin même de notre arrivée et notre entrée dans la ville se fit au son des bandas dans une euphorie collective assez impressionnante. Des embouteillages monstres nous avaient mis au pas. Ils prenaient leurs racines dans le centre-ville, rendu aux piétons pour l'occasion, et s'étendaient jusque loin dans les périphéries industrielles et campagnardes de la petite ville landaise. Les populations excitées par la chaleur de l'été et la fête naissante réinvestissaient les places abandonnées le reste de l'année aux petits vieux et aux déjections des pigeons.

Tous les vingt ou trente mètres, notre avancée dans la feria était ralentie par des groupes de jeunes habillés en blanc de la tête aux pieds et portant un foulard rouge autour du cou. La plupart étaient coiffés d'un béret noir sur la tête et chantaient et dansaient en trinquant avec leurs verres de sangria.

— Bienvenue, nous lançaient les plus hospitaliers.

— À votre santé, les mieux attentionnés.

— Bordelais avec nous ! hurlaient les plus observateurs et les plus sobres encore capables de déchiffrer notre plaque d'immatriculation. Nous les regardions, circonspects, gênés d'avoir entraîné nos bienveillants chauffeurs dans un piège automobile inextricable, mais excités de voir notre arrivée célébrée ainsi.

— C'est un bon présage, avait murmuré Johan avant que Mathieu et Julie ne nous laissent à proximité du camping sauvage qui s'était établi le long de l'Adour.

Les deux amants étudiants nous abandonnaient pour retrouver

leur intimité, et s'en aller flirter sur les bords de l'Atlantique, non sans nous avoir fait une favorable présentation des fêtes landaises.

— Pendant six jours, tout est permis, toutes les folies sont autorisées. Vous allez vous éclater, vous verrez, avait promis Julie avant de nous conseiller de ne pas trop abuser, car les cerveaux et les estomacs n'étaient pas les seuls à être saturés pendant six jours. Il y avait aussi les Urgences de la ville.

La compagne de Mathieu pouvait compter sur nous. Nous promîmes d'être sages comme des images, sans préciser que nous pensions pour notre part à des images particulières, mises en mouvement par des dessinateurs japonais de génie. Je m'imaginais Tetsuo, fragile et terrifiant héros animé de *Akira*, le chef-d'œuvre de Katsuhiro Otomo. Johan était mon ange gardien, Keneda, prêt à tout pour m'épauler dans la difficile tâche que je m'étais fixée. À nous deux, nous allions pacifier le monde, armés de nos feuilles Rizla+ et de nos cartons ; et pour commencer notre œuvre, nous allions nous attaquer à Dax.

Louable et excitante ambition, il faudrait éviter de devenir les Don Quichotte et Sancho Pança locaux, incapables de mener à bien leur mission, mais persuadés d'être sur le bon chemin. Avant de lancer notre évangélisation fumeuse, il fallait poser nos sacs à dos dans cette gentille petite cité française où l'ambiance était électrique et survoltée.

Devant nous, des milliers de tentes s'étendaient à perte de vue sur les deux rives de l'Adour, renvoyant le camping de Mirande à un jardin d'enfants et celui du teknival à une cour d'école en désordre. Les places restantes pour élever nos maisonnettes de toile étaient chères et nous ne trouvâmes un lieu décent pour planter les piquets de nos deux maisons d'infortune que sur la rive faisant face à la fête et au centre-ville.

À côté de nous, de jeunes rugbymen s'enquillaient des verres de rosé à une vitesse prodigieuse, aidés en cela par un jeu dont j'ignorais les règles de base, mais que je pensais apprendre très vite tant ses résultats paraissaient probants. Les joues de ces impressionnants sportifs du dimanche rougies par l'ivresse, leurs fronts dégoulinant de sueur de vinasse bon marché, leurs regards abrutis par un taux d'alcoolémie permettant au mieux de rentrer à pied chez soi, auraient été inquiétants dans un autre lieu ou à une autre époque. Ici, ils n'étaient que coutume et tradition, passage obligé de la vie

de chacun, épreuve initiatique des gens du cru, chose rassurante d'une certaine manière, à un détail près pour les campeurs comme Jo et moi.
« Pourvu qu'ils ne se trompent pas de tente demain matin en rentrant. »
Pensée égoïste, certes, mais pragmatique, car j'imaginais mal mes bras de coq expliquer à ces petits taureaux sur pattes, certains de leur bon droit en pénétrant dans ma tente, que je ne partagerai pas mon lit ni leurs ronflements, ni cette nuit ni les prochaines.
« Entendront-ils seulement mes objections avec deux grammes et demi dans le sang ? »
Johan secoua la tête, lisant dans mes pensées et répondant par avance à notre future impuissance face à des montagnes de muscles raides mortes ne sachant plus reconnaître leur vulgaire tipi du nôtre, coloré et parfumé à l'herbe hollandaise. Il eut cependant une idée de génie en se servant de nos bénarès comme d'un cadenas, avertisseur pouvant indiquer à n'importe quel malotrus que nos tentes étaient occupées.

— Aucune personne bourrée ne pourra défaire les nœuds que je viens de réaliser, m'expliqua-t-il, tout fier de sa trouvaille.

— Tu es un génie, mon Jo.

Un peu plus loin de nos classieux rugbymen, quelques zonards et leurs chiens s'agitaient sur le punk des Ludwig Von 88. Leurs longues crêtes colorées, dressées vers le ciel tels des étendards de flibustiers, faisaient penser aux coiffures d'Iroquois va-t-en-guerre, alors que leurs guenilles rappelaient leur statut social : au plus bas de l'échelle, dans le caniveau, là où les chiens bien élevés se soulagent, ou pas loin.
L'organisation anarchique de leur campement imposait une frontière invisible entre eux et le reste du monde. Les cadavres de bouteilles de bière jonchaient le sol comme le corps des premiers fantassins à mourir au front, la gueule ouverte, le filet de bave s'écrasant piteusement par terre. Des chiens, tous plus frêles les uns que les autres, petits bâtards récupérés au fil de périples improbables, derniers confidents de destins cabossés, s'amusaient à courir dans tous les sens comme pour marquer l'absurdité de l'existence de leurs maîtres.
Allongé à même le sol, cuvant une matinée déjà trop arrosée, un Diogène des temps modernes s'adressait au soleil, lui reprochant

ses caresses vigoureuses en l'absence d'ombre protectrice. À côté de lui, une punkette faisait sécher son linge : jeans troués, chaussettes noircies par les longues marches estivales et la boue des saisons précédentes, sous-vêtements kaki de combat, tee-shirts bariolés, une véritable garde robe de Cosette voyageuse. Magnanime, elle s'occupait également des dessous masculins d'un amant absent, étendant les guêtres intimes de son chéri sur une ficelle chétive tendue pour l'occasion entre deux tentes vieillies et usées par les quatre vents de la vie.
Observer cette walkyrie occidentale, féministe d'ultragauche qui s'ignorait, avant-garde radicale des amis du peuple, s'afficher dans des tâches ménagères dévoilant la vulgarité et la nécessité du quotidien, m'émut.
« Ma sœur, pourrons-nous un jour nous libérer de nos chaînes ? »
Où étaient ses compagnons de route, ses associés d'infortune, le reste de sa bande ? Ils erraient dans les rues dacquoises, quémandant quelques piécettes pour poursuivre leur quête d'ivrognes patentés et fiers de l'être, pour assouvir une soif de liberté impossible à satisfaire, pour illuminer leurs pensées de philosophes libertaires incompris.
Tout autour d'eux, respectant la frontière invisible tracée par une poussière d'étoiles dont ils étaient les seuls propriétaires, des tentes, bleues, vertes, blanches, orange, accueillaient des touristes étrangers, des étudiants bordelais, des jeunes locaux ne voulant pas rentrer chez leurs parents avouer leurs aspirations dionysiaques, de fins amateurs de corrida, des joueurs de bandas expatriés à la recherche d'un groupe à intégrer, des retraités amateurs d'alcool, des retraités amateurs de ferias, des retraités conciliants, amateurs d'alcool et de ferias.
Une étrange faune bigarrée avait élu domicile sur les bords d'un fleuve paisible, qui, une fois l'an, voyait la douce ville de Dax devenir, pendant six longs jours et six belles nuits, de sublimes Sodome et Gomorrhe habillées tout de blanc et de rouge.
Nous venions y ajouter notre culture cannabique, notre soif d'absolu, nos rêves de fêtes éternelles, nos deux petits corps racés mais résistants. Maigre renfort pour la fête orgiaque qui débutait et allait nous engloutir.
C'est en terminant de monter ma hutte de sioux pacifique, de chaman occidental débutant, d'hédoniste docteur ès haschisch,

que j'entendis un drôle de cri de ralliement qui confirma les espoirs festifs de Jo. Je mis plusieurs secondes avant de bien comprendre ce mot repris de tente en tente, d'âme solitaire en âme solitaire, des deux côtés du fleuve, dans un chœur étrangement harmonieux :

— Apéééééroooooooo !

Je me relevai pour voir si je ne rêvais pas et si je n'étais pas déjà, à mon jeune âge, victime d'une terrible hallucination auditive. Il n'en était rien. Johan me regarda, éberlué lui aussi.

— Je crois que tes amis de Mirande ont trouvé leur maître ici, lui lançai-je, moitié ironique moitié sérieux.

— Déconne pas, j'ai jamais vu une chose pareille. On est dans une région de dingues.

Moi non plus je n'avais jamais entendu un tel cri de ralliement lancé à l'unisson par des milliers de personnes prêtes à festoyer. De tous horizons, de toutes cultures, de toutes origines, de toutes professions, les « festayres » de Dax annonçaient la couleur : l'alcool allait couler à flots et sans interruption pendant six jours. Les travaux pratiques débutaient *hic et nunc*.

Mettant en application le mot d'ordre repris de tente en tente, les campeurs de l'Adour s'installaient devant leur campement et partageaient le verre de l'amitié avec des voisins inconnus quelques minutes encore auparavant.

On nous offrit du pastis, du rhum, du kalimuncho, de la bière, du rosé limé, et j'en oublie certainement beaucoup, tant, cette nuit-là, les goûts se mélangèrent dans mon gosier, tant ma gorge ne refusa aucune invitation à se saouler, tant mon foie accepta de subir les assauts incessants de poisons liquides multicolores, pétillants ou non.

Ce premier jour de feria, nous ne réussîmes pas à quitter le camping sauvage, communiant avec des dizaines, des centaines, peut-être, d'inconnus devenant des compagnons d'ivresse éphémères mais éternels. Ils prenaient des formes corporelles diverses et variées, hommes ou femmes, les deux en même temps parfois, jeunes et vieux aussi, punks et réactionnaires, dont je n'ai plus le moindre souvenir, si ce n'est celui de leurs coudes qui se lèvent pour trinquer à l'amitié d'un jour, à l'oubli des ennuis du quotidien, à l'Armaggedon d'un soir où ils ne rentreraient pas traîner leur misère existentielle, leurs déceptions professionnelles ou sentimentales, à la joie de se lâcher enfin, d'être eux, celui que les autres ne connaissent pas, celui qu'ils

se refusent d'être quand la normalité reprend ses droits, quand la vie et les ennuis les rattrapent, implacables.
De temps en temps, de verre en verre, je regardais Johan pour m'assurer que je ne rêvais pas. Son sourire naïf aux lèvres, celui de l'enfant qu'il était resté, maintenu par l'alcool qui coulait à volonté, me confirmait l'incroyable vérité : Dax était le royaume de l'ivresse alcoolisée.

— À la tienne, ma gorge, encore une averse.

Johan adoptait ma maxime à l'instar de tout un peuple nocturne, qui se tenait par les coudes et par les épaules quand un bandas téméraire et courageux venait enflammer la rive nord de l'Adour, celle-là même où nous avions posé nos Doc Martens.
Nous découvrîmes ainsi les mélodies populaires du *Vino Griego*, l'hymne des festayres dacquois, tube landais incontournable qu'un vieux Basque bayonnais nous affirma être la propriété de sa commune et de son club de rugby. Je lui objectai que l'un de nos comparses avinés, qui ne dormirait assurément pas dans nos tentes puisque étendu déjà face contre terre, somnolant délicieusement dans son vomi, venait de nous garantir l'origine dacquoise de cette chanson. Cette explication erronée, selon le vieux Bayonnais, initia un débat insoluble et enflammé qui s'empara du camping et qui opposa les pro-dacquois (de culture landaise) et les pro-bayonnais (de culture basque).
D'où venait donc cette belle chanson festive ? Si la question méritait d'être posée, la réponse restait difficile à trouver. Du coup, l'ambiance survoltée se transforma en décharge électrique.
Je n'ai jamais été très porté sur les origines des gens et encore moins sur celles des chansons, par manque de temps, peut-être, mais plus sûrement par manque d'intérêt. Je trouve que les discours autour des origines servent plus les divisions entre les personnes et construisent de terrifiants tremplins vers le racisme qui sommeille en chacun de nous. La discussion autour du *Vino Griego* confirma mes craintes. Deux personnes en vinrent aux mains à cause de leur incapacité à s'entendre sur l'origine du chant.
Je m'éloignai rapidement de cette malheureuse tentative d'échange de claques entre deux victimes collatérales d'une alcoolémie avancée. Le combat entre les deux poids plume fut, par chance, modéré par un état d'ébriété ne leur permettant pas de viser quoi ou qui que ce soit. Le pugilat se termina au sol, piteusement, entre griffures désespérées et injures de chiffonniers.

Pour ma part, je décidai de croire à une version internationaliste des ascendances du *Vino Griego* venue tout droit du Portugal, puis passée par l'Allemagne avant d'atterrir et de se voir disputée entre terres landaises et basques. La vérité n'était pas loin et elle importait peu.
Dehors, insensible aux querelles de chapelles et de clochers, la fête battait son plein en intégrant de fait toute la population environnante. Chaque habitant, boulanger, artisan, coiffeur, chômeur, étudiant, boucher, policier, abandonnait ses vêtements et uniformes habituels pour revêtir les habits du fêtard invétéré. Dansant les uns avec les autres au son des bandas locaux, s'enivrant jusqu'à plus soif dans les bodegas aux couleurs de la ville, les Dacquois proposaient une « festoyade » des plus convaincantes, à tel point que le premier jour et la première nuit succédant à notre arrivée je n'eus pas l'idée ni l'envie de m'asseoir rouler un joint.
Nous découvrions un nouveau monde, une nouvelle société, celui ou celle des ferias, et il nous fallut bien vingt-quatre heures avant de comprendre que nous avions mis les pieds dans une zone de fête et de beuverie aux codes et aux règles non dites mais importantes à respecter.
Ce n'était pas notre style, malheureusement.

3

Le lendemain mon réveil fut chaotique. Mes paupières, collées par une nuit bien trop courte pour être réparatrice, essayaient de limiter l'intrusion de la lumière du jour jusque dans mon cervelet. Ce dernier semblait vouloir exploser à chaque battement de cœur, comme si l'afflux de sang était stoppé dans mes artères par un bouchon diabolique. Des aigreurs d'estomac rivalisaient avec un état nauséeux pour me rappeler que l'abus d'alcool, en tout cas celui de trop grands mélanges de liquides euphorisants, sans avaler la moindre miette de nourriture, n'était conseillé par aucun spécialiste de santé publique sauf, bien sûr, par Johan, dont les théories vaseuses ne cessaient de me surprendre.

— La consommation de pastis permet de boire et de manger en même temps, m'avait-il expliqué en me montrant son verre jaune opaque dans lequel un minimum d'eau avait été versé.

Ce n'était plus du 51 qu'il avalait en souriant, l'œil encore vif pour quelques minutes tout au plus, mais du 102, ou plus sûrement du 153. Je n'étais vraiment pas convaincu par son argumentation.

— Mouais. Rien ne vaut pour moi un bon jambon-beurre…

Jo ne m'écoutait pas. Il regarda encore moins la grimace qui me traversa le visage quand il me tendit un verre de pastis surdosé. Sûr de lui, il avait entamé une longue litanie comparant la boisson anisée à une sorte de plâtre capable de lui tenir l'estomac toute la nuit.

À l'entendre, on pouvait passer des semaines en se nourrissant uniquement de Ricard ou d'anisette. Un publicitaire n'aurait pas dit mieux pour louer les vertus de sa marque d'alcool. Il n'aurait même peut-être pas osé aller si loin dans les louanges et la mauvaise foi. Jo n'avait pas ces limites.

Je n'avais pas voulu lui faire de peine en le contredisant. J'étais bien trop saoul et il restait mon ami, mon partenaire de beuverie, de voyage et de fumerie, probablement un peu mon père et ma mère à la fois.

De jour en jour, nos pensées et nos aspirations fusionnaient en un accord tacite spontané et évident. Je sentais ses moments d'absence où son regard portait dans le vague, une sorte de flou lointain dont j'étais le seul à connaître la localisation. Je savais me laisser glisser vers l'horizon que son imagination dessinait pour nous deux. Invisible mais palpable comme l'électricité d'une tempête océanique qui s'annonce. J'étais son négatif, son alter ego fraternel, l'unique personne à connaître les tourments de son âme. Il devenait mon âme sœur, tout simplement.

C'est lui qui avait souvent les meilleures idées, comme celles d'aller nous perdre à Mirande ou à Dax. Et j'oubliais vite les inspirations moins éclairées de mon ami, comme cette histoire de bénarès censée empêcher toute intrusion fallacieuse dans l'intérieur sacré de nos tentes, dont le seul rôle fut de nous en interdire l'entrée au moment opportun, celui où il était temps de pioncer après une nuit bien remplie. Fausse joie.

Les nœuds entre les deux étoffes avaient été si bien faits que nous mîmes plus d'une heure à tenter de les défaire, avant d'abandonner, épuisés, nos velléités de dormir sous un toit de toile.

Pour nous, cette nuit-là, le plafond de la chambre serait d'airain et d'étoiles, la lampe de chevet prendrait la forme d'un croissant de lune bienveillant, le réveil serait le lever du soleil et notre sommeil bien trop court.

Couché vers quatre heures et demie, je maudissais Johan en silence quand l'aube décida de poindre son nez au-dessus de la ligne d'horizon découpée par quelques immeubles dacquois mal agencés. Désespérance du fêtard en mal de sommeil, je tentais encore de motiver mes troupes pour aller au front. Il ne restait que Johan, le dernier ami et l'unique.

— Putain, Jo, faut qu'on ouvre la tente. Je veux roupiller.

Je n'obtins qu'un gémissement poli pour toute réponse.

— T'es relou, Johan, c'est toi qu'as fait ces nœuds de merde hier soir. Tu étais sûr de toi, branquignol, quand tu m'as expliqué que tu les déferais en deux temps trois mouvements, hein ? Jo, réveille-toi, blaireau ! T'es vraiment un putain de bras cassé. Jooo ?

— On peut pas être et avoir été.

La réplique sortit de nulle part. Quelle partie du cortex ou quel raisonnement absurde pouvait avoir engendré une sentence aussi déplacée et définitive dans la bouche de mon ami ? Sans réponse, je m'énervais encore plus contre ce foutu morceau de tissu qui me séparait de mon duvet, de mon oreiller, de mon repos bien mérité.

— Jo, j'ai besoin de toi, réveille-toi, crevard. Faut qu'on ouvre cette fermeture Éclair.

— Enfin souvent quand on a été, on n'est plus.

Dialogue surréaliste de huit heures du matin, entre deux poivrots en mal de rédemption somatique, impossible à conclure malgré toute la bonne volonté des deux participants.

— Quoi ? Mais qu'est-ce que tu racontes encore ? Tu disjonctes total, mon pote !

— Et moi, je ne suis plus là.

Sisyphe avait raison de moi. J'abandonnai la partie sur l'absurdité de ces mots. J'ôtai mon tee-shirt et le posai sur mon visage pour croire encore à la nuit profonde, mère de tous les repos salvateurs. La technique m'accorda une heure de sommeil en plus.

Le réveil ne vint pas d'où je croyais. Ce n'est ni la chaleur et les rayons du soleil, ni la faim me tenaillant le ventre, encore moins l'envie de me vider la vessie ou les intestins qui interrompirent mon sommeil agité, mais bien un cri et un chœur humains.

— Apéééééroooooooooo !

Mirage auditif, réalité onirique, je cherchais d'abord à chasser la clameur étonnante de mes rêves. Impossible pourtant de retrouver la trace de ce mot sordide jeté au creux de mes tympans, et pour cause, le murmure se faisant hurlement sortait des tripes de campeurs bien vivants. Ni zombies, ni cauchemar éveillé, ils demandaient à boire encore, et des compagnons de beuverie en plus.

Comme un automate, Jo se leva et attrapa la canette de Kronenbourg qu'un inconnu lui tendait. Je l'imitais, désespéré par mon impuissance, mais convaincu par la marche à suivre pour sortir du labyrinthe machiavélique et inextricable dans lequel nous nous étions fourvoyés.

« Quitte à ne pas dormir, autant faire la fête. »

Pour être honnête, nous présumions un peu de nos forces. Les gorgées se faisaient plus difficiles, le lever du coude moins souple, la conversation moins aisée. Il fallait bouger, sinon nous allions nous enterrer dans une journée maussade et déprimante. Gueule de bois assurée.

— Allez, Jo, viens, on bouge en ville voir ce qui se passe.

— En ville, maintenant ?

— Bouge, j'te dis, on va visiter un peu Dax.

Mon idée, excellente sur le papier, s'avéra en réalité désastreuse. Non pas que la ville ne vaille le coup d'être visitée, loin s'en faut, mais la chaleur caniculaire et l'agitation des personnes n'ayant pas passé la même nuit que nous, et étant décidées à nous le faire remarquer, étaient difficiles à supporter.

Notre piteuse découverte de Dax se limita à une recherche perpétuelle d'ombre, afin de reposer nos corps courbatus et de tenter de dormir quelques minutes au frais. Peine perdue. Nous n'avions pas fermé les yeux depuis une minute qu'un festayre aussi anonyme qu'indélicat venait nous chatouiller le cou, trop heureux d'avoir trouvé une victime à titiller, ou qu'un policier mal avisé ne commence à nous expliquer que nous ne pouvions pas, en pleine journée, squatter les bancs publics de cette façon.

Cela faisait pourtant longtemps que ces bancs n'étaient plus dévolus aux amoureux, Brassens le certifiait, mais, fatigués par la nuit précédente et ses excès, nous ne demandions aucune explication et allions jeter notre fatigue un peu plus loin, n'importe où, en fait, où le soleil écrasant n'arrivait pas à faire passer ses rayons agressifs. La tâche était ardue car le démoniaque être solaire semblait vouloir se jouer de nous et de notre quête de tranquillité. Nous restions confinés au rang de tristes zombies perdus dans une ville pleine d'allégresse. Pour la première fois, j'eus le terrible sentiment que nous n'étions pas les bienvenus.

Vers « 12 heures du matin », quelques bières avalées et un tour en ville plus tard, nous étions de retour aux tentes, de plus en plus fatigués, mais étonnés de voir trois jeunes femmes établir leur campement provisoire en face des nôtres, encore fermées à double tour par de maudits tissus indiens. Johan, toujours prompt à initier le dialogue, leur proposa notre aide pour monter leurs tentes.

L'idée de mettre ma force de travail au service de quelques puissances étrangères, fussent-elles charmantes, ne m'enchantait pas, mais le sourire spontané de nos nouvelles voisines me fit changer d'avis. Je me mis donc à aider une grande et svelte étudiante paloise, répondant au doux nom de Virginie. Malgré des efforts conséquents et une bonne volonté évidente, mon aide ne fut pas appréciée à sa juste valeur.

— Tu as l'air bien fatigué, se moqua l'étudiante, peu charitable vu le temps que je lui consacrais.

— Non, non, marmonnai-je, en essayant de tirer au maximum une des extrémités du tapis de sol de sa tente afin de l'accrocher au mousqueton que j'avais enfoncé avec une vigueur toute relative.

— On n'a pas beaucoup dormi, expliqua Jo, toujours prêt à me sauver la mise.

Mon ami était tout transpirant. Des gouttes de sueur perlaient sur son torse nu, musculeux, et ses cheveux longs détachés et tombant jusqu'aux reins lui donnaient un air de lutin angélique. Debout face à la plantureuse Malika et à la discrète Audrey, il paraissait un don Juan tout droit sorti des camps beatniks californiens. Je devinais déjà les deux étudiantes conquises par leur humble, mais ô combien décadent, serviteur.

« Quel “fonblar” celui-là. Incapable de rester discret quand il s'agit de nanas. »

J'admirais le côté dragueur de Johan, un talent dont je me sentais dépourvu et qu'il exerçait avec une boulimie ou un souci d'égalitarisme étonnants. Il aurait voulu séduire la terre entière. Il aurait pu tenter de conquérir le cœur de n'importe quel laideron croisé en bas de chez lui, sans critère aucun de beauté. C'était un vrai homme de gauche, souhaitant donner du plaisir à qui le désirait, sans distinction de taille, de poids, de couleur de cheveux, d'origine ou de confession.

« À votre service mesdames, Johan Ier, et pas le dernier quand il s'agit de vous border dans un plumard, de jour, de nuit, sous un toit ou bien sans. »

Son visage poupin au petit air mutin, ses pupilles brillantes, son sourire complice, sa peau blanche comme la cire immaculée d'un cierge ne demandant qu'à être enflammé, ses cheveux noirs comme une nuit sans lune et sans étoiles, ses lèvres rosées légèrement brillantes, avaient déjà conquis les deux étudiantes.

Et pour le coup, Johan n'avait pas tiré le gros lot avec ces deux filles, aucune d'elles n'étant particulièrement séduisante.

La pétillante antillaise était plutôt grassouillette, avec un décolleté proportionnel à son fessier, pour le moins généreux. Son visage poupin, mais souriant, et son nez porcin n'avaient rien d'attirant.

Ils étaient à l'image du reste de son corps : un buste boudiné par un tee-shirt violet bien trop moulant, deux bras aux muscles flasques s'agitant dans l'air au moindre déplacement, et, au-dessus du nombril, de trop nombreux et saillants bourrelets dépassant d'une traîtresse ceinture de pantalon. Heureusement, la nature n'est jamais totalement mauvaise et elle s'excusait de cette apparence ingrate, pour qui n'aimait pas les femmes enveloppées, par une vivacité d'esprit et une bonne humeur communicative qui gommaient ainsi beaucoup de ses imperfections physiques.

À choisir, cependant, beaucoup auraient préféré la beauté et la bêtise à l'intelligence et aux imperfections physiques. La vie, la scélérate, ne donne malheureusement pas le choix et la joviale Malika avait de nombreux complexes à dépasser, ce dont Johan se chargerait très vite, à mon avis.

La douce et désuète Audrey possédait pour sa part tous les attributs d'une jeune femme transparente, coincée et bien décidée à le rester. Les traits de son visage n'avaient rien d'harmonieux. Banals, ils auraient été plus agréables à regarder. Son front très grand contrastait avec une mâchoire carrée qui lui donnait un air inquiétant. Son teint livide ne rehaussait pas la couleur de ses yeux, d'un noir lugubre, ni son nez, légèrement crochu, mais la faisait ressembler à la chanteuse Barbara en pleine dépression.

Son serre-tête, d'un autre siècle, ornait une chevelure blonde et bien peignée atteignant le bas de sa nuque que laissait apparaître le col d'un chemisier dont les derniers boutons détachés semblaient être le seul aspect un peu rock'n roll de la demoiselle. Plate comme une planche à pain, et c'est peu de le dire, on imaginait déjà la souffrance de la jeune femme lors de ses premières mammographies quand la radiologue tenterait de caler sa minuscule excroissance mammaire entre les deux plaques de plastique analysant l'intérieur du sein. Horrible instrument de torture.

Pour ne rien arranger et justifier l'expression populaire « quand ça veut pas, ça veut pas », les jambes fines de l'étudiante étaient déformées par des genoux cagneux qui donnaient à sa démarche un drôle d'air de cow-boy tout droit sorti d'un album de Lucky Luke.

Avec de tels attributs corporels, il était difficile d'apparaître totalement épanouie et bien dans son corps, et Audrey ressemblait à tout sauf à une femme libérée qui s'assumait pleinement.

C'était même plutôt le contraire, son absence de mots, son regard globuleux et vide, plus proche du mérou que d'une fille de son âge, la rendaient presque inquiétante.
« Elle fout le trouillon. »
Enfin, pour tout autre homme que Johan, qui avait déjà entamé la conversation autour du choix des tentes de nos voisines.
« Il est prêt à sauter sur tout ce qui bouge et qui a une paire de seins, ou censé l'avoir. Incroyable. »
Au bout de ces quelques secondes d'observation indiscrète et probablement gênante pour qui avait eu à la subir, je m'aperçus que les bras et le corps ruisselants de mon ami avaient monté les deux tentes de Malika et d'Audrey en moins de temps que je n'avais mis pour ne pas terminer le travail qui m'avait été gentiment assigné.

— Je ne suis pas doué pour le bricolage… avouai-je.

— J'espère que tu es meilleur en roulage, alors, plaisanta Virginie.

Je remerciai en silence ma bonne étoile. Elle aurait pu m'en vouloir d'abuser ainsi, délaissant les volutes éclairées du cannabis. Elle aurait pu me laisser à terre, épuisé par une nuit trop courte, incapable de faire autre chose pour repartir que de boire de nouveau.
Elle était pourtant encore bien là, solidaire de mes excès, légers il faut bien l'avouer, pas rancunière pour un sou, et encore moins amnésique, en m'envoyant une compagne charmante, amatrice d'herbe magique.
Les traits de Virginie, sans être ceux d'une délicieuse naïade, étaient assez fins, joliment imparfaits. Ses yeux vert pomme avaient une pointe de marron qui répondait à la couleur de ses cheveux longs, légèrement ondulés. Son corps, sans être squelettique, ne laissait pas beaucoup de place à une quelconque trace de graisse. Elle était maigre, comme moi, racée donc. Ses petits seins pointaient joliment sous un tee-shirt Diesel aux couleurs fluorescentes qui tombait sur un treillis kaki, bien repassé, et des Doc Martens noires moins entretenues. Tout cela lui donnait un air de teufeuse égarée en pleine feria. Son look dénotait tout de suite de celui de ses deux copines, mais si l'amitié s'évaluait au bon goût et à l'harmonie vestimentaire, les relations humaines auraient été impossibles à nouer. Fort heureusement ce n'était pas le cas, et Virginie était le dernier larron de cet improbable trio féminin à la recherche de bons moments à vivre en plein pays landais.
Elle me plut tout de suite, malgré son âge qui la rendait inaccessible.

Elle avait le permis de conduire depuis déjà deux piges, et je n'avais même pas le permis de rouler accompagné ; elle étudiait dans de grands amphithéâtres d'université, et j'avais tout juste le bac français ; elle avait voté aux présidentielles de 95 quand je devrai attendre 2002 pour tenter de dégager Chirac de la présidence de la République.

Je n'avais pas grand-chose à mettre en avant pour la séduire, si ce n'est mon diplôme de docteur ès cannabis, mention très bien s'il vous plaît. Il me permit de répondre, sans mentir cette fois, à son questionnement sur mes capacités de rouleur de joints.

— Je me débrouille pas mal, avouai-je dans un sourire rayonnant.

— Tu as des feuilles ?

— Bien sûr.

— Tiens, ma boulette pour rouler.

Virginie m'envoya, tout en le disant, un petit toc de marocain guère appétissant. Je n'en dis rien pour ne pas vexer mon interlocutrice dont les yeux verts en amande semblaient pouvoir sonder la plus profonde de mes pensées.

« C'est quoi, ce toc pourri ? Ton shit est coupé à du plastique, ma belle, et je ne fume pas ce type de tcherno. Désolé. »

— Non, c'est bon, merci, on va fumer mon matos.

J'allais chercher ma weed, bien cachée au fond de mon sac à dos, quand je m'aperçus que Jo et moi n'avions toujours pas résolu notre problème de bénarès. Par bonheur, mon compère chevelu, inspiré par ses nouveaux talents de bâtisseur et encouragé par sa toute récente réussite, se décida à prendre les choses en main. Après de longues secondes d'incompréhension perceptible dans le regard de nos sympathiques voisines, et d'espoir dans le fond de mon cœur (allions-nous passer pour de gros losers paranoïaques incapables d'ouvrir leurs tentes ?), il réussit à défaire le coffre-fort qu'il avait construit une nuit auparavant et dont nous n'étions pas venus à bout le matin même.

Je pus alors m'enfoncer dans la chaleur moite et étouffante de ma hutte Decathlon pour récupérer quelques têtes de skunk que je pris le temps de choisir.

« Les plus grosses, les plus belles, les plus odorantes. »

Je fis ainsi mon petit effet quand je me mis à rouler un énorme trois-feuilles de ganja hollandaise, appétissante comme un grand cru bourgeois bordelais et pleine de cristaux de THC, étincelants.

Je proposais à Jo de m'imiter en lui jetant une belle testasse dans la main. Il le fit sans se faire prier.
Virginie et Malika échangèrent un regard complice qui en dit long sur leur satisfaction. La grande Paloise avoua :

— On ne joue pas dans la même catégorie, je vois.

— On a posé nos tentes au bon endroit, on dirait, ajouta la pétulante Malika.

Je ne répondis pas, baissant la tête pour me concentrer sur ma tâche avec la fausse modestie du dragueur qui ne veut pas le paraître. Le bédo enfin roulé, je le tendis à Virginie qui le refusa poliment avec un proverbe explicite sur ses antécédents de fumeuse :

— Qui roule « bamboule », qui fournit suit.

L'expression était réservée à la communauté des fumeurs chevronnés et je sus, dès lors, que nous allions passer une soirée excellente, moins arrosée que la précédente, certes, mais certainement plus enfumée.

Répondant à sa remarque, et étant le rouleur et le fournisseur à la fois, je me devais donc d'éclater le joint et d'honorer ainsi le fruit de mon travail, enfin de celui de mes cousins.

Bizarrement, en aspirant ces premières bouffées de weed, je me sentais plus léger. Serein. Je mesurais à quel point je préférais la défonce cannabique, apaisante et relaxante, à l'ivresse alcoolique, excitante, stimulante, parfois même violente. Les deux drogues sont les exactes opposées quand à leurs effets sur le corps et l'esprit, et si leurs capacités festives ne sont plus à démontrer, le hasch reste bien plus subversif que le vin ou le rhum. Une drogue pour adultes, en quelque sorte.

En voyant le nuage de fumée opaque s'envoler bien haut saluer Jonathan Livingstone, je décidai d'évoluer sans considérations personnelles. L'heure n'était pas à la méditation mais au partage et au dialogue avec nos trois nouvelles camarades de jeu. Le hasard, la bonne étoile plutôt, nous avait mis sur la même route, nous, aventuriers fumeux des temps modernes, et elles, sympathiques amazones paloises venant se détendre pour la première fois sur les bords de l'Adour.

— C'est donc notre première fois à tous les cinq, plaisanta Jo.

Le THC faisait effet et nous étions soudain d'humeur badine et rigolarde. Johan proposa à Audrey et Malika de rouler. Je fis de même avec Virginie.

« Fais tourner, sister, fais tourner. »

4

Depuis ma plus tendre enfance, j'ai une relation particulière aux chiffres. Je ne les aime pas, je les déteste, je les maudis même. Étrange sensation que j'ai encore du mal à expliquer aujourd'hui.
Tout jeune, je n'ai eu aucun problème pour apprendre à parler. Dès l'âge de dix-huit mois, je possédais un petit vocabulaire qui me permettait de me faire comprendre là où de nombreux collègues bébés gazouillaient encore comme des petits singes attardés.
J'ai adoré apprendre à lire, à décrypter les voyelles et les consonnes, percevant à travers leurs associations des possibilités infinies et espérant de merveilleuses découvertes cachées derrière les couvertures des livres des grandes personnes. En CP, ma maîtresse était toute fière d'annoncer à mes parents que j'étais en avance pour mon âge et que je deviendrais probablement un excellent élève. Doux rêve se transformant en véritable cauchemar au moment d'appréhender l'usage des chiffres.
Je n'aimais ni leurs formes, ni leurs courbes. J'étais pris d'une étonnante envie de suffoquer quand il fallait les additionner, les soustraire, les multiplier ou les diviser. Je percevais déjà la malédiction qui tourne autour de leur raison d'être.
Les chiffres m'ont toujours effrayé avec leur volonté de classer, d'ordonner, de hiérarchiser, d'évaluer les choses, les genres, les personnes. Ils me donnaient l'impression, avec une exécrable suffisance, de pouvoir tout réguler, tout maîtriser, et se permettaient, les vantards, d'être synonymes d'une rigueur et d'une justesse, lesquelles, je le sais maintenant, n'existeront jamais, mais qui à l'époque me paraissaient inaccessibles.
Je pressentais déjà, au moment d'apprendre à lire l'heure, la

perversité des nombres et leur capacité à enfumer les peuples. On leur faisait dire tout et n'importe quoi, et le plus souvent n'importe quoi. Je m'en serais bien passé si le choix m'avait été proposé, mais toutes les grandes personnes m'expliquaient qu'on ne pouvait pas vivre sans.

À juste titre.

Alors j'ai essayé de les appréhender, de les apprivoiser, de me soumettre à leur tyrannie, acceptant mes faiblesses et leur force. Rien n'y fit. Le constat restait le même.

Ces salauds de chiffres étaient les marqueurs de nos journées, de nos nuits, du temps qui passait, des existences qui finissaient. N'importe quelle description de tranches de vie en comportait une foultitude.

« Je me suis levé à six heures ; j'ai acheté deux CD ; ils ont trois enfants ; j'aimerais une console Nintendo ; à combien tu la fais, ta barrette ? Chiffres premiers, multiples de quatre, algorithmes infernaux, tables de multiplication… Nous sommes cernés. Malédiction. »

Voilà pourquoi je n'ai jamais fait confiance aux spécialistes des chiffres, les professeurs de mathématiques en tête, ces affreux tortionnaires pour qui une intégrale apparaît comme une chose évidente, et qui renvoient à leurs élèves les moins doués un sentiment de supériorité détestable et humiliant.

Je range dans la même catégorie des génies dont l'humanité se passerait bien, les experts en tout genre, capables le lundi de vous expliquer les impacts positifs d'une courbe logarithmique, devenant le mercredi suivant, par un tour de passe-passe magique, tout à fait négatifs.

Avec l'âge, et malgré mes dix-sept ans, j'étais devenu maître en repérage de ces affreux personnages. Je sentais leur présence à cent mètres à la ronde, je pouvais les identifier comme un chien de la brigade des stupéfiants repère la drogue de passeurs malchanceux. Enfin, je le croyais, quand Virginie m'avoua la spécialité qu'elle étudiait à l'université.

— Je fais des maths.

— Des maths ? répétais-je lentement comme si je venais d'entrer dans la confidence d'un secret dangereux.

— Oui, des maths.

Virginie s'étonna de la perplexité dont je n'osais lui avouer les

raisons. Bien calé sur la banquette arrière de sa 205 Peugeot gris métallisé, un bras enroulé autour de son épaule et la main gauche enfoncée dans sa culotte, je caressais son corps encore tout chaud, légèrement moite, la faute à nos premiers ébats nocturnes.
Ma réaction était idiote, mais symptomatique des jeux de séduction de notre âge. Pour attirer une nana et coucher avec, la situation professionnelle ou les perspectives d'avenir florissantes importaient peu, en tout cas bien moins que les passions, les hobbies ou les anecdotes de débauche ou de soirées de défonce. Les origines et les patronymes ne comptaient pas du tout, là où un look désinvolte devenait un signe de reconnaissance.
Il valait mieux être un jeune rebelle aux cheveux longs et au regard sombre, toujours le premier à se défoncer, spécialiste du cannabis et amoureux des milieux marginaux, plutôt qu'un jeune premier, habillé en polo et bermuda bien repassés, la raie sur le côté, scotché à son agenda de peur d'oublier les dates de la rentrée. La vie ouvrirait toutes ses portes – argent, succès, femmes, maîtresses et belles maisons – à ses derniers. Elle pouvait bien, pour le moment, avantager les mauvais garçons. Et j'étais de ceux-là, promis à un avenir de loser, mais profitant du présent comme un boulimique de vie.
Underground, furieux contestataires de l'ordre établi, nous étions purs, naïfs, exaltés, profonds, écorchés vifs, narcissiques aussi, mais surtout inconscients. En un mot, désirables. Et puis les éléments étaient avec nous.
Les vacances, d'abord, et le soleil qui tapait comme jamais. L'alcool, ensuite, qui servait à se désinhiber, à l'instar de notre bonne weed locale. Les chiens de garde habituels de la classe moyenne – les enseignants et les parents –, enfin, trop occupés à profiter eux-mêmes de cette période bénie où ils réglaient leurs propres problèmes sentimentaux pour nous brider comme ils essayaient de le faire le reste de l'année. L'été, la jeunesse française, bien inspirée, n'aspirait qu'à deux choses : se défoncer et baiser. Le reste importait peu.
La preuve : Virginie et moi avions fait l'amour sans savoir grand-chose l'un de l'autre. Après cette première et courte nuit passée ensemble, je ne connaissais encore rien d'elle, si ce n'est le grain de beauté qui jouxtait le téton de son sein gauche, le charme de son léger accent du Sud-Ouest, et la souplesse de ses reins.
L'attirance se situait ailleurs, dans une habile combinaison

d'échanges de mots et de molécules électriques concordantes. Elle connaissait mon amour du bédo, de l'alcool, de l'ivresse. Ce n'était pas dur puisque c'était mon principal sujet de conversation. Elle adorait faire la fête, danser, boire, s'amuser, fumer du bon shit. Le point de convergence potentiel était suffisant.

Nous étions faits pour nous entendre et il n'avait pas fallu longtemps pour le comprendre. Le temps d'une soirée passée ensemble pour vérifier notre compatibilité de caractères et l'espace d'un mensonge sur mon âge et sur mon parcours scolaire que j'avais enrichis de deux ans et deux redoublements successifs.

Le côté cancre renforçait le côté mauvais garçon, remarquerai-je plus tard.

Pour ma défense, je ne pensais pas vraiment mentir quand j'avouais dix-neuf printemps, juste prendre un peu d'avance sur un baccalauréat que je n'aurais sans doute pas, la faute à tous les cours que j'avais manqués la dernière année, préférant passer mes après-midi à fumer dans un square non loin du lycée, et à ceux que j'allais sécher l'année suivante pour ne pas m'arrêter en si bon chemin. Ce n'était pas très glorieux de mentir ainsi, mais en matière de séduction tous les coups étaient permis.

Avant d'atterrir dans la 205 de Virginie, nous avions passé une soirée plutôt agréable en compagnie de ses deux copines et de Johan. Nous nous étions baladés dans le centre de Dax, allant de bodega en bodega, essayant de négocier des verres gratuits, argumentant de mauvaise foi que c'était déjà notre quatrième tournée et que le patron pourrait entretenir un peu mieux ses clients les plus fidèles. À ce jeu, les filles étaient les plus fortes, et je ne comptais plus le nombre de verres que se virent offrir Malika et Virginie. Les réserves d'alcool étant faites, nous allions ensuite nous poser dans un coin plus calme d'où nous pouvions observer l'effervescence dacquoise et dissimuler notre consommation de shit.

« Pour être heureux, vivons cachés. »

Les mœurs du centre-ville étaient en effet tout à fait différentes de celles du camping sauvage. Question de tolérance et d'ouverture d'esprit des festayres landais. Les odeurs de marijuana nous avaient attiré leurs foudres et plusieurs d'entre eux avaient menacé de prévenir les flics s'ils nous prenaient encore à fumer par chez eux. La délation est un jeu français difficile à oublier qui se transmet secrètement de père en fils.

Tout de blanc vêtus, la tête rougie par l'abus d'alcool, les amateurs de feria baissèrent d'un coup dans mon estime en rejetant en bloc notre amour du cannabis et nos pratiques de la fête. Les péquenots locaux ne cessaient de moquer nos tenues vestimentaires et les remarques désobligeantes, parfois racistes, fusaient régulièrement à notre passage.

— C'est quoi, ces guignols aux cheveux longs ? Il faudrait les tondre. Putain de drogués, ils ont rien à faire là. Regarde-moi ces crasseux avec la noiraude, même pas capable de se mettre aux couleurs de la fête. Ils ont rien à foutre, là. Il faudrait les dégager.

L'alcool désinhibe la connerie et la méchanceté aussi. Nous étions tolérés, mais pas acceptés, et cela dans la meilleure des hypothèses. Deux gros trentenaires à l'haleine fétide avaient ainsi poursuivi Johan quand ils avaient senti les doux effluves de ganja, pour lui arracher son joint, le menaçant de représailles s'ils lui mettaient de nouveau la main dessus.

Énervé par cet épisode, essoufflé par sa course folle, touché dans son orgueil par sa fuite piteuse, le tout devant nos amies paloises, Johan avait voulu se venger.

— Laisse tomber, Jo, ce sont de pauvres cons, aussi bêtes que leur cul, et encore un cul a une utilité qu'eux n'ont pas.

Mes mots étaient ceux du bon sens et de la mesure. Je nous voyais mal, avec nos frêles corps de fumeurs de shit, corriger ces deux mastodontes avinés. Mon ami impuissant fulminait.

— Ça fait raquer, de ne pas réagir. Il faudrait les punir, ces ivrognes de merde, avait-il pesté, en cherchant une insulte adéquate à leur médiocrité et leur intolérance. Ce sont de vrais…

— Beaufs ?

La voix fluette d'Audrey avait touché juste. Une partie non négligeable des festayres dacquois, ceux qui nous refusaient de vivre comme nous le souhaitions, ceux qui ne voulaient pas accepter notre manière de faire la fête, étaient de simples et de véritables beaufs. Des bons beaufs de base.

— Ouais, c'est ça ! Ces bâtards sont vraiment des bons beaufs de base.

— Dax, ce n'est pas une feria, mais une soirée BBB.

— Ah ! ouais, chanmé ! les parties BBB, ça c'est du nom vendeur ! Faudra en parler autour de nous.

— Hé ! hé ! Audrey, t'as tapé dans le mille !

— On imprimera les flyers l'année prochaine pour annoncer les fêtes uniquement réservées aux bons beaufs de base.

La discrète blondinette rougit devant tant de compliments, inconsciente alors de l'impact de sa trouvaille. C'est pourtant bien à la suite de ce nouveau surnom que la feria de Dax prit, pour nous, un tout nouveau visage. Moins festif et plus militant.
Non contents de faire la fête, nous commençâmes à chercher un moyen de venger tous les fumeurs de marijuana, dont l'honneur avait été bafoué. Audrey, elle encore, se révéla être une redoutable planificatrice de représailles graduées. Son imagination débordante nous bluffa. L'étudiante réservée se transformait en pasionaria dévouée à la cause cannabique. Elle était totalement déchaînée.
Elle proposa dans un premier temps de nous rendre à la fête foraine adjacente aux bodegas pour y trouver une arme de moquerie massive des bons beaufs de base : le pistolet à eau. L'objet était facile à trouver et pour quelques francs nous en avions acheté un lot de cinq, vert fluorescent.
Armés de nos revolvers factices, nous écumâmes toutes les bodegas de Dax pour retrouver les deux grands débiles qui avaient coursé Jo. Impossibles à repérer, la foule étant trop dense, nous nous rabattîmes sur d'innocentes victimes que nous arrosâmes d'eau de l'Adour.
Les effets escomptés furent largement dépassés. Notre discrétion et notre art du tir provoquèrent quelques belles bousculades entre bons beaufs de base, prouvant si besoin était que la veulerie de ces hommes tout de blanc vêtus n'était pas imaginaire.
Incapables, car trop saouls, de repérer d'où venaient leurs agresseurs, nos victimes expiatoires et arrosées s'en prenaient, la plupart du temps, à des voisins innocents, qui de dépit de ne pouvoir faire entendre raison à leurs accusateurs, s'en prenaient à eux manu militari.
Johan inventa même une version trash de notre nouvelle distraction en substituant quelques centilitres de son urine à la claire et limpide eau de l'Adour. Affreux.
Les débordements provoqués étaient particulièrement cruels et d'autant plus amusants que personne ne songea à nous soupçonner, nous, les « pauvres petits babas cool aux cheveux longs, promis à la tondeuse dacquoise pour redressement comportemental ». Nous restions en retrait des pathétiques échanges de baffes que nous avions initiés, spectateurs moqueurs et lucides des effets dévastateurs de l'alcool. Vengeurs anonymes des brimades reçues

par le peuple cannabicophile.
Quand nous fûmes lassés de provoquer des bagarres entre bons beaufs de base, Audrey proposa une nouvelle idée géniale, mais ô combien perverse. J'en trépignais d'avance.
Nous attendîmes la fermeture des bodegas, à l'heure où les rues de Dax se vident petit à petit, pour arpenter la ville à la recherche de nos prochaines victimes trop alcoolisées pour rentrer chez elles. Les trottoirs, les portes d'entrée de maisons, les jardins publics regorgeaient de festayres endormis, cuvant les litres de vin ou de bière ingurgités dans la soirée.
Le jeu était simple. Sans un bruit, comme des espions en terrain ennemi, nous nous approchions des pauvres abrutis ronflants pour les déchausser avant d'aller cacher leurs pompes puantes hors de leur portée. Quand nos victimes n'avaient pas le sommeil assez lourd, nous nous contentions d'attacher leurs lacets à l'aide de triples ou de quadruples nœuds qui leur promettaient un réveil acrobatique.
Nous imaginions ensuite leur tête au réveil, ne comprenant pas pourquoi et comment leurs godasses avaient disparu. Notre méchant stratagème provoquerait peut-être chez eux une remise en question quant à leur manière de faire la fête. Vœu pieux, évidemment.
C'est dans un de ses moments de fourberies mesquines que je pris Virginie par la main avant de l'embrasser. J'en avais envie depuis le début de la soirée et j'attendais l'occasion de me retrouver seul avec elle pour tenter ma chance. Celle-ci survint au détour d'une rue où nous avions déchaussé une montagne de muscles. Nous avions jeté les grolles toutes tachées du gonze déchiré dans les égouts de la ville, et, au moment de nous enfuir avec discrétion, le Musclor avait bougé, semblant se réveiller. La montée d'adrénaline avait été immédiate, et nous avions détalé comme deux voleurs de pommes poursuivis par un molosse. Au bout de la course, Virginie était tombée dans mes bras, essoufflée, et l'occasion était trop belle pour la manquer.
« Qui ne tente rien n'a rien. »
C'était le bon moment. Je m'approchai pour l'embrasser et échanger enfin nos sentiments, lèvres contre lèvres, torse contre seins, main dans la main. Nous restâmes de longues minutes sous le porche d'un vieil immeuble dacquois à nous peloter, excitant

la flamme de nos corps, devenus pour un court instant deux précieux silex capables d'embraser la ville. La température montait inexorablement.
« Cette nana est sensas ! »
Autour de nous le silence s'était fait. Le temps, arrêté, observait, gêné, notre impudeur d'adolescents sans concession. Nous nous aimions ici. *Hic et nunc*. Les quartiers du centre-ville pouvaient bien s'écrouler, nos corps voulaient exulter sans plus attendre. Virginie me tira un peu plus loin dans l'ombre du porche de l'immeuble pour cacher notre folie. J'avais l'impression de pouvoir vivre sans être vu. Excitation inextricable de nos deux êtres prêts à tout.
Aussi impatiente que moi, Virginie me poussa sauvagement contre la porte d'entrée en verre qui en trembla. Ses lèvres chaudes suçotaient ma langue, pendant que ses mains douces s'enfonçaient dans mon jean pour agripper mes fesses.
Je la repoussai à mon tour, contre le mur de béton, manquant de peu de faire rebondir sa tête contre les parlophones des bonnes gens endormies. Collant mon ventre au sien, je regrettai la force de mon geste que je n'avais pu maîtriser.
« Quel idiot, j'aurais pu lui faire mal. »

— Excuse-moi.

— Ne dis rien, souffla-t-elle, en m'étouffant sous ses baisers.

Elle extirpa ses deux bras du tee-shirt qui cintrait sa poitrine. Ses deux seins étaient maintenant affranchis de toutes contraintes, s'offrant à l'air libre et à mes baisers. Ma langue s'y attardait un instant, suivant la délicate courbe de ses tétons qui pointaient sous mes assauts.
Pendant ce temps, Virginie avait collé sa main droite entre mes deux jambes, effleurant avec douceur mon sexe grandissant. Chair de poule. L'excitation montait encore d'un cran. Je n'entendais plus rien autour de moi, concentré sur les flux et reflux de ses caresses contre mon pantalon. Chaleur dans mon corps, fièvre dans mon cœur, bouillonnement dans mon esprit, je n'en pouvais plus d'attendre.
Je remontai sa jupe jusqu'aux hanches, elle défit le bouton de mon pantalon. Elle m'embrassait de plus belle. Je caressais sa poitrine, suivant le galbe de ses seins, hypnotisé par leur danse nocturne. Elle prit mon sexe d'une main ferme et le dirigea entre ses jambes après avoir décalé sa culotte pour faciliter mon entrée en elle.

Je pénétrai son corps sans aucune difficulté, m'enfonçant un peu plus dans le plaisir de son entrecuisse, suivant le va-et-vient régulier de ses reins. Elle gémit doucement. Érotisme parfait hypertrophié par le nid de notre amour, interdit et recherché, tabou et dangereux, le cocktail idéal pour se sublimer.

J'accompagnais le rythme imprimé par son corps, sentant son plaisir grandir au fur et à mesure de mes coups de reins. Sensuelle amazone paloise, désirable étudiante impudique, voluptueuse maîtresse lascive, rencontre fortuite et inespérée, dernier cadeau de ma généreuse bonne étoile, je scrutais les délicieux soupirs qui caressaient ma nuque. Je me laissais guider par mon aînée, plus experte et tellement sexy, la poitrine au vent, Marianne érotique en quête de fantasme assouvi, ses mains cadençant les avancées de ma verge dans son sexe mouillé, les jambes ouvertes et enroulées autour de mon corps, son cul rebondissant contre le haut de mes cuisses.

Elle gémit un peu plus et je jouis en elle, abandonnant totalement mes forces dans un râle de bonheur définitif.

« Putain ! C'est trop bon. »

Nous étions amants pour la première fois, et, par chance, nos corps étaient faits pour s'entendre, programmés pour jouir l'un de l'autre. Osmose rare et électrique dont il était dur d'être repu.

— Encore, supplia-t-elle, les joues rosies par l'effort et le plaisir.

— Tu es sûr ? Ici ?

La réalité brûlante d'une rue inconnue, encore silencieuse, nous rappela à l'ordre. Nous étions libres de nos actes, mais pour combien de temps encore ?

— Non, tu as raison. Bougeons d'ici.

— Où ça ? Aux tentes ?

— Non, viens, je sais où on va.

Je la suivis sans un mot, guidé à nouveau par sa main, ne sachant que dire pour distraire notre marche de retour. Dans la nuit finissante, les paroles importaient peu. Nous nous éclipsions ainsi, silencieux, pressés de trouver un lieu protecteur où partager notre désir.

C'est ainsi que nous nous retrouvâmes, deux heures avant les roses, les rouges et les orange annonçant l'aube dans le ciel, allongés dans sa petite voiture, à nous aimer de nouveau avec tendresse, passion, comme seuls deux enfants découvrant la vie et ses mystères peuvent le faire.

5

Une brise légère mais étouffante venait caresser le sommet de nos crânes. Le thermomètre indiquait trente-cinq degrés à l'ombre et nous étions en plein soleil à cuver la nuit précédente. Il faisait chaud, il faisait lourd, et je saturais un peu de ces soirées BBB.
Les jours passant, l'atmosphère devenait pesante, nos jeux moins amusants, et, la fatigue aidant, nous avions du mal à ne pas critiquer l'ambiance générale de la fête. Le regard idyllique que je portais sur les ferias se fissurait à vue d'œil.
Il y avait d'abord la musique des bandas qui commençait à me taper sur les nerfs. Cela faisait quatre jours que Jo et moi étions arrivés à Dax, et nous n'avions pas entendu plus d'une dizaine de morceaux différents. Et encore j'étais clément, car les cinq chansons les plus jouées trustaient quatre-vingt pour cent des mélodies entendues dans les rues dacquoises.

51 je t'aime,
J'en boirais des tonneaux,
À me rouler par terre,
Sous les noix de coco.

Bien sûr, le rythme et la tonalité de ces airs joyeusement niais pouvaient changer. Évidemment, l'interprétation de certains bandas surpassaient de loin les piètres prestations de musiciens débutants persuadés de participer à la fête en martyrisant leurs pauvres instruments. Mais quand même, le manque d'originalité du répertoire des groupes était effarant.

« Un peu de classe, par pitié ! Je ne demande pas grand-chose, mais un minimum de variété dans les harmonies instrumentales, je vous en conjure. »
La répétition primaire des hymnes landais et basques était d'autant plus énervante que le nombre et l'activité des bandas dans la ville ne permettaient pas de les occulter. Ils étaient partout, possédaient un don d'ubiquité désespérant pour mes oreilles et mon moral. Ils me poursuivaient et prenaient un malin plaisir à venir dès dix heures du matin animer le camping sauvage qui n'en demandait pas tant.
Un trompettiste avait d'ailleurs failli se prendre une paire de mandales de la part d'un punk mal réveillé et il avait fallu toute la diplomatie de Malika et d'Agnès pour faire entendre raison au malheureux zonard qui ne demandait rien de plus que dormir dans le silence. La réaction intempestive de notre ami à crête rouge avait fait reculer les musiciens qui étaient retournés sur la rive gauche hurler leur bonne humeur énervée, mais une demi-heure après un nouveau groupe était venu jouer les mêmes airs exaspérants. Nous ne sortions plus de ce brouhaha folklorique qui me rendait fou.
Et quand, par miracle, ces affreux tortionnaires cessaient leur boucan, les bodegas prenaient leurs relais en vomissant sur leurs enceintes saturées les mêmes airs abrutissants. Et la foule comblée, euphorique, que dis-je, en transe totale, de reprendre en chœur :

J'irai de Pampelune jusqu'à Bayonne,
J'irai de Dax jusqu'à Mont-de-Marsan,
Je serai de tous les pèlerinages…

Et de lever les bras bien haut en les agitant pour faire la vague. Terrifiant. Nous devenions dingues, assommés par la répétition de couplets soiffards et de refrains avinés, tétanisés par l'impossibilité d'y échapper. Prisonniers d'une ville euphorique et décérébrée, nous paraissions bien seuls et restions impuissants devant tant de médiocrité musicale.
« Mais jetez dans l'Adour tous ces pochetrons et ces musiciens de merde ! »
Je croyais avoir atteint le comble de l'horreur, je me trompais. En matière de vulgarité sonore, l'homme n'a aucune limite. Aucune. Ainsi, des jeunes du coin, fumeurs moins psychorigides que leurs aînés, nous avaient conseillé une soirée parallèle se déroulant dans

une grande salle des fêtes non loin du centre-ville.

— C'est là où tous les jeunes d'ici se retrouvent pour faire la fête entre eux, loin des bandas et des bodegas.

Virginie, Malika, Audrey, Johan et moi nous y étions précipités, espérant pour le moins faire une pause musicale, et au mieux mettre fin à la répétition abrutissante des symphonies locales. Nous rêvions à un point que je n'imaginais pas.

Le bâtiment indiqué par les jeunes ne payait pas de mine. Il ressemblait à un grand hangar désaffecté et portait le nom désuet de salle des fêtes municipale. Il était en réalité une porte d'entrée vers la quatrième dimension, une sorte de foire estudiantine où tout était permis, et le pire d'abord. Vision apocalyptique, performance situationniste ou décadence musicale ? Les trois ensemble, mon général !

Imaginez deux à trois mille jeunes, totalement ivres, s'agitant dans tous les sens et beuglant des paroles incompréhensibles à leurs voisins tout aussi dégénérés. Serrés comme des cigarettes dans un paquet plein, sautant pour battre la mesure, suant comme des bêtes de somme en pleine après-midi, une foule de jeunes locaux avait programmé un retour en enfance inquiétant.

Le responsable de cette régression collective se trouvait sur un promontoire installé au fond de la salle. Deejay de son état, il avait emmené avec lui toute sa collection de 45 et de 33-tours, période « Récré A2 » et Dorothée, et enchaînait les génériques de dessins animés dans une euphorie générale impressionnante, pour ne pas dire angoissante.

Capitaine Flamme était repris en cœur par le public, un parterre de fans connaissant toutes les paroles de cette série pour enfants et hurlant son désespoir quand le morceau se terminait dans un bruissement de cris étourdissants. Le deejay, ravi de son effet, lançait à nouveau le générique de dessin animé en entier et la foule chavirait de plaisir avant de reprendre, en plein délire, les pires titres de Dorothée, animatrice sympathique mais tortionnaire auditive des après-midi télévisées de notre enfance. Le terrible psychopathe au contrôle musical proposa un mix glaçant où *Allô, allô, monsieur l'ordinateur* succédait à *Hou la menteuse* et à *La Valise*. Il méritait une balle dans la tête.

« L'alcool rend fou. C'est une drogue dure et dangereuse. »

Je ne voyais pas d'autre explication au spectacle qui s'offrait à moi.

Les paroles d'*Albator*, de *Goldorak*, de *Petite Candy* (« Oh ! non pitié, ne remettez pas ce morceaux ! »), de *Dragon Ball* et même, horreur parmi les horreurs, de *Princesse Sarah*, étaient reprises par des centaines, que dis-je, des milliers de Dacquois éméchés.
« Et qu'on ne vienne plus me dire que le cannabis abrutit plus que l'alcool. Jamais. »
Du coin de l'œil, je regardais mes quatre comparses, totalement déstabilisés par le spectacle auquel nous assistions. Pris au dépourvu par la régression collective se déroulant devant nous, mais hypnotisés par un tel phénomène de masse, nous essayions de rester à l'écart de la folie des participants tout en l'observant.
De temps en temps, un jeune soiffard, nostalgique du Club Dorothée, tentait de nous attirer dans les joyeuses farandoles formées par ses comparses. Peine perdue, nous refusions poliment l'invitation, préférant contempler en silence la décadence de la jeunesse française, beuglant et éructant le refrain des *Chevaliers du Zodiaque*, comme une *Internationale* décérébrée, vidée de toute substance subversive, enfin soumise au grand capital.
Et puis au détour du refrain d'*Olive et Tom*, le deejay décida d'orienter sa sélection vers une sorte de best of de ce que les années 80 avaient produit de pire d'un point de vue artistique : Début de soirée, Gold, Image, Desireless, Stéphanie de Monaco, Sabrina… De véritables insultes à la musique adoubées par un public totalement retombé en enfance.
« L'état de légume est atteint. Vous pouvez les débrancher, docteur. »
Je restai coi, ébahi par la folie collective du public. La foule compacte s'amusait à transporter au dessus des têtes d'étranges objets récupérés on ne sait où, à l'instar de ce Caddie de supermarché qui passait de main en main, ou de cette peluche géante du Grand Schtroumpf pelotée puis lancée en l'air et rattrapée par des anonymes.
« On joue comme on peut. »
Ce n'était qu'un début. Au détour d'une envolée lyrique de la Compagnie Créole, le cauchemar reprit à nouveau. Les premières notes du *Vino Griego* retentirent dans la salle des fêtes survoltée. Une clameur gigantesque s'empara de la foule. Les cris et les sifflets recouvrirent les premières notes de l'hymne landais que le deejay se fit un plaisir de remettre dès le début. Incroyable, nous étions à l'avant-garde des soirées bons beaufs de base. Je serrais la main de Virginie pour être sûr que je ne rêvais pas. Non, je ne rêvais pas.

Le cauchemar était devenu réalité. Nous allions être submergés par un flot de jeunes BBB.
Une chenille géante se forma en quelques secondes, longue de plusieurs dizaines de garçons et de filles volontaires. Les festayres la composant agitèrent leurs mains dans une chorégraphie parfaitement maîtrisée. Un jeune plus bourré que les autres, ou plus aventureux, se jeta sur l'insecte factice, composition humaine bicolore et dangereusement instable, qui le transporta de bras en bras, sur une cinquantaine de mètres, dans une joyeuse lévitation.
C'en était trop pour nous. Virginie me prit par la main et me montra la sortie où Jo s'impatientait. Solution désespérée pour sortir de ce désastre auditif.
En fuyant le temple maudit de la régression infantile, je sombrais pour la première fois de ma vie en pleine dépression musicale, consolé par Malika qui essayait de justifier un tel spectacle.

— Il ne faut pas être sectaire, chacun s'amuse comme il le veut, et eux c'est avec les titres de leurs dessins animés préférés et les chansons de leur enfance.

Le problème n'était évidemment pas la nostalgie des gens pour les années 80, mais la médiocrité consternante de la musique qu'ils écoutaient. Il y avait, de par le monde, tant de musiques festives composées par de véritables artistes, tant de possibilités de danser sur des airs débridés et profonds à la fois, tant d'alternatives musicales au récital dégradant auquel nous avions assisté, pourquoi ne pas faire un petit effort de bon goût ?
« Comment peut-on se complaire dans une telle médiocrité ? »
La seule réponse objective était liquide, gazeuse ou non, avec un pourcentage d'alcool fluctuant en fonction des boissons. Le vin, le pastis, le rhum, désinhibaient le bon beauf de base et lui autorisaient toutes les folies, et en premier lieu celle de mauvais goût.

— C'est pas le cannabis que l'État devrait interdire, mais la musique de merde !

Paroles sages d'Audrey qui nous trottèrent dans la tête jusqu'à ce que nous retrouvions nos tentes. J'imaginais déjà une libéralisation du shit en contrepartie d'une prohibition des gros navets musicaux que les boîtes de nuit de camping et d'ailleurs programmaient chaque été. Éradiquer ce type de morceaux serait une œuvre de salut public, la base d'une nouvelle éducation nationale. J'imaginais

le courage du ministre de la Culture osant déclarer nocives pour la santé mentale de sa jeunesse les intégrales de Jeanne Mas, d'Indochine ou de Julie Pietri.
« Rendez-nous un Comité de salut public musical, par pitié ! »
Je délirais totalement. Il fallait que je m'éloigne de ces psychopathes amoureux de daubes musicales pour retrouver un semblant de lucidité et de sérénité. La marche et la fraîcheur de la nuit me feraient le plus grand bien. Le sommeil aussi. Il ramènerait un semblant de compassion dans mon esprit. J'en avais bien besoin.

6

Je ne crois ni en Dieu, ni à la Sainte Trinité, ni en la réincarnation, encore moins au Jugement dernier. Je n'aime pas les religions, encore moins les églises, sauf quand il fait chaud l'été et qu'on peut s'y réfugier pour profiter d'un peu de leur fraîcheur. À bien y réfléchir, je me demande même si la croyance en un petit Jésus, un petit Allah ou un petit Bouddha n'est pas plus du ressort de l'assistance psychiatrique que de celui du culturel et du spirituel.
Mon athéisme forcené n'en admet pas moins pour autant qu'il existe une zone d'ombre inconnue dans nos existences, une métaphysique obscure, mystique, fascinante, que j'aimerais toucher, sentir, découvrir. Et par le plus grand des hasards, c'est à Dax que je l'ai touchée pour la première fois.
Est-ce ma bonne étoile qui, sentant mon désespoir musical, a décidé de me changer les idées en me proposant un étrange voyage ? Est-ce le destin lui-même qui a voulu me dire que j'étais sur la bonne voie en m'emmenant dans une zone psychique encore inconnue ? Ni l'un ni l'autre, a priori, mais plutôt mon libre arbitre, ma conscience et mon envie de me découvrir et d'explorer le monde autant que mes cinq sens.
C'est en rentrant au camping après une longue nuit de fumette que nous tombâmes sur un petit groupe sympathique qui avait établi son bivouac à l'extrémité est de la berge sur laquelle nous nous étions installés. Nous avions décidé de stopper un peu la picole qui nous fatiguait la tête et le corps, faisant de nous de pathétiques légumes de moins en moins capables, à force de boire, d'enchaîner deux ou trois pensées cohérentes.
Nous avions substitué aux poisons liquides, en vente libre, une

fumée incandescente inspirante et interdite. Armés de nos pistolets à eau, nous écumions encore le centre-ville pour régler leur compte aux lourdauds insistants qui emmerdaient la première nana venue en lui proposant un baiser forcé ou en lui touchant le postérieur.
« Toujours élégant, les gars, la grande classe ! »
À ce jeu de massacre des BBB, Malika et Audrey étaient les plus performantes, s'inscrivant dans la droite lignée des grandes féministes de ce siècle, substituant juste les jets d'urine aux grands discours de leurs prédécesseurs. Chaque génération se bat avec ses propres armes. Les nôtres étaient plus scatologiques qu'intellectuelles, mais étaient-elles moins pertinentes ? L'histoire trancherait.
Jo et moi n'étions pas maladroits non plus, mais nous commencions à nous lasser de ces espiègleries. Nous ne changerions pas le monde avec nos jeux et notre vocation de justiciers fumeux en avait perdu un peu de sa superbe.
Fatigués par le bruit et la foule, nous préférions en ce cinquième et avant-dernier jour de la feria nous poser tranquillement pour fumer des cônes, raconter nos vies, débattre de tout et de rien, en d'autres termes avoir une vie sociale engagée et stimulante.
Les sujets de conversation ne manquaient d'ailleurs pas, même si le plus régulier concernait notre avenir immédiat. Qu'allions-nous faire après Dax ? Les filles nous avaient proposé de remonter avec elles à Pau. Elles pourraient nous loger et nous faire découvrir leur jolie ville endormie aux pieds des Pyrénées.
J'étais plutôt partant pour faire durer un peu mon amourette avec Virginie. Elle était vraiment intéressante, charmante pour ne rien gâter, et nos corps s'appréciaient de plus en plus. Johan était beaucoup moins convaincu par ce plan.

— Il faudrait que je me rapproche plus de Nice pour récupérer mon scooter. Je voudrais pas passer le chercher trop tard, histoire de ne pas me le faire « bébar » ! Ça serait vraiment con.
L'argument était pertinent, et le regard noir de Virginie n'y changerait rien. Elle savait déjà que je ne quitterai pas mon ami, laissant derrière nous nos trois nuits de sexe et d'amour sans un regret.
« L'amitié est un sentiment plus précieux que l'amour. Il reste une émotion entre deux êtres qui ne se sublime jamais à travers leurs corps. L'amitié reste platonique, voilà sa force principale. »

Au moment de partir je devenais poète de comptoir ou philosophe du dimanche, indice qu'il était probablement temps de larguer les amarres. Johan avait déjà un plan de route. Nous remonterions en stop jusqu'à Mirande, puis nous prendrions la direction de Sète où nous pourrions squatter quelques jours chez Éric ou Agnès. Mon petit filou d'ami espérait-il encore conclure avec sa rouquine insaisissable ? J'en doutais, mais l'idée de rejoindre nos amis sétois m'enchanta… ce serait l'occasion de faire le plein de bon shit et de voir comment Éric gérait son petit business familial. Et puis repasser par Mirande me disait bien.

— Après Sète, il nous restera une bonne journée de stop, une après-midi si nous sommes chanceux, pour rejoindre la Côte d'Azur. On pourrait y être au maximum dans une grosse semaine.

J'imaginais déjà la tête de nos potes quand nous leur raconterions nos aventures estivales. Partis pour une dizaine de jours, nous reviendrions après un mois et demi, le corps fatigué mais des étoiles et des anecdotes plein la tête.

« Voilà peut-être mon futur projet de vie : vivre à cent à l'heure pour me construire une ribambelle d'histoires à raconter à mes amis. »

Devenir une fabrique à souvenirs m'apparut sur le moment une ambition de vie formidable. Je l'oubliai aussitôt car je sentais Virginie s'énerver de voir Johan ne pas tenir compte de son avis, et encore moins de notre relation.

— Qu'est-ce qui vous empêche de passer deux jours à Pau avant de rejoindre Sète plutôt qu'aller à Mirande ? Vous avez quoi de particulier à faire là-bas, maintenant que le festival de country est terminé ?

Je suppliais Jo en silence de n'évoquer ni Fanny ni Laura, et de s'inventer un vieil oncle à aller saluer, mais mon ami ne répondit même pas à Virginie. Il ne l'aimait pas, allez savoir pourquoi, et fit mine de n'avoir rien entendu. Entre mon ami et mon amante, le courant ne passait pas. Virginie était déjà prête à lui faire remarquer son impolitesse quand je lui pris la main avec tendresse.

— Rien ne presse, avançai-je pour pacifier le débat, on a encore quarante-huit heures pour se décider. Il peut s'en passer, des choses, d'ici là.

Je ne pensais pas si bien dire. En attendant « ces choses », mes mots calmèrent Virginie. Elle me serra la main pour me dire son espoir de me voir la suivre. Je répondis par le même langage, mes doigts caressant le creux de sa paume droite, la laissant interpréter ce geste comme bon lui semblerait. Ce n'était guère courageux, mais faut-il vraiment du courage pour préserver la paix des ménages ? Ma petite expérience des relations entre hommes et femmes me laissait penser que la lâcheté était bien plus nécessaire à la pérennité d'un couple que le courage.

Dans tous les cas, il ne servait à rien de se prendre la tête. La décision de les suivre, ou non, serait prise au dernier moment. En fonction de notre inspiration, aurait dit Jo avec un air mystérieux. Et pour l'instant il s'agissait de rouler un bon spliff d'herbe hollandaise afin de se claquer un peu la tête et de faire baisser les tensions entre Johan et Virginie.

— Qui a des OCB ou des Rizla ?

Personne. Je partis chercher une âme charitable capable de me dépanner de quelques-unes, et je tombai au détour d'une tente sur Simon et ses amis. Assis autour d'un feu dont les dernières flammèches éclairaient mal leurs visages, le petit groupe semblait hypnotisé par les braises rougeoyantes et les fumées odorantes s'en dégageant. Je m'approchais d'eux afin d'évaluer la possibilité de leur taxer une dizaine de feuilles, mais aucun d'eux ne me prêta attention. Ils restaient posés en face du brasier et discutaient sans se préoccuper de moi, ou de la fête environnante, et encore moins du camping où ils s'étaient installés.

La faible luminosité de l'éclairage ne me permit pas de distinguer leurs traits avec clarté, l'obscurité et la fumée jouant avec les ombres sur leurs visages. Je ne pus me faire une première impression qu'à travers le son de leurs voix et leur apparence vestimentaire. Il me fallut quelques secondes pour comprendre que ces gars-là n'étaient pas comme les autres.

Ils ne payaient pas de mine avec leur look passe-partout. Habillés en chemise ou en polo et en jeans, chaussés de tennis ordinaires, ils ne semblaient appartenir à aucune des tribus que nous avions rencontrées depuis notre départ. Ni skaters sétois, ni racailles des campagnes, ni rastas bordelais, ni grunges azuréens, ni keupons du Sud-Ouest, encore moins surfeurs de l'Atlantique, leur apparence commune les aurait rendus invisibles dans n'importe quelle situation.

— Bonsoir, vous n'auriez pas des feuilles, par hasard ?

Le son de ma voix ne les perturba pas. Seul Simon fronça les sourcils en regardant dans ma direction. Il fouilla dans sa poche pour en retirer un paquet de Rizla. Un de ses compagnons se leva pour récupérer une guitare dans sa tente. Simon me tendit les feuilles au moment même où les premières notes de musique s'élevèrent dans le ciel. La netteté du son de la guitare trancha avec le mélange des sons qu'on pouvait encore distinguer au loin : cris de saoulards, airs de fêtards, ambiance BBB.
Je remerciai Simon pour les feuilles et m'apprêtai à rejoindre les autres quand le guitariste se mit à interpréter *Spanish Caravan*, un air mythique des Doors, un des plus difficiles à jouer à la gratte, un de mes préférés.
La dextérité du musicien m'interpella. La nuit était bien avancée mais la danse de ses doigts sur le manche de son instrument improvisait d'envoûtantes mélodies gitanes qui me prirent aux tripes.

— Assieds-toi avec nous, proposa un des hommes du groupe.

Il portait de longues tresses brunes aux extrémités colorées tombant sur un polo noir. Autre signe distinctif : un long collier attaché autour de son cou et au bout duquel on pouvait distinguer un pendentif en forme de Ganesh. Sa voix posée et rauque était celle d'un gros fumeur, et je le voyais rouler un joint alors que celui qu'il fumait n'était pas encore à moitié consumé. Il s'appelait Cyril.
« Voilà un homme prévoyant. »

— Je suis avec des amis expliquai-je à regret, et ils m'attendent pour fumer.

— Amène-les ici, écouter un peu la guitare de Juan.

J'acceptai la proposition, mais seul Johan souhaita m'accompagner. Les filles étaient fatiguées et Virginie espérait que je rentre vite la border. Elle m'embrassa en me faisant promettre de ne pas trop tarder. Je promis en toute bonne foi. Je me trompais.
Nous nous retrouvâmes ainsi deux de plus autour du feu à écouter des airs manouches captivants. Sans un mot, concentrés sur la virtuosité du dénommé Juan.
Au loin, on entendait encore le bruit des bodegas et des bandas, mais il ne parvenait pas à faire corps pour détourner nos oreilles de ce mini-concerto intimiste. Un havre de poésie s'élevait de cette partie du camping sauvage et l'atmosphère envoûtante créée par Juan et sa guitare tranchait avec l'environnement dans lequel nous évoluions depuis cinq jours.

Rapidement, nous fîmes connaissance avec les membres de ce petit groupe. Il y avait donc Cyril, aux longues tresses ; Laurent, un jeune homme blond aux cheveux mi-longs et au teint livide dont les yeux exorbités indiquaient un état second avancé ; Ariel, petit être trapu, hidalgo ténébreux mais fragile dont le regard illuminé était presque inquiétant ; Gilles, un brun un peu bohème, les cheveux bouclés et les mains battant le rythme nerveusement sur une derbouka d'enfant ; Bastien, grassouillet nounours, suant à grosses gouttes sans raison apparente ; Simon, le prêteur de feuilles dont le regard perçant et pénétrant avait quelque chose de fascinant ; et Juan, le guitare héros, le poète maudit capable d'éclairer la nuit avec l'agilité de ses doigts.
La petite bande n'aurait attiré l'attention de personne, dans la rue ou dans la fête, aucun signe contestataire visible ne venant affirmer des convictions politiques ou religieuses particulières. Et pourtant Simon et ses amis étaient les plus radicaux des gens que nous avions rencontrés depuis notre départ sur la route.
Nos compagnons d'un soir vivaient en marge de la société de consommation, dans un squat près de Vic-Fezensac, une belle maison abandonnée qu'ils retapaient depuis deux ans et dans laquelle ils avaient établi une petite communauté. Simon, le plus âgé du groupe, celui qui nous avait invités autour du feu, expliquait à Jo les raisons de ce choix de vie.

— J'ai travaillé un peu à droite, à gauche, vécu de petits boulots, mais rapidement je me suis rendu compte que dans ce système économique je ne pourrais jamais gagner plus que ce dont j'avais besoin pour survivre.

— Tu n'avais pas fait d'études ? demanda mon ami, curieux du mode de vie alternatif de nos hôtes.

— Si, j'ai fait de la philo à la fac de Toulouse, au Mirail. Ça m'a permis de me cultiver, de comprendre et de critiquer le système capitaliste et la société de consommation, mais au final, ça ne m'a donné aucune qualification particulière, et vu que je n'avais pas envie d'enseigner au lycée, je suis sorti de la fac et j'ai bossé comme tout le monde. Et ça m'a vite saoulé. J'ai trouvé ça trop relou d'avoir tout le temps les mêmes horaires et les mêmes tâches à faire. Toute cette activité me paraissait vraiment déshumanisée. J'en ai eu marre d'être pris pour un con qui devait faire ce que son patron lui ordonnait, en fermant sa gueule et en disant merci pour l'aumône qui lui était faite. La vraie misère, tu vois, et la vie banale de la plupart des jeunes aujourd'hui… Un de mes potes m'a alors proposé de venir le rejoindre à la campagne pour me ressourcer et me changer les idées. J'y suis allé et je ne suis jamais reparti.

— Mais vous vivez comment ?

— Simplement ; on a trouvé une bâtisse en ruine qu'on a retapée avec plusieurs amis et on s'est mis à cultiver nos fruits, nos légumes et notre ganja. La maison n'était plus vraiment à personne et le terrain autour, plus du tout entretenu. Les paysans ont donc vu notre arrivée d'un bon œil. En tout cas, ils n'ont rien fait pour nous dissuader de mener à bien notre projet. C'est un signe.

— Carrément, acquiesçai-je en constatant la tolérance de leurs voisins.

« Ce n'est pas en ville qu'on pourrait faire ça… »

Preuve s'il en manquait que l'avenir des penseurs radicaux souhaitant mettre en pratique leurs théories se trouvait dans la France rurale. Non loin d'ici, par exemple. Simon continuait sa description.

— On participe à la vie de la commune, on aide les gars s'ils ont besoin d'un coup de main. Ils peuvent compter sur nous. En contrepartie, on nous fout la paix. On peut écouter la musique à fond sans gêner de voisins, on n'emmerde personne, et quand on fait des petites fêtes sur deux ou trois jours, on ramène même du monde qui va se ravitailler chez les gars du coin. C'est tout bénef' pour eux.

J'écoutais avec attention la description de leur quotidien. Leur bande constituait une belle « association d'égoïstes » qui n'aurait pas déplu à Stirner. Chaque membre du groupe participait comme il le souhaitait à la vie de la communauté. Personne n'avait de tâche prédéfinie. Les motivations et les capacités des personnes définissaient leur rôle dans la maison. Il y avait les bricoleurs, le cuistot, le musicien et… le cultivateur. Cette dernière tâche était confiée à Ariel et le fruit de son travail était remarquable. Il n'était pas loin d'atteindre en culture d'extérieur la qualité de l'herbe de mes cousins. Je le complimentais sur ses talents pendant que Johan s'intéressait à des questions plus terre à terre.

— Et comment vous faites pour vous chauffer l'hiver ? Êtes-vous raccordés à l'eau ?

Simon rigola avant de répondre.

— Ah ! ben c'est à la roots, c'est sûr… On a un groupe

électrogène pour les grands froids, mais on essaie de le faire marcher le moins possible. Le reste du temps, on fonctionne à la cheminée. C'est pas super-pratique, mais on s'y fait. Comme à tout d'ailleurs.

— Et aux douches froides en plein hiver, ajouta Cyril, de plus en plus transpirant.

Je n'osais demander s'il plaisantait tant l'ambiance autour de nous était étrange. Simon était le seul à parler, Laurent murmurait des mots incompréhensibles, Ariel n'avait pas réagi à mes compliments, les autres riaient de temps en temps aux plaisanteries de leur ami, mais ils paraissaient tous concentrés sur la guitare de Juan.

Jo me regarda en haussant les sourcils. J'étais d'accord. Chacun vivait sa vie comme il l'entendait, et personne ne les obligeait à nous parler, d'autant qu'ils paraissaient tous bien défoncés.

« Ils sont "chepers", c'est sûr, les petits saligauds. »

Je remarquai leurs pupilles dilatées, leurs regards hallucinés, leurs comportements étranges. Le hasch ne provoque pas ce type d'effets secondaires, l'alcool non plus. Ils étaient ailleurs, dans des paradis artificiels bien plus lointains. De ceux où l'on s'en va, aventureux et fier, avant d'en revenir plus humble. Le ticket d'entrée pour les rejoindre tenait en trois lettres et était contenu dans un minuscule buvard[41] : LSD.

---

41 Nom donné au trip de LSD.

7

Bart Simpson est mon héros de dessins animés préféré. Il y a dans son attitude d'enfant je-m'en-foutiste un côté rebelle et nihiliste fascinant. Il ose toutes les conneries possibles et imaginables avec un humour et un flegme ravageurs. Fier sur son skateboard démoniaque, il terrorise ses voisins de Springfield avec le sourire. Prêt à n'importe quelle fourberie, on a du mal à ne pas l'aimer tel qu'il est, c'est-à-dire capable de transgresser tous les interdits dressés par les parents ou les professeurs, de briser tous les tabous établis par la société.

Bart est la version compacte de son père, Homer, qui se pose, lui, comme l'incarnation du citoyen moyen, homme adorable à la bonne volonté évidente, père de famille et employé imparfait, comme nous tous, incapable de maîtriser ses plus bas instincts, égoïste au grand cœur, prêt à tout pour satisfaire ses pulsions de consommateur boulimique.

Le reste de sa famille est haut en couleur. Marge, la mère, obligée de réparer les bêtises de son fils et de son mari, toujours d'humeur égale, amoureuse, entreprenante, rêveuse, elle pourrait être la caricature de la femme au foyer et révéler un certain machisme de la série si sa fille Lisa ne venait prouver que l'intelligence, la débrouillardise et l'indépendance étaient autant, voire plus, du côté des femmes que de celui des hommes dans la ville de Springfield. Maggie, joli bébé surdoué et dernière arrivée chez les Simpson, confirme l'approche féministe et ludique du dessin animé.

Depuis son apparition, j'étais accro aux aventures de cette famille à la peau jaune, vivant près d'une centrale nucléaire où Homer travaille et démontre toute son incompétence professionnelle.

Avec finesse et talent, Matt Groening, le génial créateur de la série, décrit une société antithèse de la nôtre. Au premier regard, leur monde semble pourtant être le même que celui dans lequel nous essayons de survivre : salaire de misère pour travaux dangereux, souci écologique passant en dernier dans l'esprit des industriels, égoïsme de la classe moyenne qui veut plus que tout réussir, place centrale de la télévision, importance de la patrie et du drapeau, malbouffe et cholestérol, cellule familiale incontournable…

On pourrait s'y tromper à un léger, mais important, détail près. Dans leur monde capitaliste, toutes les folies sont tentées et réussies : détournement de fonds, révolte des salariés, dénonciation calomnieuse, manque de respect évident, cynisme ravageur, kidnapping de patrons véreux. La société de Springfield est l'opposée de notre monde où tout écrase le citoyen ordinaire et ses aspirations de liberté. Matt Groening avait imaginé l'alternative artistique et anarchiste à notre monde non régulé. Il a installé l'espièglerie et le vice des enfants au rang d'art. De ce point de vue, Bart est devenu un acteur critique de la société du spectacle et un enfant de Debord. Il fait plus, en tout cas, pour éduquer les masses qu'une armée de philosophes français en chemise blanche ouverte jusqu'au nombril.

Nous étions ainsi des millions à rêver de devenir un des Simpsons, vivant à Springfield la même vie que Bart. La réalité est cruelle. Springfield est trop loin et Homer et Marge ne souhaitent plus d'enfants. Ils ne veulent pas en adopter non plus. C'était donc râpé pour mon changement de nationalité.

Tout n'était pas perdu, heureusement, et, pour compenser ma déception, Simon m'offrit de découvrir un autre monde grâce à Bart Simpson.

— Tiens, avale cette moitié de buvard, tu vas kiffer, m'avait-il promis en découpant avec soin un minuscule trip sur lequel on pouvait voir la tête de mon héros préféré.

Je tirais la langue pour déposer cette promesse d'explosion sensorielle dans le creux de mon âme.

— Tu prendras l'autre moitié du Bart double face[42], si tu en as envie, un peu plus tard. Quand tu seras stabilisé dans ton délire.

Je n'aurais pas pu espérer meilleurs initiateurs que Simon et ses

42 Les trips de LSD double face indiquent qu'ils sont double dose, en général d'une teneur de 200 µg de LSD au lieu de 100 µg.

amis. Conscients de la puissance de l'acide et experts en voyages hallucinés, ils m'emmenèrent explorer des horizons multicolores avec un soin tout paternel. Bonne pioche pour nous.

Jo et moi avions hésité avant de nous lancer dans cette expérience, mais Johan, dont la discrétion et l'absence de curiosité n'étaient décidément pas les premières qualités, avait mis les pieds dans le plat en demandant à Simon à quoi tournait leur groupe.

— Bart Simpson double face, souffla Ariel dont c'était la première parole depuis notre arrivée.

— 200 µg de trip total, avait ajouté Laurent.

— LSD, avait résumé Simon avant d'ajouter : tu veux essayer ?

L'aller-retour pour une destination mystérieuse était offert par nos nouveaux compagnons. Devant nos hésitations, Simon demanda si nous connaissions ce type de défonce.

— Pas du tout, avouai-je.

— Jamais pris de psychotropes puissants ?

— Rien, à part des psylos et un peu de MDMA.

— Ah ! ben c'est loin d'être rien, sourit Simon. Les champis sont une des drogues les plus proches du LSD. Si tu as apprécié le trip des psylos, tu kifferas gober un acide.

J'étais tenté d'accepter la proposition. J'avais envie depuis longtemps de tester ce produit et l'occasion paraissait idéale. Simon et ses amis étaient dans un délire maîtrisé et positif, ils avaient un buvard de qualité et en connaissait les bons dosages. Ils nous guideraient et nous éviteraient de partir en mauvais délire. Ça me tranquillisait de les savoir à mes côtés, en cas de souci.

Et puis, il y avait Jo. Nous avions testé les champis et la MDMA ensemble. Triper tous les deux serait une nouvelle expérience indélébile, une nouvelle histoire gravée à jamais dans nos mémoires. Découvrir l'acide avec son meilleur ami était excitant et rassurant à la fois. On en rirait dans vingt ans. Je l'imaginais déjà, ses cheveux commençant à devenir blancs, les premières rides sur son visage, ses abdominaux Heineken et sa petite moue innocente, faisant semblant d'oublier avoir gobé un trip, à l'instar d'Hoffmann et Huxley.

— Tu es sûr que c'était avec moi ?

L'idiot adorerait se faire rappeler nos histoires, se laisserait convaincre que nous avions fait telle ou telle chose, que nous étions passés dans telle ou telle fête, que nous avions déliré dans tel ou tel

endroit. Il s'en souviendrait comme si c'était hier, mais il aimerait faire sa chochotte, faire mine qu'il avait oublié les trois quarts de nos aventures pour m'entendre lui diagnostiquer un Alzheimer précoce ou une sénilité prématurée. Ce serait un petit jeu récurrent entre nous, une private joke de vieux couple.
Je regardais mon ami et je savais que nous pensions à la même chose.
« Qu'y a-t-il de meilleur dans la vie que de la découvrir intensément avec les personnes qui nous sont les plus chères ? »
Nous étions partants. Advienne que pourra… J'avalais l'infime bout de papier, passeport pour un aujourd'hui différent, promesse d'une découverte de soi et des autres comme jamais on ne les avait perçus. Attention, décollage immédiat !
De ce premier trip, je n'ai plus que quelques bribes de souvenir. Je me revoie avaler la première moitié de l'acide, puis écouter Juan jouer des airs de flamenco envoûtants. Je me rappelle m'être demandé à plusieurs reprises si le morceau interprété par le guitariste me touchait au point d'avoir la chair de poule et de me donner l'impression de le vivre de l'intérieur, ou si les premiers effets du buvard agissaient sur ma conscience.
Sans réponse, sans montre non plus pour savoir depuis quand nous étions « tripés », je commençai à me dire que je résistais particulièrement bien au LSD quand j'aperçus dans le ciel une anomalie étonnante.
L'aube naissante appelait des dégradés de couleurs enflammées, mais les couleurs que je percevais paraissaient vivantes et capables de déteindre sur les immeubles voisins. Je clignais des yeux pour m'assurer que je ne rêvais pas. Le geste me parut prendre dix bonnes minutes. Mes pensées eurent le temps de faire deux fois le tour du monde entre le départ de ma paupière et son arrivée contre le bas de mon œil.
Je regardais alors Jo pour voir s'il avait constaté la lenteur de mes clignements d'yeux. Sa tête indiquait la négative, il avait d'autres préoccupations plus importantes, ses yeux révulsés semblant vouloir s'enfoncer dans la gratte de Juan.
« Qu'est-ce qu'il regarde comme ça ? »
Je tendis le cou pour apercevoir l'objet de la curiosité de mon ami. Le manche de la guitare avait changé de texture, il semblait maintenant en carton mâché. Tout mou, il rendait, sans aucun

doute possible, très difficile la gestuelle du musicien. Juan était obligé de réduire le rythme de ses doigts, mais la mélodie, elle, ne ralentissait pas. Magique.
« Je suis à bloc, putain. Ouah ! »
Mon esprit paraissait capable de se fixer sur le moindre détail de notre environnement, pour en déformer les origines, la structure, le sens. Ainsi de la tente de Cyril où j'allais me poser quelques secondes-minutes-heures – il m'était impossible d'appréhender le temps –, avant de découvrir qu'elle pouvait se transformer en duvet protecteur et que je pouvais plonger dans le bleu de ses parois comme dans une piscine. Ça en devint vite angoissant et quand je ne sus plus où se situait l'air libre, hypnotisé par ma soudaine quête des grands fonds, je commençai à suffoquer.

— Calme-toi, Sacha, tout est cool ici, regarde-nous…

Il faisait jour, il était midi peut-être, j'avais gobé la seconde partie du Bart double face, et nous avions bougé, nous étions hors de Dax. Comment ? À pied, en voiture, en bus ? Impossible de m'en souvenir. Seule certitude, j'étais bien, mon corps était en paix, seule ma mâchoire me torturait un peu, semblant vouloir se décrocher sans raison aucune. J'essayais ne pas y penser.
Nous étions près d'une rivière, protégés par la forêt. L'herbe était haute et vert fluorescent, une couleur chaude et tropicale. Tout paraissait normal. Jo était couché sur le bord du cours d'eau, les pieds enfoncés dans sa fraîcheur. Il barbotait comme un enfant. C'était tout juste si je ne l'entendais pas gazouiller. J'avais besoin d'entendre sa voix.

— Ça va mon Jo ? C'est cool ?

— Y'a grave moy', mec, t'inquiète. Je gère.

Mon ami détourna le regard du ciel pour me répondre. Ses pupilles dilatées me fixèrent un long moment avec espoir et gratitude. Derrière sa défonce, je ressentais le poids de notre fuite en avant. Nous avions atteint le point de non-retour. Personne ne pourrait nous enlever ces instants de fusion sous acide.
Je sentis alors les caresses d'une brise légère venant imprimer la magie du lieu. Juan ne jouait plus de la guitare, il avait posé son instrument à côté de lui et fumait un gros spliff de weed dont il semblait très fier. Je n'en voyais aucune explication. Seul Simon s'amusait sur la derbouka, tapotant des rythmes saccadés s'intégrant au mieux dans le fond sonore de la nature.

« On n'imagine pas le boucan que peuvent faire une forêt et un cours d'eau ! »
Les autres amis et partenaires de trip étaient assis sans un mot, le regard parfois perdu dans les branchages de la forêt, déclinaison fractale d'un paysage mystérieux, les yeux parfois fermés tout simplement. Je ne voulais surtout pas les imiter. J'avais peur de me perdre dans les tréfonds de mon âme. J'avais essayé un moment de clore mes paupières et j'avais eu le plus grand mal à revenir à la réalité. Mes yeux fermés, produisant d'habitude un noir total, étaient remplis de feux follets multicolores se transformant en lianes phosphorescentes dessinant des formes étranges, des visages inconnus, des contrées lointaines, tant de formes merveilleuses et colorées… Extase profonde. Et puis une inquiétante tête de singe était venue se poser sur mon épaule.
La fourbe, elle me regardait, tantôt moqueuse, tantôt compatissante. Ses deux airs ne me convenaient pas du tout. Le singe voulait me faire bad triper, je le savais. Peur soudaine et violente.
« Va-t'en de là ! Dégage de mon esprit. Je ne veux rien avoir à faire avec toi ! »
Je m'adressais à lui par télépathie, persuadé que je pourrais le faire fuir ainsi. La face de l'animal, décapité proprement, s'approcha pourtant de moi. Je sursautais alors pour ouvrir les yeux et oublier cette affreuse tête de singe, mais malgré mon retour à la lumière du jour le regard de la bête semblait s'être imprimé dans mon iris. Je le voyais partout.
« Il ne me quittera plus jamais. C'est nawak, je suis perché ! Merde. »
Seconde d'angoisse vite dissipée. Simon me toucha l'épaule et me sourit. La tête disparut aussitôt. J'avais mon ange gardien, je pouvais repartir découvrir la déformation de ma vie. Je regardais Johan à nouveau. Il transpirait, ses dents grinçaient, de légers tics parcouraient son visage.
« Lui aussi est en train de prendre cher. »
Je me mis à rire nerveusement. Je pensais à la tête des filles ne nous voyant pas revenir. Nous leur avions joué un drôle de tour et elles nous « pourriraient » avec raison. Sales gosses nous étions, sales gosses nous resterions.
Je respirai longuement, à fond. J'avais le sentiment de pouvoir aspirer les secrets de la vie, les beautés de la nature, les vérités

du ciel, tout ça en une seule fois. J'essayai d'imprimer dans mon cortex ce formidable sentiment de plénitude.
Si l'osmose avec l'infini et l'absolu était possible, j'y étais. Délicieuse folie, agréable sensation de plénitude, déformation profonde des sens, délicat artifice bien ancré dans mon esprit. Allongé dans un sous-bois inconnu et mystique, imprimant le tapis végétal sur mon corps comme une seconde peau, mon âme s'adressait aux cieux pour leur délivrer un mot d'ordre évident : vivre.
Si j'avais pu arrêter les effets du LSD d'un seul coup d'un seul pour en garder le meilleur, je l'aurais fait à ce moment-là. Mais il ne fallait pas se leurrer, c'est le LSD qui décide de vous relâcher à la réalité, pas l'inverse. Jamais.

8

On a beau chercher à se mettre de côté par rapport à la société pour avancer à son rythme, vivre ses rêves et ne jamais accepter de se soumettre, croire en son unicité et en leur altérité, refuser toute compromission intellectuelle et tenter de repousser toujours plus loin la définition du mot « libre », on n'en reste pas moins un homme comme les autres. Avec ses secrets, ses doutes, ses pleurs, ses hésitations, ses héritages, avec la peur au ventre de mourir sans comprendre les raisons de sa présence ici-bas et la certitude qu'il y a un sens derrière toute cette mascarade.

La couleur de la peau, les choix politiques, les origines, les croyances n'y changeront rien, des sentiments universels guident nos vie : l'amour, la haine, l'amitié, la jalousie, la joie, l'espoir. Des questions se posent par hasard et imposent un choix absurde mais inévitable.

« À quoi bon se différencier de la plus grande masse des gens si c'est pour finir comme le dernier des abrutis à hésiter entre un ami et une maîtresse ? »

La réponse était dans la question et, si elle foutait le trouillon, je ne voulais pas la voir ou l'entendre à dix-sept ans, après avoir passé plus de trente-six heures sans dormir, dont une bonne dizaine à bloc de trip, l'esprit déjanté, le corps invincible, l'âme fatiguée.

Dire que ma première expérience sous LSD m'avait conquis serait mentir. J'avais touché des parties de mon subconscient insoupçonnables, déformé mes sens comme je ne pensais pas qu'il était possible de le faire, voyagé dans l'obscurité de mon cœur là où je n'aurais pas dû aller. J'étais dans le même temps épaté et effrayé par la puissance de cette drogue. Je n'aurais pas su dire sur le moment si ce que je venais de vivre était un excellent ou un affreux test métaphysique. Il m'était impossible de déduire la moindre conclusion de mon voyage tripé, et ce d'autant moins que les effets du LSD prenaient leur temps pour s'envoler. Je savais juste une chose. Je ne regoberai pas de sitôt. Cette drogue était trop forte, trop mentale, trop troublante pour être prise à la légère. Elle nécessitait du temps pour l'appréhender au mieux.

Après une telle expérience, j'aurais voulu rentrer dormir au frais dans un bon lit, seul, pour méditer et prendre du recul sur ce que je venais de vivre. J'aurais réalisé peut-être le voyage insensé que je venais de terminer. Fatigué mais lucide, j'aurais réécri l'histoire, conscient des moments féeriques que j'avais traversés et des parts d'ombre qu'il fallait laisser éloignées.

Au lieu de cela, je me retrouvais en plein cagnard, sans un brin de vent, la gorge sèche, les intestins noués, les dents tremblantes, en pleine descente, épuisé comme jamais, en face d'une nana furieuse que je ne sois pas rentré dormir avec elle.

— C'était notre avant-dernière nuit ensemble et tu ne trouves rien de mieux que partir gober des trips avec ton pote sans rien me dire ? Franchement, tu me prends pour une conne.

— Pas du tout, Virginie.

Je murmurai ces derniers mots avec l'énergie du désespoir. Johan m'avait laissé rentrer seul aux tentes, préférant rester encore quelques instants avec Simon et sa bande. Et moi, trop gentil ou trop bête, je m'étais forcé à aller embrasser ma belle.

« Quelle erreur. »

Peut-être aurais-je dû regarder ma tête de déterré, les cernes noirs entourant mes yeux explosés et contrastant avec mon teint cadavérique, presque verdâtre, avant de me lancer dans un tel projet. Sans aucun doute, même, car dès mon arrivée Virginie m'avait pris à part. Elle avait prononcé la phrase qui tue.

— Je peux te parler deux secondes ?

— Bien sûr.

J'aurais dû refuser, j'avais de bonnes excuses :

— Chérie, je suis encore à bloc, je dois fumer joint sur joint pour atterrir au mieux, on parlera après, OK ? Là il faut que je me repose quelques heures, tu comprends ? Je suis trop foncedé, vraiment vanné pour faire ou entendre quoi que ce soit de négatif. M'en veux pas.

Au lieu de cela, j'avais répondu avec maladresse un « Bien sûr » qui avait lancé les hostilités et fait ressortir les petites rancœurs de ma douce.

— Tu me dis que je compte pour toi et après tu m'expliques qu'au lieu de venir chez moi à Pau, tu préfères te barrer avec ton pote à Mirande avant d'aller à Sète ? Tu me prends vraiment pour une merde. Tu me traites comme un plan cul de feria, et c'est tout. T'es vraiment un sale connard.

Ouch ! Le coup était bas, la désillusion d'autant plus grande. Je n'en demandais pas tant. Évidemment je ne choisirais jamais entre Virginie et Jo. Le match était trop inégal, mais j'aurais aimé me séparer d'elle en bons termes. Cette nana était cool, vraiment sympa. Elle ne méritait pas d'être blessée ainsi. Nous avions passé des super-moments ensemble, et si le destin nous séparait, il ne fallait pas tout dramatiser.

« Arrête, bébé, tu comptes beaucoup pour moi et c'est vraiment pas de bol qu'on se soit raté comme ça. J'ai un peu abusé cette nuit, mais laisse-moi deux ou trois heures et je me rattraperai. Promis. »

L'explication, sincère, ne sortit pourtant pas de ma bouche. Je ne trouvais pas un mot d'explication pour la calmer. Mon cas était jugé d'avance.

« Coupable sans circonstances atténuantes. »

Tant pis pour elle. Tant pis pour moi. La fatigue et la fierté ne faisaient pas bon ménage, et je m'éloignai d'elle sous les reproches et les éclairs de son regard, sans un autre mot que le pathétique et définitif :

— OK, OK, je comprends. Je suis désolé, mais là je vais pas supporter tes cris. Je suis trop naze pour ça. Ciao.

Je m'en allais rejoindre Johan et les autres tripés, laissant Virginie et ses copines médire à juste titre sur mon inconséquence, et espérant qu'elles ne seraient pas trop dures à mon endroit. C'était trop bête ! On s'était entendu et amusé comme des petits fous pendant trois jours, et une maladresse de ma part venait tout bousiller. Je regrettais déjà de ne pas avoir trouvé les bons mots pour calmer la colère de Virginie.

« Peine perdue, mon garçon, l'amour fait délirer, elle, comme les autres, maudira ta lâcheté et tes faiblesses. »

Cette pensée m'attristait. Elle n'avait rien de rassurant sur les rapports humains. On passait à côté les uns des autres, égoïstes suprêmes, sans la moindre clémence pour les erreurs de nos prochains. Une pointe dans mon cœur me signifia des regrets, mais je ne savais pas m'excuser. Adieu les filles, c'est dommage de se quitter ainsi.

Par bonheur, les ressources d'un homme sont imprévisibles.

Dernière folie pour un requiem tragique. Un mourant sur son lit d'hôpital accumule ses ultimes forces pour éjaculer une dernière fois dans le sexe de la femme qu'il aime, sublime preuve d'amour entre deux corps qui ne se connaîtront plus. Jamais.

Orgueil funeste d'un poète éternel. Un homme face à son bourreau lui avoue dans le secret du silence de ce dernier instant qu'il ne regrette rien, et le remercie d'un souffle de faire de lui un martyr de la révolution. Pour toujours.

Terrifiante et absurde vérité familiale. Une mère avoue à son fils que celui qu'il appelle Papa n'en est en fait que le vil assassin. Il y a tellement longtemps. Pardonne-moi.

Sportif de haut niveau, spécialiste de drogues en tout genre. Un jeune homme de dix-sept ans, après avoir passé une nuit blanche et une journée complètement à bloc, se retrouve à bout de nerfs et de forces, puis se relève pour bénir une fois de plus la vie, et le trottoir, de son urine transparente, de celle qu'on ne pisse qu'une fois, le dimanche, pour baptiser le fruit de ses entrailles. Dernier sursaut de l'humanité pour rappeler son origine animale.

Mes forces revinrent en fin de journée après une courte sieste et un goûter conséquent. J'avais englouti une impressionnante andouillette « AAAAA » accompagnée de ses savoureuses pommes de terre à l'ail. Le choix de cette spécialité locale assez grasse pour huiler une serrure géante de coffre-fort, indigeste au point de me torturer les intestins une bonne partie de la nuit, s'était imposé de lui-même.

« Effet de mimétisme ou incapacité de choisir ? »

Johan et moi avions remarqué que les Dacquois les plus affamés s'agglutinaient autour des barbecues fumants d'un stand improbable, mais officiel, spécialisé dans les grosses saucisses remplies de tripailles de viandes aux origines inconnues.

« Ce n'est pas du 51, Jo, mais ça cale quand même mieux. »

Évidence. Nous dévorâmes ce mets populaire en moins de temps qu'il n'en faut pour rouler un trois-feuilles. Et c'est peu de le dire. L'effet escompté fut sans appel. Il fallut s'asseoir de longues minutes

pour permettre à mon estomac de digérer l'andouillette cramoisie à peine mâchée. À entendre les cris qui sortaient de mon ventre, je ne l'avais pas beaucoup aidé.
Cette pause-dîner, passée en tête-à-tête avec Johan et mon estomac mal en point, assis un peu en retrait du stand de saucisses, me fit prendre conscience que j'avais peut-être fait une erreur. Non pas en essayant de me fracturer la tête avec du LSD – plus mes forces revenaient et plus je me félicitais de cette nouvelle expérience ; non plus en préférant mon Johan à Virginie, l'amitié m'apparaissait si rare en comparaison de l'emballement amoureux dont était capable mon cœur ; mais juste en restant aux alentours de ce stand blanc et rouge, à mesurer la folie des ivrognes du coin…
Une partie non négligeable des amateurs de tubes digestifs de porc remplis d'abats et d'épices exotiques avait, en effet, transformé la rue en vomissoire géant. Les plus éméchés des festayres prenaient comme prétexte l'absorption d'andouillettes pour dégurgiter les trop grandes quantités de liquide alcoolisé. Pour le dire autrement et de manière plus triviale, ils payaient pour gerber.

— Je ne rigolais pas, ces gars sont de vrais tarés, jugea Johan, en comprenant comme moi les raisons et les finalités de l'attroupement autour du stand de charcuterie.

— Mais pourquoi manger avant de se faire vomir ? J'comprends pas. Ils pourraient juste enfoncer le doigt au fond de leur bouche pour évacuer le contenu de leur estomac.

— Peut-être pour pas gerber leur bile, justement, hésita Jo.

— Ah ouais, tu penses ?

— Franchement j'sais pas, mais ces gars sont des oufs… J'ai jamais vu ça.

— Tu crois que les vendeurs savent à quoi servent leurs produits ?

— Pffffff ! Ils s'en foutent et font leur business. À quinze francs l'assiette, c'est du pareil au même, que ça sorte par devant ou par derrière.

« Quelle délicatesse, Johan, la grande classe, toi aussi. »
Abasourdi par la découverte de l'anorexie alcoolique, dégoûté aussi de voir des litres de vomi inonder le caniveau, lassé de la vulgarité de tous ces bons beaufs de base, je pris une décision radicale.

— Je vais arrêter de boire.

— Quoi ?

— C'est trop dangereux Jo, regarde tous ces psychopathes de la boisson… Je veux pas finir comme ça, la tête pleine de gerbis à ne plus savoir où j'habite ou comment je m'appelle.

— Mais tu délires…

— Ah ouais ? Tu crois ça ? Depuis qu'on est arrivé ici, il suffit de tourner la tête pour voir les ravages de l'alcool. Ose me dire le contraire. C'est flippant, ici !

— Tu abuses un peu, là.

— J'abuse ? Et les gars qui te coursent parce que tu fumes des joints, les insultes que tu te prends dans le dos parce que t'as les cheveux longs et que t'es pas habillé comme eux, les blagues racistes quand tu te balades avec une métisse, les gars qui se font des comas éthyliques n'importe où et qui se battent sans aucune raison ? Franchement c'est chaud, mec. J'ai pas l'impression d'exagérer.

— Bah, tu vas pas arrêter de boire parce que des blaireaux bourrés font nawak dans la rue. À ce rythme-là tu fais plus rien, parce que y'a toujours un connard pour faire l'abruti…

— Cherche pas, j'te dis. J'en peux plus de cette défonce pourrie. J'arrête. Ma décision est prise et irrévocable ! Retiens bien ce jour. J'arrête de boire.

On reconnaît les amis à leur capacité à oublier les grands serments et la prise de grandes décisions impossibles à tenir. Jo hocha la tête sans m'en demander plus. Il savait bien que je ne tiendrais pas deux jours sans boire une mousse, mais il m'épargna ses sarcasmes et me fit signe de le suivre. Lui aussi était trop fatigué pour entamer un débat sur les gros lourds et l'alcool. Lui aussi n'aspirait qu'à récupérer de ces deux dernières journées harassantes.

Il était temps de rentrer au camping en ce dernier jour de fête.

Nous laissions à d'autres le soin d'arroser la fin de la feria. Personne n'avait besoin de nous pour chanter et danser jusqu'au bout de la nuit. Nous voulions juste nous poser au-dessous des étoiles avec quelques amis, écouter de la bonne musique, fumer de la bonne herbe, la partager avec des gens agréables et tolérants. Et puis dormir, rêver, relâcher nos corps dans les bras de Morphée sans penser que demain nous reprendrions la route.

Demain déjà.

9

Les grandes plaines du Sud-Ouest nous disaient au revoir. Il n'y aurait ni Pau, ni Mirande, pas plus Virginie que Laura ou Fanny. Un couple de retraités belges se rendant à Montpellier dans un camping-car rutilant nous avait embarqués à son bord au panneau indiquant la sortie de Dax.

Coup de veine, nous avions pu dormir encore un peu sur les banquettes de leur tout nouveau salon mobile, dernier rêve de liberté pour une retraite nomade, acheté avec les économies d'une vie. Maigre récompense d'une existence de soumission, mais récompense quand même.

« C'est déjà ça. Pour eux, la fin ne se passera pas devant "Derrick", ni "Questions pour un champion", mais au grand air et sur la route. »

Bercé par le bruit de la vaisselle s'entrechoquant au gré des imperfections de la nationale que le véhicule suivait, couvé par le ballet des nuages troublant le bleu d'un ciel clément, je songeais à demain, laissant filer mes pensées au gré des espoirs et des aspérités de l'asphalte.

« Avis de tempête sur l'Atlantique, la nature a parlé : l'avenir est à la campagne. Le temps des grandes idées, des discours décisifs, des révolutions à Saint-Germain, est terminé. Place aux actes ! La ville pourrit de l'intérieur, elle accumule les pouvoirs, les gens, la répression et les faux-semblants. Cela tombe bien ! Nous ne voulons aucune responsabilité dans la gestion du destin de nos contemporains, seulement un peu d'espace et de pain pour vivre en marge et heureux. Juste un peu de compréhension. »

Les paysages défilaient à vitesse de croisière du camping-car belge, destrier métallique au cœur d'acier. Les maisons au loin se

confondaient avec les dernières forêts du pays, le ciel noir annonçait sa colère et une pluie rafraîchissante viendrait laver les fautes des routiers anonymes. Mon regard fixait l'horizon, sans but précis, mais les réponses affluaient dans mon esprit.
« Les champs des résistants ne seront plus en jachère, il y a dans l'air un parfum d'Amsterdam, la voix des militants a parlé : retrouvons-nous dans un bled perdu qui a besoin d'être reconstruit. À dix, à vingt, à cent, nous le repeuplerons, donnant un souffle nouveau à ce petit village pour en faire notre Commune de Paris. »
Les histoires de Simon et de ses potes m'avaient inspiré des perspectives de vie inattendues. Jo et moi avions passé la dernière soirée des fêtes à les écouter raconter leur quotidien où le travail, la fumette et l'art faisaient bon ménage. Je m'étais endormi devant leur feu en m'imaginant initier la réappropriation d'un hameau de l'arrière-pays niçois, y instaurant une nouvelle république populaire.
Je continuais d'y croire. J'en deviendrais le maire, imposant à ma police de protéger les cultivateurs de ganja, repoussant les engrais et les pesticides loin de ma population, installant un foyer de résistance contre la prohibition de ce pays.
« La commune de Kana, Kanaville, Kanacity, le premier pas vers la légalisation totale. »
Je tournais la tête vers Johan qui ronflait doucement. Il ne fallait pas compter sur mon ami pour avoir de grandes idées. Tout au moins m'aiderait-il dans ma conquête du pouvoir de ce village fantôme. Il faudrait au départ une dizaine de baraques à retaper. Nous y installerions nos amis les plus proches, des cultivateurs de premier ordre, des fumeurs motivés pour se battre pour leurs droits, prêts à se construire un eldorado azuréen où nous accueillerions ensuite tous les nomades des temps modernes.
« Bienvenue, étoiles filantes, poètes sans toit, artistes de rue, clochards célestes. L'avenir est à nous : squatteurs, *travellers*, punks sans Dieu ni maître, cracheurs de feu, jongleurs et musiciens, nous vous attendons ! »
Ils viendraient planter leurs inspirations là où ils ne gêneraient personne. Car au-delà d'une zone de culture légale de ganja, nous proposerions un nouveau modèle social, réduit, autonome, solidaire. Nous serions les initiateurs d'un mouvement de libération communale. Le peuple reprendrait ses droits par la base, ses

campagnes, instituant de nouvelles zones de liberté autogérées… L'adrénaline me montait à la tête. Je voulais réveiller Jo pour lui confier mes ambitions.

— Tu vas pas le croire, mon gars, j'ai une idée géniale.

Johan ouvrit les yeux avec difficulté et m'écouta, éberlué par la soudaineté de mon projet. Il s'était endormi me laissant lycéen sur la route, il se réveillait et me retrouvait maire d'une commune séditieuse.

— Quoi ?

— Tu m'as bien compris. On peut se créer une vie peinarde si on arrive à gérer nous-mêmes la commune qu'on habite.

— Et c'était avant ou après avoir arrêté l'alcool ? murmura-t-il en me tournant le dos pour retrouver la tranquillité de sa sieste.

— Hein ?

— Ben oui, on aura le droit de boire, dans ta commune, ou tu as décidé d'y proscrire toutes les boissons alcoolisées ? souffla-t-il.

— Putain Jo, sois sérieux deux minutes, s'il te plaît. Qui viendra nous emmerder si on arrive à réinvestir ce village abandonné pour y habiter sans gêner personne ?

— Heu, j'ai pas mal d'idées : la police, la gendarmerie, les douanes, et puis l'armée, aussi…

L'ironie dans la voix de mon ami me toucha. Il ne me croyait pas.

— Ouais, bon, j'ai pas encore pensé à tout…

— OK, OK, on verra ça plus tard, alors. On a un peu temps avant les élections. Je me recouche, tu veux bien ?

Le temps de vivre, oui, pour la première fois de notre courte existence, nous avions le choix de décider de prendre notre destin en main et Johan préférait se coucher.

« Ah, elle est la belle, la jeunesse ! »

Dehors, le jour essayait d'effacer la lune sans y parvenir. L'astre céleste, encore debout, se moquait de la naïveté et des certitudes de nos dix-sept ans. On avait beau dire, beau faire, beau rêver, on ne changerait pas la face de l'humanité, ni le sens de l'histoire. Tout juste trouverions-nous un sens à donner à notre périple quand nos amis belges nous déposeraient à une station de péage ou sur une aire d'autoroute.

Direction le Languedoc-Roussillon. Sète, *« here I come »*[43], et advienne que pourra !

---

43 Titre d'un célèbre morceau de Barrington Levy.

La vie est ironique. À défaut de nous installer en pleine campagne, entourés de champs à cultiver, respirant un air pur et revigorant, écoutant le bruit du vent soufflant dans le feuillage d'arbres centenaires, fumant de la ganja locale, nous nous sommes retrouvés dans un petit deux-pièces situé dans le vieux Sète, entourés de bitume et de macadam, transpirant sous les assauts du soleil, essayant de cacher la pollution sonore de la ville sous les gémissements de Kurt Cobain et les riffs de guitare de Nirvana en fumant du marocain.

Éric nous avait accueillis chez lui comme un frère, comme un ami de toujours, comme le petit gars qui castrait le maïs pour vendre son shit et avec qui on avait testé la MDMA au tekos de Tarnos. Ce genre d'expériences crée des liens forts, des souvenirs impérissables, et notre ami n'avait pas changé en un mois. Toujours aussi souriant et taquin.

— Ça va, les frères Pétard ? Ça fait plaisir de vous revoir ! Venez vous mettre à l'aise.

Je ne sais pas si la comparaison avec Momo et Manu, les malins du film de Palud, était flatteuse, mais dans la bouche de notre pote, c'était un compliment. Nous le reçûmes ainsi.

— Nickel, Éric, on est au top ! Merci de nous héberger chez toi.

Rien ne l'obligeait à nous ouvrir si grandes les portes de son appartement et à nous proposer d'y rester aussi longtemps que nous le souhaitions. Il l'avait pourtant fait sans hésiter.

— Vous faites comme chez vous, les gars. Je vous ai installés sur la mezzanine avec moi. On se serrera un peu, mais il y a la place, vous verrez, j'ai trois matelas là-haut. On sera pas obligé de dormir dans le même pieu.

— Merci Éric, c'est cool.

— Pas de problème. Posez vos sacs là-haut et excusez le bordel… Je suis pas un pro du ménage, et la fille que je paie pour le faire n'est pas rentrée de vacances.

Jo et moi échangeâmes un regard surpris. Éric avait une femme de ménage à son âge ? À vingt ans, c'était surprenant. Plus tard, je compris qu'il la payait en shit et qu'elle n'était pas non plus un ayatollah de la propreté. Sinon, comment expliquer que la crasse et les cheveux aient bouché l'évacuation de la douche ?

— Elle déborde si on y reste trop longtemps, avait expliqué

notre hôte. Donc pas de folie sous la douche, hein ? avait-il plaisanté.
Et par quel miracle les plaques de cuisson de sa cuisine pouvaient-elles baigner dans l'huile brûlée qui avait solidifié ?

— Au pire, vous m'aiderez à faire un grand ménage un de ces quatre.

— Pas de problème, mentis-je.

— Vous avez faim ? demanda Éric qui me regardait bloquer devant son frigo.

— Non pas du tout, je suis un peu mort, c'est tout.

— Hé ! hé, ça tombe bien, j'suis pas un pro de la cuisine non plus, mais on ira quand même faire des courses dans l'aprèm, histoire de remplir le frigo, au moins pour le petit déj'.
En écho à ce qu'il venait de nous dire, j'aperçus les cartons de pizzas livrées s'entassant près de la porte d'entrée. J'aurais été bien malvenu de faire la moindre remarque. Nous étions bien ici, loin de nos tentes, avec une cuisine et des sanitaires particuliers. Le grand luxe ! Pour ne rien gâcher, Éric nous fila à chacun un toc de cinq grammes d'aya[44].

— Bienvenue à Sète ! Roulez-moi votre petit pet' de shit, vous allez voir, c'est de la bombe.

— Trop bon. Ça fait plaisir ! Mais tu sais, on a encore un peu de weed de mes cousins. Si tu veux goûter…
Je sortis de mon sac le pochon de ganja qu'il me restait. Malgré la semaine passée à Dax à fumer et à faire fumer les filles, je possédais encore une bonne dizaine de grammes. Je piochais quelques belles têtes de skunk au hasard et les offrit à notre hôte. Éric les prit avec méfiance.

— Je suis pas trop weed, tu sais. Il y a trop de pollen dedans et je suis allergique…

— T'inquiète, celle-là c'est de la bonne, cultivée par mes cousins.

— Alors si c'est la famille, je prends, sourit-il.
Il se posa sur son canapé rouge vif, un peu noirci par le temps et la poussière, et se mit à rouler un stick d'herbe. Nous faisions de même avec son teuschi. Éric me vanta sa qualité.

— Tu vas m'en dire des nouvelles, il est presque aussi bon que l'olive de vos potes italiens au tekos.

44 Variété de haschisch provenant du Maroc.

La comparaison était flatteuse et il ne mentait pas. Le joint que je roulai me fracassa la tête. La rougeur de mes pupilles pouvait en témoigner. J'étais cassé dans mon fauteuil, la semaine de « festoyade » dacquoise me remontait tout entière au cerveau. Je n'étais pas le seul. Johan ne disait plus un mot depuis qu'il avait écrasé son bédo dans le cendrier Ricard, bleu et jaune, de notre hôte.

— Si c'est trop fort pour vous, j'ai aussi de la save coupée à l'henné, plaisanta Éric en voyant nos yeux défoncés et en tirant de grandes bouffées de marijuana bordelaise.

— Non, c'est bon, ça va ! On vient juste de passer une semaine de malades où on n'a pas beaucoup dormi.

— OK, c'est cool. Vous allez pouvoir vous reposer, alors. Je dois vous laisser un petit moment, j'ai une livraison à faire, mais je reviens d'ici deux heures. Collez-vous dans la mezzanine ou sur le canapé si vous voulez dormir un peu.

Éric écrasa le joint d'herbe qu'il avait fumé en indienne.

— Bonne, votre weed, j'avoue. J'aime pas ça d'habitude mais on voit que tes cousins s'y connaissent. On se croirait dans un coffee de Meuda.

— J't'avais dit. Ils rigolent pas, les gars, quand ils la font pousser.

— Bon allez, j'vous laisse. On parlera de tout ça à mon retour. À tout'.

Éric nous quitta, nous laissant éclatés par son haschisch. Je regardais Johan, dont la mine fatiguée en disait long sur le repos salvateur auquel nous aspirions. Mon ami se traîna jusqu'à la mezzanine pour y allonger son corps épuisé. Il me restait le canapé pour récupérer. J'hésitai à rouler un nouveau spliff d'aya. Mon corps me dit non.

« Dormir. Encore. »

Mon esprit, lui, disait oui. Je me roulais un second joint, histoire de me mettre bien high, et de faire de beaux rêves. En attendant de sombrer dans le sommeil, j'examinais notre nouvelle demeure.

« Cet appart' pourrait vraiment être bien si Éric s'en occupait un peu plus. »

La décoration était en effet spartiate, c'est le moins qu'on puisse dire. Les murs étaient nus, laissant la tapisserie jaunie se décoller par endroits. Le parquet n'était pas entretenu, marqué par la crasse

imprégnée dans le bois. Il n'y avait pas d'autres meubles qu'une vieille table branlante supportant un superbe poste de télévision, une autre table de salon, au-dessous de laquelle s'entassaient des revues de skate et de roller, une chaise en bois grinçante, et deux canapés rouges troués de partout à cause de fumeurs imprudents.
« Putain de boulettes. »
Dans le coin gauche du salon-cuisine, il y avait une belle chaîne hi-fi dont le modèle, tout récent, contrastait furieusement avec le reste de la pièce laissé un peu à l'abandon, à l'instar de ces moutons de poussière qui couraient sur le sol au gré des courants d'air. Par bonheur, ni Jo ni moi n'étions koniphobes…
La coin cuisine n'était pas non plus de première fraîcheur, mais rien de bien grave là non plus : de minuscules projections de graisse et de sauce tomate décoraient les carreaux de céramique à proximité de la gazinière, la vaisselle s'entassait depuis des plombes… un vrai appartement de jeune homme à l'arrache.
J'arrêtai ici ma découverte des lieux, le sommeil et l'aya eurent raison de moi. Une dernière pensée me traversa l'esprit avant que je m'enfonce dans le pays des songes.
« On va bien se plaire ici. »

10

Les toilettes sont un endroit rare, propre à la lecture et à la méditation. On y est coupé du reste de la maison et de la réalité, retrouvant une position universelle pour un acte commun : se vider les intestins. Et l'esprit ? Dans la foulée.

Les gens qui ont un minimum d'éducation dotent ce lieu de vie mésestimé d'une bibliothèque conséquente et variée afin de pouvoir y satisfaire toutes les envies de leurs visiteurs. Des WC qui se respectent doivent permettre, en fonction des humeurs, qu'on s'y cultive, qu'on s'y distraie, voire qu'on s'y oublie.

Les cabinets chez Éric étaient probablement à ce titre la pièce la mieux entretenue de l'appartement. Ils disposaient d'un lavabo, d'une petite fenêtre, d'un meuble long en bois blanc sur lequel reposaient des numéros de *Fluide glacial* et de *L'Écho des savanes*. Choix classique mais tout à fait honorable, au même titre que trois albums de l'incontournable Manara et quelques numéros de *Géo* sur Amsterdam, Londres, l'Inde ou la Jamaïque.

« Voyager est un luxe, même sur le pot. »

Une petite boîte posée sur la planche du milieu du meuble blanc contenait une boulette de marocain, des feuilles, des cartons, du feu, une coconut, et des bouts de clopes permettant de se rouler un bon petit joint au moment de poser son fessier sur le trône. L'invitation était dure à refuser.

J'y répondis sans me faire prier, ouvrant la fenêtre pour ne pas rendre la pièce irrespirable, et je fouillai la pile de magazines pour y trouver mon bonheur. J'hésitai longuement avant de mettre la main sur un album des *Fabuleuses Aventures des Freak Brothers*.

Le choix s'avéra excellent. J'éclatais de rire à la lecture des étonnantes pérégrinations de ces *lucky losers* explosifs. Je découvrais leur vie de hippies à la ramasse, toujours prêts à faire une connerie, la révolution, se droguer, ou les trois à la fois. Héros sublimes au grand cœur, parrains d'une époque où tout était permis, ils décrivaient les affres d'une génération de camés et de fêtards avec une ironie douce-amère jouissive.

Ma première rencontre avec ce trio de grands malades me fit oublier les raisons de ma présence dans la « pipi room » d'Éric. Ce furent les « toc, toc, toc » de Johan qui me rappelèrent que les toilettes restaient malgré tout un lieu de passage, autant que de partage… culturel.

À l'air libre, je retrouvais Éric et lui avouai ma découverte.

— Excellente, cette BD. Je connaissais pas du tout les Freaks Brothers…

— Ah ! ouais ? C'est pourtant un incontournable de ma collection. J'ai les tomes suivants dans ma chambre, si tu veux.

— Carrément ! Il y en combien ?

— Neuf tomes, je crois. Une partie vient d'être rééditée.

— Cool ! Je kiffe les dessins, le gars est vraiment fort.

— Ah ! Shelton est un maître de l'underground et de la contre-culture.

J'écrasais le joint commencé au moment de poser une pêche. Éric remarqua que je m'intégrais parfaitement aux lieux.

— Tu l'as trouvé comment, ce bédo-là ?

— Pas mal du tout. Moins gras que l'aya, assez poudreux et plus léger à fumer. Il gratte moins la gorge, mais il défonce autant.

— Ouais, moi j'aime bien aussi. C'est un pollen qu'un gars m'a lâché pour que je le goutte. Il peut m'en avoir des plaquettes de deux cents grammes à un bon prix.

— Combien ?

— Ah ! ah ! secret commercial, plaisanta Éric.

Johan revint à ce moment, un joint au bec, la cendre menaçant de s'écraser sur le sol du salon. Il avait lui aussi trouvé la boîte magique.

— Cool, tes chiottes. On y est bien reçu !

— Hé, c'est la moindre des choses.

— Peut-être, mais ce n'est pas le cas chez tout le monde…

— Tu aimes le pollen que tu fumes ?

— Oui, il passe nickel.

— Tu m'étonnes. Il vient direct du bled, celui-là.

Éric était un dingue de haschisch, il adorait les collectionner, les comparer en fonction de leur texture, de leur origine, de leurs effets. Il avait passé la soirée de notre arrivée à nous faire goûter ses petits trésors. Jo s'était moqué de cette capacité à conserver un petit bout de chaque toc qu'il touchait.

— Je sais pas comment tu fais pour pas tout fumer d'un coup. Moi je pourrais pas m'en empêcher.

— La passion, Jo, la passion. J'adore pouvoir faire tester ces merveilles à des connaisseurs.

Avec nous, il était tombé sur les bonnes personnes et nous avions passé la nuit à nous miner la tête à coups d'afghan, de double zéro et de liban rood[45].

— J'ai ramené ce libanais d'un coffee hollandais tenu par des Syriens. Il déchire, tout en sensualité.

Éric disait vrai. Ce shit avait une délicate odeur poivrée et se laissait effriter sans difficulté. De petits reflets roux rehaussaient sa robe marron foncé quand l'amateur prenait le temps de le triturer. Au nez il était délicat, et en gorge assez doux. Il remporta la palme de mon classement.

Johan préférait l'afghan de notre hôte. Le black[46] s'avéra être du border[47], un shit noir et mou agréable à fumer et moins lourd à la défonce.

— Tu fumes ça toute la journée sans que ça te gêne pour faire quoi que ce soit. C'est une défonce légère, racée, goûtue, je trouve.

— Ça vaut pas une bonne tête de skunk, mais bon… On se contente de ce qu'il y a, m'étais-je moqué en observant le nuage de fumée blanche recraché par mes poumons.

Éric avait ignoré ma remarque pour continuer son cours magistral sur le cannabis.

— On ne touche plus du véritable afghan depuis la guerre contre les cocos. Ces bâtards ont brûlé les plus anciens champs de ganja du monde pour y planter du pavot. Faut vraiment être tordu pour préférer produire de l'opium à du shit…

— Ça doit rapporter plus, imagina Jo.

— Ah ! ben c'est sûr, mais d'un côté t'as une drogue qui tue ou qui détruit les gens et de l'autre t'as une drogue qui les met à l'aise.

---

45 Variété de haschisch libanais.

46 Autre nom de l'afghan.

47 Une qualité de shit proche de l'afghan.

C'est là où tu vois la connerie des mafias. Si c'était l'État qui gérait le business, il nous fournirait du shit top qualité !
J'étais resté pensif à écouter Éric. Il était quand même incroyable que les populations occidentales, ou orientales d'ailleurs, n'arrivent pas à dédiaboliser le cannabis. On en était réduit à déguster, caché, des shits provenant du monde entier, comme des œnologues auraient pu le faire de grands crus bordelais, la liberté d'agir en moins. La faute à la mauvaise foi de nos gouvernants et à l'absence d'éducation sur les effets réels du cannabis.

— T'imagines le jour où on verra à la téloche un spécialiste du hasch expliquer toutes les déclinaisons qui existent dans le monde, avec leurs avantages et leurs inconvénients ?

— C'est pas pour demain.

— Mais non, c'est possible. Ils vont bien finir par se rendre compte que trop de monde fume en France pour qu'ils continuent d'interdire la consommation de bédos.

— C'est pas un problème de culture, mais de santé publique. Les gars te diront sans cesse que fumer tue, donc c'est pas bon pour les hommes, donc c'est interdit.

— Oui, d'accord, mais tu sais bien que c'est moins une affaire de santé publique qu'une affaire de santé mentale. Fumer du shit, ça décontracte et ça favorise la réflexion.

— Ben va le dire à Pasqua et à Debré, ils t'attendent. On verra s'ils te comprennent…
Éric avait raison. Les gens de droite au pouvoir, comme la plupart des politiques de gauche, appartenaient trop à une vieille France coupée de la réalité. Aucun de ces gars aux affaires n'avait fumé ou ne fumait régulièrement. Comment les convaincre, s'ils se refusaient à tout essai, préférant se contenter de leur verre de bourgogne et de leur Cohiba ?

— D'ici là, je prends du ferme si les flics viennent chez moi et découvrent mes réserves.
C'était là tout le problème de la vie d'Éric et de dizaine de milliers de jeunes inoffensifs. Aux yeux de ses amis, il était l'amateur de cannabis, le gars qui pouvait toujours les dépanner en shit de qualité, pour un prix honnête, là où, aux yeux de la loi, il était un vulgaire dealer de mort, devant être traité comme les terroristes et les trafiquants d'héroïne, passible d'un an de prison ferme eu égard aux savonnettes qu'il écoulait chaque semaine. On marchait sur la tête.

Dans le langage des fumeurs de cannabis, Éric était un semi-grossiste. Il touchait un ou deux kilos de shit par quinzaine, et le revendait par savons de deux cent cinquante grammes, demi-savon, ou cinquante. Il ne faisait que rarement du détail.

— Trop chaud, nous avait-il expliqué, plus j'ai de clients, plus j'ai de risques de me faire balancer si les flics les chopent et les font flipper.

— Et ça vaut le coup ? avait demandé Jo, curieux et intéressé.

— Par rapport à ce que je risque si je me fais arrêter, pas du tout. Prendre du ferme pour deux ou trois saves, c'est affreux, t'imagines le truc ? Tu te retrouves avec des assassins, des braqueurs, des violeurs, pour du shit ! C'est de la folie.

En même temps personne n'obligeait Éric à brasser du teuschi.

— Et sans ça ? insista Jo.

— Tu es bien curieux, tonton !

— Bah, je me renseigne, on sait jamais, si l'occasion se présente…

Éric avait scruté mon ami pour voir s'il plaisantait. Jo ne rigolait pas. Le commerce d'Éric lui ouvrait des perspectives professionnelles intéressantes.

— Tu fumes trop, Jo, pour vendre du toss. Oublie ça. Plus tu aimes le shit et moins il faut en vendre. Car plus tu en vends, plus ta conso perso grandit, et plus tu as de conso, plus tu fumes. L'équation est imparable.

— Le rêve ! ne put s'empêcher de s'exclamer Johan.

— Ah ! ouais ? C'est le rêve pour toi.

Éric était de mauvaise foi car qui plus que lui était un amoureux du cannabis ? Personne, et il s'en sortait très bien. Un peu plus tard dans la soirée, il m'avait expliqué qu'en écoulant un demi-kilo de shit par semaine, en le vendant par cinquante, il se faisait autour de deux mille cinq cents francs, une somme à nos âges. Un beau complément à sa bourse d'étudiant, mais surtout le seul moyen d'économiser un pécule conséquent pour réaliser son projet de tour de monde.

— Le tour du monde, carrément ! m'étais-je exclamé.

— Ben ouais, pourquoi voir petit quand on peut voir grand ? Mais pas n'importe quel tour du monde mec, le tour du monde des plus grands skate parks et des plus belles rampes du monde !

— De quoi ?

Jo et moi étions restés sciés par le projet d'Éric. Notre hôte était un fou de skateboard et il projetait de devenir photographe professionnel de cette discipline méconnue. Il nous expliqua que depuis deux ans les tenants du skate américain s'étaient alliés à ceux d'autres sports comme le BMX et le roller pour créer les championnats du monde de ces disciplines de fondus de glisse : les *eXtrems Games*.

Je n'en avais jamais entendu parler, mais Éric m'expliqua sa bonne idée. Il projetait de partir aux États-Unis pour se faire accréditer et couvrir la compétition, puis de rentrer en France pour vendre ses photos à tout un tas de revues pour jeunes.

Le reste de l'année il suivrait les plus grands skaters sur leurs lieux de prédilection. Il était persuadé de convaincre certains champions d'aller « rider » en Amérique du Sud ou en Asie pour faire des reportages inédits.

« Il est complètement barré. »

Pas tant que cela, à bien y réfléchir. Vendre du shit pour devenir photographe était la seule solution qu'il avait trouvée pour y parvenir. Éric s'était renseigné, il y avait plusieurs milliers de francs de matériel photographique à acheter, sans compter les billets d'avion, le prix de l'hébergement et le coût de la nourriture. Aucun banquier ne l'aurait aidé dans son aventure et ses parents n'avaient pas une tune à lui avancer.

« Enfant des classes populaires, ferme ta gueule et oublie tes rêves. Ils ne sont pas pour toi. »

Notre hôte aurait bien pris un petit boulot, mais, payé au smic, il avait calculé pouvoir mener à bien son projet d'ici une bonne quinzaine d'années, et en se sacrifiant jour après jour. D'ici là, la France entière connaîtrait les noms de Colin McKay, Tony Hawk ou Mike Carroll et lui serait passé à côté de sa belle ambition.

— Ce n'est pas de la mauvaise volonté, mais je n'ai pas trouvé d'autre plan pour me barrer d'ici.

Éric ne mentait pas. Il n'avait pas forcément raison de se mettre dans l'illégalité, mais il n'avait pas l'impression de faire du mal à qui que ce soit non plus. Il répondait juste à une demande à laquelle l'État français ne voulait pas répondre.

En attendant, il faisait son petit business sans rien demander à personne, économisant les Pascal autant qu'il le pouvait, et offrant le gîte et le couvert à deux amateurs de bédos, ravis de partager sa fume. Ce n'est pas moi qui allais lui jeter la première pierre.

Ni la dernière.

11

L'avenir appartient aux gens qui se lèvent tôt. C'est avec ce genre d'expression mensongère qu'on cherche à éradiquer l'un des plus beaux moments de la journée : la grasse matinée.

L'homme est fou de vouloir se passer de ce moment intime où l'esprit prend conscience de sa dimension corporelle. Rituel magique, cérémonial indispensable au bon déroulement de la journée, la grasse matinée autant que le réveil progressif sont des arts mésestimés à tort.

Chacun possède son rythme particulier, acquis au fil du temps et des inspirations, son ordre secret d'étirement. Moi, le premier. Il y a d'abord le bas du dos que je cambre en tirant au loin mes deux bras, à en faire siffler les muscles des épaules. Je tourne mon bassin à l'opposé de mon torse, étirant mes dorsales dans un souffle de plaisir non dissimulé. C'est ensuite au tour de ma nuque que je réveille en ramenant l'arrière de mon crâne contre le haut de mon dos. Parfois, j'entends craquer mon cou et un long frisson hérisse tous les poils de mon corps. Et puis je passe à mon pied droit. Je le remonte vers mon tibia, poussant mon talon le plus loin possible à l'opposé de mon crâne. Je sens mon mollet crier miséricorde. Le pied gauche, jaloux, l'imite. Je referme ensuite mes doigts de pieds sur eux-mêmes en serrant fort. Ça craque encore ! Hummmmm… Délicieux moment de grâce. Mes yeux peinent encore à s'ouvrir, mais de légères gouttelettes lacrymales viennent les aider dans leur tâche titanesque.

« Non, pas déjà, pas tout de suite, laissez-moi encore quelques secondes de décontraction et de relâchement total. »

Je poursuis mon œuvre de « chat beauté ». C'est au tour de

mes mains de se poser sur le haut de mes épaules. Je les étire au maximum derrière ma tête, comme si je m'apprêtais à décoller avec ses ailes imaginaires, ouvrant mon sternum à l'origine du monde. La plupart du temps, ma mâchoire ne résiste pas à un tel geste et elle s'ouvre en grand, menaçant de se décrocher, et me tirant de nouvelles larmes de réveil. Je finis par les doigts de la main, les poussant d'abord les uns contre les autres, puis en les étirant chacun le plus loin possible de leur place habituelle.
« Que c'est bon de sentir chacun de ses muscles endormis repousser à plus tard l'heure fatidique où ils devront se mettre en action. »
Et puis j'écoute au loin la ville se réveiller, la rue s'agiter doucement, les magasins lever leurs lourds et bruyant grillages de fer. Je mesure la chance d'être encore allongé sur un matelas douillet, la tête enfoncée sous un oreiller protecteur, le corps enroulé dans d'un drap, l'esprit léger, prêt à replonger dans les bras de Morphée.
Ravissement intime éphémère et confidentiel, la grasse matinée devrait être pratiquée dès son plus jeune âge pour en profiter toute la vie. Jo et Éric en étaient les deux premiers convaincus, rivalisant avec moi pour savoir lequel de nous trois serait le dernier levé. À ce jeu, Johan était très, très fort. Il pouvait rester lové dans son lit des heures entières. Recevoir en caleçon dans son lit ne l'aurait pas dérangé, fumer et manger allongé ne l'auraient gêné en aucune manière.

— C'est la réincarnation d'un roi fainéant, se moquait Éric.

Il n'avait pas tort. Johan était heureux comme un pacha. Nous étions depuis trois jours à Sète, et nous avions déjà l'impression de n'avoir jamais vécu ailleurs. Les orgies dacquoises, les hallucinations sous acide, les reproches de Virginie étaient loin. Ils appartenaient à un temps ancien où nous étions nomades.
« Nous voilà sédentaires urbains, et heureux de l'être. »
L'appartement d'Éric était en effet un parfait lieu de vie. Il paraissait être le point de rencontre de tous les fumeurs des environs. Ceux-ci passaient à toute heure de la journée pour prendre des nouvelles, faire une partie de backgammon, fumer un joint ou tirer un bang, rencontrer les deux nouveaux arrivants en ville, Jo et moi.
Il y avait les grateux romantiques, incapables de partir sans avoir enchaîné trois accords mineurs à faire chialer un bœuf ; les teufeurs en pleine descente, le visage déformé par des drogues bon marché avalées sans trop penser au lendemain ; les BCBG amateurs de

double zéro et avides de goûter aux derniers arrivages d'Éric ; les pipelettes invétérées, fumant joint sur joint, et espérant cacher leur peur du silence sous un flot de paroles débitées à un rythme effréné ; les jeunes actifs sortant du boulot, fatigués par une journée harassante et trop heureux de pouvoir tirer sur un bon spliff d'aya ; les chômeurs à la dérive et les sans-emploi ravis de l'être.
La société sétoise entière venait s'approvisionner chez notre ami. Elle aimait sa compagnie, ses blagues à deux balles, se gaver de pizzas livrées tard la nuit, refaire le monde et d'autres choses encore. Jo et moi étions ravis de ces passages, nous aurions pu passer des mois à vivre ainsi, à fumer et rencontrer des gens de tous horizons. Heureux et posé, je ne pensais plus à rien d'autre qu'à profiter du moment présent.
Johan voyait les choses différemment. Il voulait ramener son scooter à Nantes, embrasser ses parents et leur annoncer qu'il prenait une année sabbatique. Louable et sage décision qui impliquait de partir rapidement. Cruel choix pour moi.
Je ne voulais pas laisser Jo partir seul, mais je me voyais bien aussi continuer à glander encore une semaine ou deux à Sète. Pour être tout à fait honnête, je n'avais pas encore prévenu mes parents de mes nouvelles aspirations, et je n'étais pas pressé d'entendre leur réaction.

— Quoi ? Tu arrêtes le lycée ? Non, mais je rêve ! Tu pars avec Johan sur un scooter pour rejoindre Nantes ? Tu prends une année sabbatique ? Mais tu es complètement malade ! L'air de la campagne t'est monté à la tête. Tu vas arrêter de délirer et aller dans ta chambre méditer sur l'obtention de ton bac.

Je voyais déjà la scène apocalyptique arriver à grands pas : les cris dans toute la maison, les menaces de punition, et le drame inévitable. J'évitais de trop y penser. Il y avait mieux à faire, comme songer à la poursuite de notre *road trip*.
Je nous imaginais déjà à deux sur le booster de Johan, ramant pour rallier la Loire-Atlantique. Rien que le nom de ce département m'apparaissait magique – j'exagérais un peu pour me motiver, l'autopersuasion marche toujours avant de prendre une décision importante –, mirage lointain impossible à rejoindre, s'élevant au-dessus de l'asphalte comme une vague esquisse de l'Atlantide oubliée. Ce projet avait quand même une autre gueule que de passer son bac !

« Il ne sert à rien d'anticiper les malheurs, c'est les vivre deux fois. » Confucius avait décidément bien raison. Le temps des explications arriverait bien assez tôt. Pour le moment je me plaisais à Sète. Le mode de vie d'Éric me convenait tout à fait, et puis nous faisions déjà un peu partie de la famille.

Notre hôte nous avait en effet invités à déjeuner chez ses grands-parents paternels, un couple de Siciliens tout droit sortis du siècle dernier. Le repas avait été haut en couleur, mais nous avions fait honneur à nos hôtes.

J'avais été déstabilisé au départ par le fait que le grand-père ne s'asseyait jamais. Petit, sec comme un grissini, il n'arrêtait pas de parler dans un français haché, difficile à comprendre, d'autant plus qu'il ne cessait de rigoler.

— C'pas t'les jours qu'le Éric nous ramène des amis, z'êtes les bienvenus, messieurs.

— Merci bien. Bonjour.

Jo et moi avions amené un modeste bouquet et les yeux de la grand-mère s'étaient émerveillés devant la composition florale colorée que nous lui avions offerte. Nous l'avions conquise en moins de temps qu'il n'en faut pour tirer un bang. Tant mieux.

Les grands-parents d'Éric étaient des gens simples, d'une autre époque, où les rêves d'épanouissement de la classe populaire n'existaient pas. Ils avaient travaillé toute leur vie comme des damnés, sans jamais rechigner, et s'étaient étonnés d'y survivre et de se voir allouer une petite pension pour leurs vieux jours.

Jamais Éric ne les avait entendus se plaindre, et leurs sourires édentés, du haut de leurs quatre-vingts ans avancés, réchauffaient les cœurs les plus insensibles. Ils nous avaient accueillis comme des princes, ne remarquant même pas nos apparences vestimentaires désinvoltes et nos cheveux longs mal peignés.

« C'est les premiers parents ou grands-parents d'amis qui ne se moquent pas de mon look. »

Trop de choses dans ce millénaire finissant devaient déjà leur paraître étranges pour qu'ils aient à s'offusquer d'une quelconque mode vestimentaire. Bien calés autour de la table de la cuisine, nous observions avec un respect non feint l'étonnant ballet de ces deux natifs de Palerme.

Armé d'une bouteille de rouge italien, le grand-père restait debout à tourner autour de la table pour vérifier qu'aucun verre ne reste vide.

— Goûtez-moi ça, la jeunesse, c'est bon pour vot' âge.
Son vin de table était chaud et corsé comme sa ville d'origine. Il tapait vite au cerveau et avait envoyé valser ma résolution d'arrêter la picole. Johan m'avait regardé, mi-étonné, mi-amusé.
« Eh oui, je bois, Jo. Je sais me tenir, monsieur. »
Notre ami nous avait présentés comme des jeunes ayant un bon coup de fourchette et la grand-mère s'était fait un plaisir de nous exploser la panse. Elle avait commencé par déposer d'odorantes bruschettas devant nous.
— Allez, les jeunes, régalez-vous !
Il ne fallait pas nous le dire deux fois. Nous nous jetâmes sur les bouts de pain aillés, recouverts de tomates et de fromage onctueux, avec passion. Heureuse de constater notre bon appétit, la vieille dame au regard rieur se leva pour sortir d'une armoire au-dessus de sa cuisinière un pot rempli de poivrons marinés dans l'huile d'olive. Un délice à déguster sans modération.
De son côté, le vieux, toujours debout, la mine avenante, veillait à notre ivresse et je le vis déboucher une deuxième bouteille alors que nous n'avions même pas fini d'honorer les derniers antipasti déposés sur la table : des morceaux de tomates cerises juteuses entourés de jambon sec et fourrés de mozzarella di buffala. Un régal.
Le sang me montait à la tête et nous n'étions pas encore passés à table. Ce fut chose faite et nos yeux dévorèrent par avance les belles assiettes remplies de gnocchi à la crème et saupoudrés de parmesan.
— Vous nous gâtez, s'exclama Johan, trop heureux de festoyer ainsi.
Il faut dire que l'alimentation chez Éric n'était ni conséquente, ni équilibrée, ni régulière. Honte à nous. C'était un peu comme et quand chacun voulait. Et on voulait rarement manger au même moment, ce qui ne facilitait pas la bonne tenue d'une cuisine digne de ce nom.
Je me jetai donc sur le plat de gnocchi, savourant les boulettes de pomme de terre dans leur lit de crème comme si c'était mon dernier repas. Johan se resservit deux fois pour le plus grand bonheur de nos hôtes joyeux, qui nous expliquèrent avec précision les secrets des gnocchi réussis et les origines du vin que nous buvions. Les deux histoires en même temps.

Dans cette joyeuse cacophonie, nous retrouvions la convivialité de l'alcool et de la bonne bouffe, celle que nous n'avions finalement pas trouvée à Dax malgré la mise en avant permanente de l'authenticité de la population locale et des produits du terroir.
« La gentillesse et l'hospitalité ne se décrètent pas. Elles se vivent. »
Et la cuisine des grands-parents d'Éric était le lieu parfait pour partager une belle tranche de vie.

— Je suis éclaté, lâcha Johan après sa seconde assiette de pâtes.

— De quoi ?

— Il veut dire qu'il s'est régalé, Mamie.

La vieille dame regarda avec satisfaction nos assiettes vides et saucées. Je fis un signe de la main à Éric pour montrer à mon ami qu'il ne s'était pas trompé en nous invitant chez ses grands-parents. Il regarda son papy ouvrir une troisième bouteille de rouge et se mit à rire sans raison apparente. Je compris alors, en entendant sa grand-mère se réjouir de notre appétit, pourquoi il ne s'était servi qu'une fois — et encore, pour le geste, sa part de gnocchi étant ridicule par rapport à la mienne ou à celle de Jo.

— On va pouvoir passer au rôti.

Les yeux de Jo marquèrent soudain la stupeur. Pris au dépourvu, je ne parvins pas à fermer ma bouche.
« C'est une blague ? »
Non, ce n'en était pas une. Les gens du Sud ne rigole pas avec la nourriture. Je l'apprenais à mes dépens.

— Tu gobes les mouches ? se moqua Éric.

— Le rôti ? répéta Jo pour s'assurer qu'il avait bien entendu.

— J'espère que vous aimez le porc, nous lança la mamie en se baissant pour ouvrir le four et en sortir un rôti tout fumant.

L'odeur du thym et du laurier emplit d'un coup la pièce et, sans raviver nos appétits repus, il éveilla notre curiosité gustative.

— Apportez vos assiettes.

— Juste pour goûter, alors, implora Johan en dégrafant le bouton de son jean.

— Allez, allez, vous ne voulez pas me faire de la peine, quand même.

— Non madame, surtout pas, mais juste pour goûter, répéta-t-il.

Et Jo fut bon pour deux belles tranches de rôti servies sur un tapis de tomates fondues et agrémentées de morceaux d'ail confit délicieux. Je reçus le même traitement et nous mîmes une bonne demi-heure pour terminer nos assiettes. Le temps pour le grand-père de nous servir une quatrième bouteille. La température de mon corps était montée de plusieurs degrés. L'air se faisait rare. Je respirais avec difficulté après chaque bouchée. Johan ne parlait plus, préférant garder ses forces pour faire fonctionner son système digestif et espérant oublier les antipasti, les gnocchi et les bouteilles de vin qu'il venait d'ingurgiter avant de s'attaquer à un plat de viande bien garni.

J'étais au bord de l'explosion quand Éric nous donna le coup de grâce en annonçant la spécialité de sa grand-mère :

— Elle a fait un tiramisu dont vous allez me dire des nouvelles.

Dans le genre étouffe-chrétien, on pouvait difficilement faire pire. C'en était trop, je voulais fuir, mais le piège culinaire s'était refermé sur moi. Il n'y avait pas d'issue de secours, aucune alternative, pas d'autre échappatoire que de manger une part de dessert maison.

« Mon Dieu, comment vais-je faire ? Je frise l'occlusion intestinale. »

— Une toute petite, alors, suppliai-je.

— Vous allez me vexer, jeune homme, si vous ne mangez pas.

J'étais bien éduqué malgré mon mauvais genre, et je n'osai contredire la cuisinière. Je finis mon assiette, le ventre au bord de l'implosion. Mon estomac gargouillait déjà, travaillant comme jamais à digérer le festin que je venais d'engloutir. Il prévenait mon côlon de l'arrivée massive d'aliments délicieux mais ô combien lourds.

« Faites place, mesdames les gnocchi, le rôti arrive et il est à peine mâché ! Et je ne parle pas du tiramisu, crémeux à souhait ! Mon Dieu, mais où vais-je fourrer tout cela ? »

Poser la question provoquait la nausée et j'acceptai sans hésiter le verre de limoncello glacé tendu par le grand-père. Il fallait au moins ça pour sortir de table la tête haute et… le ventre plein.

12

Je ne suis pas un adepte de la sieste, sauf en cas de force majeur. De toute évidence, c'en était un. Éric nous avait indiqué une chambre à l'étage où nous pourrions nous reposer et gérer au mieux notre digestion. Je ne prêtai aucune attention à la décoration désuète de la pièce, je n'aspirais qu'à allonger mon pauvre corps sur un lit douillet. Il était grinçant. Pas de chance.
Johan ferma les rideaux pour cacher notre épuisement et la saturation de nos estomacs.

— Je roule un joint ?

— Tu veux me tuer direct ? Je ne peux plus rien ingurgiter… Je suis KO.

Jo acquiesça en silence.

— Elle est folle la mamie, elle avait fait à manger pour un régiment.

— Et le vieux qui n'arrêtait pas de nous servir à boire, tu l'as vu manger ?

— Non. Jamais. Il ne s'est pas assis de tout le repas.

Je fixai le plafond blanc. De maigres rayons de lumière venaient jouer sur les imperfections de la peinture. Elle s'écaillait de part en part, laissant deviner une longue vie.
« Ils n'ont jamais rien changé depuis qu'ils se sont installés ici. »
J'essayais d'imaginer comment s'y prendraient les ouvriers pour refaire la maisonnette sans perdre la chaleur et l'authenticité des lieux. Dépoussiérer le passé n'est pas chose aisée. Mes pensées n'eurent pas le temps d'aller plus loin. Déjà le sommeil s'était emparé de moi.
Une tempête approchait. Mes bras étaient de longues ailes

aux plumes argentées. Je les agitais pour m'envoler, mais mes jambes empêchaient tout décollage. Mes pieds s'enfonçaient profondément dans le sol comme les racines d'un arbre centenaire. J'étais bloqué. L'orage terrifiant s'approchait et je remarquai que mon corps immobile se trouvait être le tronc nervuré d'un baobab majestueux. Était-ce possible ? J'étais prisonnier de ma terre natale, incapable de fuir la colère du vent et les coups cinglants de la pluie. De longues chaînes de foudre déchirèrent le ciel noir, et je pris par surprise le destin. Mes longues ailes arrachèrent les racines de mon corps à sa prison de boue et de limons. J'étais libre. Enfin. Une seconde ou une éternité, je ne sais, le temps n'existait pas dans l'univers où mon esprit vagabondait. La nature ne l'entendit pas de cette manière. Elle lança à ma poursuite une armée d'éclairs prête à tout pour stopper ma fuite. Je décampai aussi vite que possible, mais le soufre de leurs impacts sur le sol me rattrapa. J'étais fait. Condamné.

Une grosse goutte perla sur mon nez et je sursautai en pensant que la pluie avait eu raison de moi. Le lit grinça. Je rêvais. Dans les escaliers il y avait le bruit de pas qui montaient. Tonnerre. Dehors le vent s'était levé et jouait avec les rideaux, laissant par moments apparaître des rayons de lumière aveuglante. Éclairs. J'étais seul, Johan était parti. Dans la pièce à côté j'entendis l'eau qui coulait, puis la chasse d'eau. Pluie. La porte s'entrouvrit et Éric me lança :

— Bien dormi ? Les filles sont là, tu descends ?

— Les filles ?

— Descends, je te dis.

— OK, j'arrive.

Je redressai mon buste, mon ventre pesait des tonnes. Un début de mal de crâne frappait mes tempes. La porte s'ouvrit à nouveau. Johan. La main sur le ventre, le teint verdâtre, il retenait au mieux les relents d'air remontant son œsophage pour parfumer la pièce de son haleine fétide.

— T'as pas un chewing-gum ?

« J'y crois pas, il a rendu son repas. »

— T'as vomi ?

— Mais non, qu'est-ce que tu racontes.

— Putain, Jo, t'as vomi le repas !

— Me fais pas chier, Sacha, j'en pouvais plus. J'allais exploser.

— J'y crois pas mec, t'es un putain de Dacquois. Un vrai beauf de base…

Jo fit mine de ne pas avoir entendu et me redemanda de quoi lui rafraîchir l'haleine.

— Tic Tac, menthol, pschitt, pastille, dentifrice ?

— Tu me prends pour ton dealer de menthe ?

— Tu devrais l'être, tu en as bien besoin toi aussi.

— Vous descendez, ou quoi ?

Une voix en bas des escaliers s'impatientait. Éric et les filles, donc... La surprise fut double. Notre ami était assis à la table de la cuisine, buvant un thé – à la menthe, Jo ? – avec Agnès, et une blonde assise de dos dont je ne pus distinguer tout de suite le visage. Johan reprit des couleurs en voyant son ancienne promise et je restai scotché quand la copine tourna la tête vers moi.

Blonde au carré plongeant, lèvres rose nacré, petit nez légèrement retroussé, tâches de rousseur discrètes prolongeant un bronzage léger, yeux bleu sombre rehaussés par un trait de crayon noir, regard enfantin et perçant, charme fou, j'avais en face de moi un clone lumineux de l'héroïne de *Pulp Fiction*, Uma Thurman.

« Pourvu qu'elle ne tape pas autant de coke et qu'elle ne soit pas maquée à un gros voyou. »

— Ma cousine Aurélie, la présenta Agnès. Jo et Sacha, deux amis avec qui on a castré le maïs et qu'on a suivis au teknival de Tarnos.

— Salut.

Je lui fis la bise en apnée totale, espérant ne pas laisser passer de relents désagréables du déjeuner. Elle n'y fit pas attention, comme à moi d'ailleurs. Normal pour une telle nana, créature intouchable de couverture de magazine féminin, une fille capable de complexer toutes les lectrices qui payaient pour se faire du mal, se sentir moches et grosses, mal à l'aise dans leur corps. Aurélie était distante, presque absente de la pièce. Beauté froide capable d'électriser un film : j'étais amoureux.

— J'ai deux courses à faire avant de rentrer, mais Agnès et Aurélie proposent de vous emmener faire une petite visite du coin. Vous pourriez aller au Théâtre de la Mer. Je serai pas long, mais si la balade vous dit pas, je vous laisse les clés pour rentrer chiller à la maison.

« T'es ouf, Éric, je passe même la semaine avec elles... »

— Pas de souci, répondit Jo, on va faire les touristes, c'est cool. La ville est super belle et on n'a encore rien vu.

Nous prîmes congés des grands-parents d'Éric dans la bonne

humeur. J'étais remonté fissa à l'étage rouler trois joints, histoire de rester discret et espérant qu'Aurélie fume aussi.
« C'est la fille parfaite si elle bédave. »
Elle l'était. Et en attendant que je le découvre, Agnès et sa cousine nous firent marcher un bon moment en insistant sur les particularités de tel ou tel bâtiment, ce qui facilita un peu ma digestion. De parfaites guides touristiques pour vacanciers du mois d'août, le charme en plus. J'ai honte d'avouer que je n'avais pas grand-chose à faire de la grande place et de l'église Saint-Pierre, tout juste retins-je que les familles aisées résidaient du côté du mont Saint-Clair, et qu'Éric et ses grands-parents n'y habitaient pas, eux. Il faisait beau, chaud, un temps idéal pour découvrir la ville. Je marchais aux côtés d'Uma Thurman, sexy, sublime, et j'imaginais possible de voir débarquer Samuel L. Jackson et John Travolta, en complet noir, la gâchette facile, à la recherche de la femme dont ils devaient assurer la sécurité.
« Surveille tes arrières, Jo. »
Au bout d'une bonne heure de promenade, Agnès stoppa notre groupe pour nous présenter le but de notre balade. Mon cœur se souleva de dégoût.

— Le cimetière marin de Sète.

— C'est morbide ! ne pus-je m'empêcher de déclarer en voyant les centaines de tombes entassées les unes à côté des autres.
Devant moi s'étendait un champ de stèles disparates et concurrentes. Même dans l'au-delà les morts ne pouvaient s'empêcher d'exhiber leur fortune. Macabre découverte, j'étais gêné par les formes spectaculaires de certains caveaux et le contraste imposé par d'autres, modestes comme un au revoir.
« L'argent nous divisera toujours. »
Je reçus en réponse un gros coup de coude de Johan dans les côtes. Agnès feignit de ne pas avoir entendu ma remarque, mais ses lèvres pincées avouèrent le contraire. Aurélie sourit. C'était toujours ça de gagné. Sa cousine commença une longue liste d'artistes enterrés sous nos pieds. Je m'éloignai, laissant Johan boire les paroles de son amie, pour admirer un peu plus loin la vue magnifique embrassant l'horizon, la mer et…

— Le Théâtre de la Mer de Jean Vilar.

Aurélie m'avait suivi et m'indiquait le fondateur du monument avec son accent chantant. Le nom de l'artiste ne me dit rien, et j'eus l'impression d'être inculte. J'allumai un premier joint pour

me consoler.
« C'est peut-être ça, l'éternité, un morceau de pierre à qui on donne son nom. »
À côté de moi, Aurélie ne parlait plus. Latte après latte, je repensais à la musique du film de Tarantino et revoyais son actrice fétiche danser, se faire masser les pieds, sniffer un, deux, dix rails de coke, saigner du nez, tomber raide… Sa beauté n'était pas fatale, loin de là, mais un magnétisme étonnant irradiait les imperfections de son visage pour dégager une perversité adorable, un vice ensorcelant. Je lui tendis le spliff.

— C'est le plus beau point de vue de la ville.

— Ah, OK. Je vois ça, c'est magnifique.

Je marquai un silence et avouai ma déception.

— C'est quand même bizarre d'offrir aux morts une si belle vue. On pourrait la filer aux pauvres. Ils seraient contents d'habiter le coin.

Aurélie me regarda, surprise par la remarque. Elle aspira une longue bouffée de shit et acquiesça.

— Je n'avais jamais vu les choses sous cet angle, mais c'est vrai. T'as raison. C'est con de réserver cet endroit aux morts.

Conscient que la conversation dans un cimetière pouvait facilement devenir glauque et voyant Agnès occupée à raconter l'histoire de chaque tombe à Johan, je proposai à Aurélie de me montrer la sépulture de Brassens.

La rencontre de Tarantino et du grand Georges me paraissait détonante. Je suivis mon adorable guide. Elle était fine et menue, dans sa robe jaune sable, serrée au-dessous des seins, et ne mesurait pas plus d'un mètre soixante. Une puce sexy à en tomber.

« C'est une bombe ! »

Mon cœur s'emballait. J'allumai un second joint, et j'explosai mon regard que je cachai derrière mes lunettes de soleil. Aurélie fuma aussi sur celui-là. Elle était cool et simple en plus d'être ravissante. Mes chances s'amenuisaient – trop belle pour moi –, mais je profitais du moment.

— C'est quoi, ta chanson préférée de Brassens ?

— *La Mauvaise Réputation.*

— Ça m'étonne pas.

— Ah ouais, pourquoi ?

— Agnès m'a un peu parlé de toi.

— En bien, j'espère.

Pas la peine d'écouter la réponse, sa cousine avait dû me griller, racontant mes embrouilles avec elle et mes délires sous MDMA. Justement, elle et Johan nous rejoignirent devant la tombe du poète qui chantait « Mort aux vaches, mort aux condés » bien avant que NTM ne propose de « niquer la police » ou que Ministère A.M.E.R s'occupe de Brigitte, femme de flic.

— Agnès propose qu'on aille au Théâtre de la Mer. Ça vous dit ?

Johan avait l'art de sous-entendre les réponses attendues à ses questions orientées.

« Message bien reçu, Jo. Je vous laisse. »

— Non, je suis vanné, je vais rentrer à la casa. Il doit bien y avoir un bus pour m'y ramener ?

Aurélie, consciente également que le moment était venu de se retirer, proposa de rentrer avec moi.

— C'est sur mon chemin.

— Parfait, alors, on y va. Bonne balade.

L'occasion était belle de faire plus ample connaissance avec le sosie d'Uma, mais le second joint nous avait bien éclatés et je ne sus que débiter un flot de conneries pour la faire se marrer à défaut de l'amener à se confier à moi.

À l'arrière du bus, on passa un bon moment à se moquer des passants, de leur look, de leur air sérieux, de leurs pas pressés. Aurélie était décomplexée, pas du tout comme je l'imaginais, distante et froide, mais au contraire rieuse et ironique. Nous avions un humour similaire et le même amour de la défonce cannabique. Il y avait un bon feeling entre nous, et je me dis en silence que je devrais peut-être tenter quelque chose, lui faire comprendre que j'étais séduit par elle, que si elle le décidait, c'était quand et où elle voulait. Et si et si…

« Laisse tomber, mec, t'es un ouf ! »

Je restais bloqué devant son charme. Je trouvais mille raisons pour ne pas rompre le moment délicieux que nous passions ensemble, affalés sur la banquette arrière d'un bus public, transpirant dans la chaleur de l'été, mais savourant le moment présent sans arrière-pensées. Enfin non, j'espérais secrètement avoir une chance.

« À qui elle ne plaît pas ? Pose-toi cette question avant de te prendre un méchant râteau. »

J'hésitais par fierté et par lâcheté, délivré par un arrêt de bus annonçant que j'étais arrivé.

— Bye.

— À bientôt.

— Carrément, passe nous voir chez Éric.

Je n'entendis pas sa réponse, mais je devinais qu'il ne fallait pas trop rêver. Je rallumai le cul du joint en la regardant s'éloigner. Je devinais sa chevelure me tourner le dos.

« Si elle tourne la tête, y'a moy… »

Elle ne la tourna pas et je rentrai chez Éric la tête basse, furieux de ne pas avoir osé la draguer, me limitant à un numéro de petit malin asexué. J'avais envie de me taper. Des occasions comme ça ne se présentaient pas tous les jours.

« Fais trop chier. »

J'approchais de la porte d'entrée de chez Éric quand j'aperçus deux drôles de types qui traînaient devant. La vingtaine passée, casquettes US vissées sur la tête, tee-shirts à la mode et baggys tombant sur leurs Nike Air, ils avaient le look de petites frappes cherchant à faire un mauvais coup.

Je levai les yeux pour voir si Éric guettait et je décidai de régler cette histoire d'un regard tueur, à la manière de Charles Bronson dans *Il était une fois dans l'Ouest*. Stoïque, viril, définitif, je programmai mes yeux pour montrer à ces deux connards qu'ils n'avaient pas à traîner devant chez Éric.

J'avançai le torse bombé, faisant craquer les doigts de ma main un à un, le pas décidé, la tête haute. Les deux se faisaient face et ils ne remarquèrent ma présence qu'au moment où je tournais pour pénétrer dans l'immeuble. Celui qui était contre la porte dut se pousser pour me laisser passer.

L'espace d'une longue demi-seconde, mes yeux injectés de sang et mon regard en mode malade mental s'enfoncèrent dans le crâne de ce demeuré. Lutte à mort entre deux mâles dominants. Je remportai haut la main ce duel silencieux.

— Bonsoir, murmura le vaincu à mon passage, dépité par la force de mon caractère.

Je savourais la victoire et montai quatre à quatre les escaliers m'amenant au troisième étage, chez Éric. Mon ami était là en train de se fumer un gros spliff d'afghan et de rire aux conneries de Fat Freddy, Phineas Freakers et Freewheellin Franklin, les héros des Freaks Brothers.

— Ils sont trop forts, ces cons. Ils sont partis au Mexique avec un mini-van et ils enchaînent nawak sur nawak… J'ai jamais vu

des losers comme ça !
Éric connaissait par cœur les histoires du trio de hippies déjantés et il ne s'en lassait pas. Je me dirigeai vers les toilettes récupérer un tome de la BD que je n'avais pas encore lu tout en avertissant mon hôte de ma force mentale.

— T'as vu les deux cailles en bas de chez toi ?

— Les quoi ?

— Y'a deux types chelous qui font les cakoss devant ta porte d'entrée.

— Ah ouais ? Non, j'ai rien vu, ils étaient pas là quand je suis rentré.

— T'inquiète, je les ai calmés.

— T'as bien fait, répondit Éric sans m'en demander plus.

Il n'y avait rien à ajouter de toute manière. Je n'allais pas vanter la force de mon regard. J'oubliai leur présence et m'enfonçai dans un fauteuil avec le troisième tome de la bande dessinée, essayant d'oublier le sourire ravageur d'Aurélie. Johan débarqua seulement une heure après. Je ne lui demandai pas comment s'était passée la fin de son après-midi, la réponse était évidente. Il ne se ferait jamais Agnès. Mon ami n'avait de toute manière pas envie de s'attarder dessus, il avait une nouvelle bien plus importante.

— Putain, les gars, y a la BAC en bas !

— Hein ?

— Y'a les condés en bas de chez toi, Éric. Deux types en civil avec des brassards de la BAC et une voiture banalisée de flics un peu plus loin dans la rue.

— Oh ! merde !

Éric se leva d'un coup et courut dans sa chambre en nous ordonnant de mettre dans un sac le matos sur la table du salon et celui qu'on avait sur nous. Une montée d'adrénaline monta en moi et effaça toute la fatigue de la journée et la défonce des joints fumés depuis mon réveil. Elle se transforma en boule au ventre quand Jo me décrivit les deux flics en civil :

— Jeunes habillés sportswear, casquettes sur la tête et gueule de cons… Tu vois le genre ?

« J'y crois pas comme je suis teubé ! Incroyable. »

Je venais d'exciter deux pitbulls assermentés prêts à perquisitionner chez nous. Éric redescendit en quatrième vitesse avec une trousse de toilette dans laquelle il avait dissimulé les six savonnettes de shit qu'il lui restait.

— Bougez pas de là, ordonna-t-il avant de disparaître de longues minutes, pendant que Johan et moi restions prostrés en attendant la minute fatidique.

Flip total.

« On est faits comme des rats. Les bâtards vont monter nous arrêter. »

13

L'attente fut longue et stressante. Nous guettions le moindre bruit dans les escaliers, imaginions tous les scénarios possibles.
« Qui a balancé ? Combien seront-ils à venir retourner l'appartement ? Allions-nous tous finir en "gardav" ? »
Questions nombreuses et tortueuses qui restèrent sans réponse. Personne ne vint frapper à la porte avant 22 heures, l'heure légale au-delà de laquelle il n'y a plus de perquisition. Pas de flics, ni en civil, ni en uniforme, tout juste un client d'Éric qui débarqua vers 21 h 30 pour toucher un bout de shit et qui provoqua chez nous une belle frayeur.
Vers 23 heures, notre ami sortit récupérer un toc pour que nous puissions fumer le reste de la soirée. J'essayai d'imaginer la planque idéale pour cacher son matos, en vain. Éric avait ses secrets. Normal. Après de telles émotions, personne n'avait envie de dormir et on passa une bonne partie de la nuit à refaire le monde, en légalisant une bonne fois pour toutes le cannabis.

— T'imagines le bad : je tombe pour un « kile » et demi, les condés me prennent pour un dealer, et je pars direct au mitard…
J'avais du mal à envisager une telle hypothèse, pourtant bien réelle et réservée aux adeptes du système D comme Éric.

— J'ai deux potes qui ont été balancés par deux ados de quinze ans à qui ils avaient vendu un douze de marocain. Les flics ont débarqué chez eux et ont trouvé quatre savonnettes. Ils ont fait vingt-quatre heures de garde à vue, la misère…

— Et il s'est passé quoi ?

— Ben je sais pas trop. C'est pas clair, ils sont sortis du commissariat en disant qu'ils avaient donné personne, mais bon,

ils ont ensuite pris du sursis, et plusieurs gars pensent que c'est parce qu'ils ont balancé leur grossiste. De toute manière, vendre du toss à des gamins de quinze ans, c'est pas malin…
Les dessous du business du haschisch étaient glauques, les termes employés faisaient penser à un vulgaire polar de série Z. On réduisait une partie de la jeunesse française à de la petite délinquance sous prétexte que la société refusait d'accepter le cannabis comme un élément désormais constitutif de sa culture.
Pour moi, Éric était un jeune cool et motivé, fumeur au grand cœur, prêt à tout pour réaliser son rêve, devenir photographe voyageant autour du monde. Pour la police et la justice françaises, il n'était qu'un banal dealer de drogue méritant la taule comme les voleurs, les braqueurs, les violeurs, les assassins.
Je repensais à mes cousins et à leurs cultures d'intérieur. Il suffirait d'un peu de malchance pour qu'ils tombent, eux aussi, et aient de sérieux ennuis. Le tarif serait le même pour Simon et sa bande. Et que nous serait-il arrivé si Jo et moi nous étions faits choper à Dax avec nos cent grammes de weed ?
Méritions-nous d'être considérés comme la lie de la société simplement parce que nous fumions tous les jours quelques spliffs ?

— Le problème, ce n'est pas qu'on fume du bédo, à la limite l'État s'en fout. Le problème c'est que les fumeurs sont la plupart du temps des personnes subversives, critiques vis-à-vis du pouvoir. La répression s'explique autant par le profil des consommateurs que par la recherche de teuschi elle-même.

La réflexion d'Éric me laissa songeur. J'y pensai une bonne partie de la nuit. Je ne pourrai pas être libre de fumer dans ce pays. C'était désolant.
Le lendemain, la vie reprit son cours, d'autant plus facilement que la boulangère avait annoncé à Éric l'arrestation de voleurs à la tire qui officiaient dans le quartier et que la police pistait depuis des mois. Nous n'étions ni recherchés, ni démasqués, et nous pouvions reprendre nos habitudes comme si de rien n'était.
« Les affaires reprennent. »
Rassuré, Éric alla chercher son matos et on passa la journée chez lui à fumer des joints en écoutant de la bonne musique. Johan avait sorti les K7 que mes cousins nous avaient copiées et une douce ambiance jamaïquaine illuminait l'appartement de notre ami.
Buju, Sizzla, Capleton démontraient tout leur talent sur des

instrumentales composées par les grands anciens remises au goût du jour par des producteurs yardies. Bob et Peter pouvaient reposer en paix, l'avenir du reggae était assuré.
Il fallait au moins cela pour récupérer de la conversation que j'avais eue avec mes parents. Cela faisait dix jours que je ne les avais pas appelés et ils furent tout surpris de me savoir à Sète, et furieux d'apprendre que je ne rentrais pas le jour même.
Johan avait décidé que nous partirions le lendemain, mais je ne voulais pas le leur avouer de peur qu'ils trouvent un moyen de me retenir. Le plan était simple : nous rentrerions discrètement à Nice, nous récupérerions le scooter de Jo, et on se tirait directement de la ville pour continuer notre *road trip* sur un 50 cm^3.
D'ici là, je préférais éviter d'annoncer à mes parents ma décision définitive de prendre la clé des champs. Ils auraient tout le temps de me maudire quand ils auraient compris que je ne rentrerais pas.
Sur le coup des deux heures, Aurélie débarqua sans avoir prévenu et sans Agnès. Éric fut le premier surpris mais il lui tendit un bout de shit comme si elle avait ses habitudes chez lui. Notre ami savait recevoir et la belle resta toute l'après-midi à fumer des joints et à délirer avec Jo et moi.
Johan savait très bien pourquoi Agnès n'était pas venue. Sa dernière tentative de séduction avait échoué et, dégoûté d'avoir encore perdu son temps, il l'avait laissée en plan, en pleine visite du Théâtre de la Mer. Plus rien ne le retenait à Sète.
Ce n'était pas mon cas.
J'écoutais Aurélie raconter comment elle avait fait fumer leur premier joint à deux potes de classe qui s'étaient sentis mal en plein cours.

— J'étais trop mal, mais ces idiots n'avaient pas mangé de la journée et ils ne m'avaient rien dit avant de venir fumer un gros spliff de skunk. Tu vois le genre ?

Je voyais bien. D'habitude, les filles superbes parlent, on les écoute sans rechigner, espérant découvrir le secret du désir qu'elles exercent sur vous. Aurélie était de celles-là, mais en plus trash, plus sombre, plus libre, plus cultivée. Elle parlait de tout et de rien, mais surtout de sujets passionnants.

— Il existe deux types de livres sur les drogues : ceux qui te donnent envie de découvrir les ressorts de ton âme, te poussent inextricablement à te dépasser, et ceux qui te blasent de ces

expériences à cause de considérations morales, religieuses, et de la peur de découvrir qu'un ailleurs, un autre part, existe.
Je n'aurais pas dit mieux, Éric et Jo non plus. Je n'avais même jamais pensé à catégoriser ainsi les bouquins ayant pour sujet notre passion commune.

— Tu mettrais quoi dans la première catégorie ? demanda Éric, en faisant tourner un gros pet' de liban rood.

— Bah, ça dépend aussi des lecteurs, mais je mettrais Huxley et Castaneda dans les auteurs qui donnent envie de tester des drogues.

— Bof, moi, *L'Herbe du diable* m'a pas donné envie de goûter la datura, objecta Jo. L'histoire est flippante et Don Juan est un sorcier capable de te retourner le cerveau avec ses théories à deux balles.

— C'est ce que je te dis. Ça dépend aussi de chacun…

— Je suis sûr que personne n'a envie de toucher à l'héro après avoir lu *Le Festin nu* de Burroughs… plaisanta Éric.

— C'est sûr que c'est pas les Freaks Brothers ! Il est trop hardcore, Burroughs, répondit Aurélie.

Tout le monde éclata de rire. Il y avait une année-lumière entre le style littéraire de Burroughs et les dessins de Sheldon. Probablement l'humour et la désespérance, aussi, entre ces deux grands auteurs américains.

— C'est l'héro, plutôt, qui est trop hardcore. On comprend rien du début à la fin du bouquin. C'est l'hallu, ses histoires de came, de visions, de nègres, de pisse et de merde. Franchement, la blase ! On m'en avait dit tellement de bien. J'ai été vraiment déçu en lisant le bouquin, avoua Éric.

La remarque me fit penser aux *Paradis artificiels* de Baudelaire. J'avais acheté ce livre, attiré par son titre et certain de mon admiration pour son auteur. Je m'imaginais plonger dans une version hallucinée et underground des *Fleurs du mal*. J'étais à mille lieues de penser que l'albatros cloué au sol, le grand Charles, était capable d'écrire un bouquin moraliste comme celui-là. Sa haine des plaisirs de la vie m'avait profondément déçu. Dans la version poche du livre, seules les expériences de Théophile Gautier étaient intéressantes. Son récit *Le Club des haschischins* donnait envie d'ingurgiter les produits décrits afin de les confronter à la qualité des cannabis actuels. Une telle comparaison aurait été intéressante

pour justifier l'encadrement de la vente de ces produits, ne serait-ce que pour préserver justement cette qualité.
Et puis j'aurais aimé pouvoir comparer la puissance des infusions qu'ils se préparaient. J'avais beau fumer depuis un bon moment, et des matos de qualité, jamais je n'avais eu la moindre hallucination avec du shit, et jamais je n'avais entendu parler d'une telle expérience autour de moi.
C'était d'ailleurs comique de remarquer que c'est bien cette perte de contrôle qui avait fait peur à Baudelaire et lui avait fait prendre position contre la consommation de cannabis. Cruelle désillusion que de lire dans un livre du poète maudit des pages et des pages de conservatisme et de puritanisme détestables.
« Tout est une question de mesure, mon cher Charles, et non d'atteinte à ta liberté ! »
J'imaginais que le shit et l'opium avaient été mélangés pour donner les effets hallucinogènes qui avaient effrayé le poète. Sinon, comment expliquer les réactions peureuses, craintives, négatives de l'écrivain, cherchant à décrédibiliser l'ivresse cannabique ? Je partageai mes pensées avec mes amis. Seule Aurélie avait lu le bouquin et, encore une fois, nos avis convergeaient.

— J'ai toujours préféré Baudelaire poète dépressif plutôt que moraliste anti-épicurien.

Le verdict était sans appel.

— Sa vision du shit a quelque chose d'enfantin. Il fait du fumeur de hasch un esclave alors qu'il reconnaît en même temps qu'on n'en devient pas accro. Il assimile la consommation de shit à celle de l'opium et en fait une atteinte contre sa liberté de penser et d'être un humain. En fait, il refuse surtout aux autres de rêver et de pouvoir devenir ses alter ego.

Je n'avais jamais envisagé *Les Paradis artificiels* sous cet angle. Baudelaire avait peur du cannabis car il voyait en lui un moyen de démocratiser l'inspiration des génies. Les élites intellectuelles et artistiques de cette époque s'imaginaient dépossédés de leur préemption quant à l'appréciation des belles choses et des secrets de l'âme humaine.

— Il aurait mieux valu qu'il se taise et laisse à chacun le choix de ses abus et de ses plaisirs. L'albatros n'a plus d'ailes mais il n'a pas non plus une énorme envie de planer…

Aurélie m'avait bluffé. Elle avait réglé son compte à Charles Baudelaire avec esprit et humour. Cette nana était une perle rare pleine de théories décalées sur l'art, la politique, la drogue. On se retrouvait à peu près sur tout et sur le mode de vie encore plus.

— On va boire l'apéro ? demanda-t-elle en fin de journée.

Personne n'avait remarqué que l'heure d'honorer Bacchus était arrivée. Le temps passe vite quand on se défonce en refaisant le monde avec des amis. Les joints se roulent, se fument, tournent, s'enchaînent les uns après les autres comme les heures du jour. Ils fatiguent sérieusement aussi, et ni Johan ni Éric n'étaient très motivés pour sortir de l'appartement. C'était mon heure.

Aurélie et moi partîmes nous installer à la terrasse ensoleillée d'un café étancher nos soifs. Pastis pour tout le monde, c'était ma tournée. Aurélie continua de m'exposer son point de vue sur les artifices.

— C'est idiot d'expliquer que les drogues sont des artifices. Tu les sens ou tu les sens pas, si tu les sens, c'est pas des artifices.

J'acquiesçai en repensant aux feux d'artifice de mon enfance. Il y avait près de chez moi un festival international de pyrotechnie où mon père m'emmenait chaque été. Voir la nuit déchirée par de minuscules fusées capables d'enflammer le cœur et l'imagination des milliers de familles présentes était une formidable preuve de la capacité de l'humanité à se sublimer pour le beau, le doux, le grandiose. Notre aspiration aux rêves était la plus belle quête qui soit, une lutte pour survivre à notre état d'absurdité sur Terre, une dernière tentative pour donner du sens à nos existences. Je racontai à Aurélie ces histoires passées devenues avec le temps les fondations de mon être.

— À six ou sept ans, un 14-Juillet, je me rappelle avoir attendu des heures que le chef artificier lance les opérations. Mais y eut pas moyen et aucun feu d'artifice. Mon père m'avait expliqué que le vent et l'orage ne permettraient pas les explosions de couleurs. J'en avais eu les larmes aux yeux, désespéré de rater un spectacle que j'attendais depuis des jours.

— Pauvre chou, s'exclama Aurélie en me prenant la main.

Je frissonnai, gêné par ce premier contact spontané. J'avais l'air idiot à la regarder ainsi, sa main contre la mienne, immobile, sans savoir quoi dire, déstabilisé par le toucher de sa peau. Encore un peu et j'allais me mettre à rougir.

« Quel blaireau, je fais. »

— On va se fumer un joint ? proposa-t-elle en grande dame.

— Ça marche.

Elle me vit fouiller mes poches avec désespoir, j'avais oublié ma boulette. Misère.

— T'inquiète, on peut monter chez moi, j'ai de quoi rouler. Ça te va ?

— Bien sûr.

Aurélie habitait à dix minutes du café où nous avions bu quatre pastis chacun. Il était 21 heures, la nuit s'avançait avec douceur, remplaçant l'air lourd par une délicieuse brise marine. Je respirai à fond en essayant d'écarter au maximum mes paupières. Peine perdue, j'étais déjà bien éclaté. Nous n'avions pas mangé et l'alcool ajouté au THC commençait à nous taper sur les tempes.

La belle ne semblait pas plus préoccupée par la faim que ça et je la suivais, traçant son chemin dans un dédale de rues improbables. Rentrer chez Éric ne serait pas simple, mais je n'en étais pas là. Nous étions arrivés.

Les parents d'Aurélie possédaient le dernier étage d'un immeuble cossu de la ville basse. Ils avaient aménagé les greniers en chambre mansardée pour leur fille et en bureau pour le père. Les deux pièces étaient mitoyennes, mais séparées par un fin mur en plâtre, de telle manière que les deux pouvaient cohabiter ensemble sans trop se déranger.

— Mon père est journaliste, il écrit souvent tard le soir, donc c'est cool de pouvoir être indépendante.

Je hochai la tête et pénétrai dans son jardin intime, sans savoir si j'étais le premier visiteur masculin ou au contraire un visiteur parmi tant d'autres à découvrir les murs tapissés de posters de tableaux de Klimt, de Mondrian, de Dalí, et de dizaines de croquis de paysages et de corps nus.

— Je ne savais pas que tu aimais autant la peinture.

— Je dessine pas mal, oui. Installe-toi sur le lit, je t'amène de quoi rouler et une bière, ça te va ?

— Parfait.

Elle descendit un instant, me laissant seul dans sa chambre. La vie réservait bien des surprises. Vingt-quatre heures auparavant, je me voyais déjà au cachot, sans lacets ni ceinture, interrogé sur les activités illégales d'Éric, transpirant et dégoûté, et là, comme par magie, ou grâce à ma bonne étoile, je me retrouvais sur le plumard d'un clone d'Uma Thuman, à attendre qu'elle me serve à boire et à fumer.

14

Séduire une femme tient a peu de chose : lui parler gentiment, la faire rire, l'écouter, lui prendre la main et espérer. Souvent cela ne marche pas, mais de temps en temps le destin vous donne un coup de main, créant les conditions parfaites pour conclure une belle journée et mesurer à quel point tous les efforts du monde valent bien la chaleur du sexe d'une femme.

Dans mon cas, le destin avait pris la forme du père d'Aurélie. Nous avions fumé et bu quelques bières jusque vers minuit quand un bruit dans l'escalier avait annoncé l'arrivée de son paternel.

— Merde, il ne devait pas rentrer ce soir, s'excusa-t-elle en éteignant aussitôt la lumière et en me faisant signe de ne plus parler.

Je restai pétrifié. J'étais totalement éclaté et je me voyais mal dire bonjour à son père. Toujours bloqué sur sa ressemblance avec Mia, l'héroïne de *Pulp Fiction*, j'imaginais le padre sous les traits de Marsellus. S'il débarquait à l'improviste embrasser sa fille, j'étais mort. Je me voyais déjà à terre, le canon du silencieux de Vince Vega enfoncé dans la gorge et l'autre allumé de Jules Winnfield récitant des psaumes avant de me régler le compte.

La belle ne semblait pas plus touchée que ça par l'arrivée surprise de son père. Elle pouffa même en voyant mon air gêné.

— Tu vas devoir rester là jusqu'à ce qu'il descende...

« Pourvu qu'il ne rentre pas dans la chambre, je reste autant que tu veux... »

Aurélie vint s'asseoir sur le lit pour me chuchoter ses ordres :

— Il faut parler tout doucement, essayer de pas faire de bruit...

— OK, mais qu'est-ce qu'on va faire en attendant qu'il parte ?

— Roule un joint et tais-toi.
Elle lança cette dernière phrase avec un sourire ravageur. Je me serais damné pour elle, affrontant tous les Marsellus et les Vince Vega de la terre. Cette nana était démente. Tout en elle me séduisait, et dans le noir je voyais l'éclat de ses yeux me dévorer. Je lui plaisais et je remerciai en silence les forces du destin pour leur aide.
Le spliff roulé, j'allais pour l'éclater quand Aurélie me le prit des mains. Elle l'alluma et me murmura à l'oreille :
— Soufflette ?
Bien sûr ! Elle retourna le joint, enfonçant la partie en train de se consumer dans sa bouche et laissant le carton dépasser de ses lèvres, puis s'approcha de moi. J'avançai mon visage près du sien, quatre centimètres séparaient nos bouches, et je me mis à aspirer la fumée haschischée qu'elle soufflait. L'effet fut immédiat, la fumée atteignant mon système nerveux comme si je tirais un bang, mais en moins dévastateur. C'était trop bon de s'amuser avec elle.
Je lui fis signe de me faire tourner le bédo pour lui souffler à mon tour des volutes de fumée magique. Nos lèvres se rapprochèrent et cette fois se touchèrent. Le contact fut électrique. Mes poils se hérissèrent, ce n'était plus du hasard. Elle m'embrassait.
Je posai le joint dans le cendrier et, mes yeux plongeant dans son regard, j'avançai pour obtenir un second baiser plus long, plus langoureux, plus excitant. Aurélie me repoussa doucement sur son lit et vint se coller à moi tout en faisant remonter sa main sur mon torse. Je continuais à l'embrasser en glissant mes doigts sous son tee-shirt. Je dégrafai son soutien-gorge et commençais à lui caresser les seins. Elle me retint.
— Attends, il y a mon père.
J'arrêtais de respirer pour guetter le moindre bruit. À côté, la lumière était encore allumée et je ne voyais pas comment on allait se débrouiller pour ne pas se faire démasquer. Aurélie s'approcha pour m'embrasser à nouveau.
— La paroi est trop fine pour qu'on fasse plus que ça.
— Ouais, je comprends.
J'étais dégoûté. Je me retrouvais au pieu avec sur moi la nana la plus sexy que j'avais jamais rencontrée, elle me roulait des pelles à faire bander un castra, mais nos corps ne pouvaient pas exulter.
— C'est pas grave, on a tout le temps, mentis-je.
— T'es trop cool, toi. Merci.

Maigre compensation, mais il n'y en avait pas d'autres à espérer. Aurélie se retourna et s'enfonça dans mes bras, collant chacune des parties de son corps délicieux contre le mien dans une position fœtale commune. On s'endormit ainsi, comme deux enfants amoureux dans une version platonique de *Sailor et Lula*.
L'aube se chargea de me rappeler que c'était le jour du grand départ. Je me levai sans faire de bruit. Aurélie dormait profondément. Elle était nue sur le drap. J'admirai pendant de longues secondes les courbes de son corps.
« Tu peux pas partir comme ça, Sacha, c'est impossible. »
Les mots résonnèrent dans ma tête jusqu'à ce que je retrouve l'immeuble d'Éric. Je montai les escaliers en silence, espérant qu'un événement survienne, remettant notre départ au lendemain ou au surlendemain.
Quand j'entrai dans l'appartement je tombai sur Johan, un joint au bec, habillé, le sac fait, prêt à partir.

— J'espérais que tu n'arrives pas trop tard, me lança-t-il doucement pour ne pas réveiller Éric qui ronflait sur la mezzanine.
Je ne répondis pas, préférant me jeter sur le fauteuil pour y cacher mon bonheur et mes espoirs. Je pris un CD pour y effriter de quoi me rouler un gros pet'. Johan s'assit à côté de moi sans dire un mot. Je ne savais pas quoi dire non plus. On était là comme deux idiots, voulant s'avouer un méfait, mais incapables de le formuler. Finalement, c'est Jo qui commença alors que j'allumais mon trois-feuilles.

— Alors ?

— Alors quoi ?

— Alors tu l'as baisée ?

— Putain, Jo, t'es relou.

— Ben quoi, je me renseigne, c'est tout.

Il disait vrai. Il n'y avait ni envie ni amertume dans sa voix, tout juste une pointe d'incertitude qu'il voulait éclaircir. Je ne savais que répondre.

— Tu l'as pas baisée.

— Jo, t'es vulgaire.

— C'est bon, j'ai compris, pas de souci, j'en dis pas plus.

J'aspirai une longue taffe d'aya, savourant comme jamais l'odeur et le goût du marocain.

— En même temps c'est pas plus mal. On peut partir,

maintenant. J'ai prévenu Éric qu'on partirait tôt pour choper la circulation.

— Ouais, justement.

Johan me regarda avec intensité. Il savait ce que j'allais dire, que j'allais le décevoir, le quitter pour quelques jours.

« Je te le promets, ça ne sera pas long. »

— J'aimerais bien rester un ou deux jours de plus.

— Ah ouais ?

— Ben oui. Je surkiffe cette nana, tu vois. Y'a un truc cool entre nous. J'aimerais voir si on peut se mettre ensemble, quelques heures, juste. Tu comprends ?

Jo ne répondit pas. Je le décevais, je me décevais moi-même.

— Allez Jo, râle pas, tu seras vite à Nice et seul tu iras plus vite pour me récupérer.

« C'est moi qui viens de dire ça ? Je suis pathétique. »

Mon ami me regarda avec intensité. Il tendit la main pour récupérer le joint et tira deux grosses lattes consécutives sans recracher la fumée, comme s'il débutait une indienne. Les premiers rayons du soleil dardaient à travers le rideau et venaient jouer avec la fumée du joint. Je ne savais pas quoi ajouter. Johan trouva les mots.

— C'est vrai qu'elle vaut le coup, salaud.

« Oh ! merci mon pote d'être toi. »

Il se leva en souriant et en jetant son sac à dos derrière son épaule. Il partait sans moi.

— Je repasse d'ici quatre ou cinq jours, d'ici là profite bien, papy.

— T'inquiète. Y'a moy' ! Je t'attends. Fais attention sur la route aux gros routiers amateurs de fanzines de fachos. Ils aiment bien traumatiser les gars comme toi.

L'humour ne passait pas. J'avais envie de me lever et de le serrer fort contre moi, lui prouver mon amitié je ne sais pas comment, le remercier pour sa compréhension, mais déjà la porte se refermait sur son départ. J'avais envie de pleurer.

15

La Méditerranée m'avait manqué depuis que nous avions entamé notre *road trip* azimuté. Les enfants de l'océan ne sont pas ceux de la grande bleue. Ici l'horizon est un confident, une ligne de confiance incapable de vous jouer un mauvais tour. Le vent balaie avec régularité un ciel bienveillant. Les mouettes louent la chaleur de l'air et la fraîcheur de la mer.
Là-bas, les vagues et les courants sont fourbes et l'on doit se méfier chaque jour des méfaits de la houle et des marées. Le ciel est haut, les nuages s'y perdent, crachant leurs larmes sans prévenir, comme des enfants gâtés.
Ici les pins sont chez eux depuis des millénaires, ils ont trituré le sol et le sable avec leurs racines, s'installant pour toujours comme des poètes maudits enfin parvenus à trépas.
Là-bas, les pins ont été importés pour fixer le sable, assécher les marais et créer une forêt de toutes pièces où les Allemands ne pénétreront pas. Raisons obscures que notre génération ne peut plus entendre. Nous oublions chaque jour l'héritage de notre histoire, sans un regret, sans un remords, excités par la légèreté de nos natures et l'absurdité de nos sorts. Consommer pour survivre. Travailler pour consommer. Obéir pour travailler. Naître pour obéir.
Allongé sous un soleil couchant, sur la plage de Frontignan, la main dans celle d'Aurélie, tirant avec allégresse sur une pipe de sativa camerounaise, je vidais mon cerveau des injustices de ce monde.
« Mon bonheur est-il au prix de l'indifférence ? »
Refaire le monde contre vents et marées, contre une majorité d'idiots et d'égoïstes, ne rimait pas à grand-chose. S'engager en

politique ? Pour quoi ? Contre qui ? On ne nous laissera pas faire de toute manière. Nos parents ont essayé mais ils se sont fracassé la tête contre la vacuité humaine. Ils ont brisé le rêve d'un autre monde, préférant rentrer chez eux quand le sort de la société pouvait basculer. 1968 est synonyme d'une révolution des idées et des modes de pensée, probablement d'une libéralisation des consciences plus que d'une libération. Une génération a voulu dessiner les contours d'une nouvelle organisation du système qui a abouti à toujours plus d'abrutissement et de servilité. Son échec est patent mais elle le cache derrière des anniversaires célébrant sans cesse le « on y était presque »… Pathétique.

Et comme la mante religieuse dévorant le crâne de son compagnon, ils déclarent l'histoire finie, les excès inutiles à reproduire, les espoirs superflus :

« Tu travailleras, mon fils, il n'y a pas d'autre choix, j'ai essayé vainement de changer les choses, épargne-toi cette déception. »

Voilà pourquoi les événements des années 70 ont tourné en rond. Il aurait fallu avoir un peu de sens critique pour comprendre que les révolutions aboutissent par définition à un statu quo, seules les mutations sont irréversibles. Et pour nous donc, jeunesse post-soixante-huitarde, il ne reste que des miettes d'espoirs flétris, des projets mort-nés, des desseins déchirés, et une rage intérieure infinie.

« Ils ne nous auront pas, les chiens ! »

La répression s'abat contre chaque action visant à affirmer notre liberté et notre insoumission. Nous ne pouvons pas vivre la déformation de nos sens. « Irresponsables », nous répond la société, en pointant un problème de santé publique, ignorant que le cannabis est devenu un fait culturel.

Nous ne pouvons pas vivre de notre art, ni sur la route, ni dans les villes d'aujourd'hui. Utopies absurdes, ricanent les bien-pensants, fiers de leur soumission à un ordre sociétal qui inscrit le travail rébarbatif dans leur code génétique.

Nous ne pouvons pas cultiver d'herbe magique sans nous faire traiter de bandits ou d'hérétiques.

Il ne reste qu'une solution : abandonner la patrie et se dessiner un autre avenir, ailleurs ; prendre son sac à dos et parcourir le pays d'abord, le monde ensuite, vivant du système D à l'instar des bédouins, nomades du désert, pirates de la toundra, corsaires des sables bouillants, de l'enfer peut-être.

Mais le grand départ ne sera pas collectif. Les élus seront les plus courageux, les plus solitaires ou les plus désespérés. J'étais un peu des trois, enfin je le croyais avant de prendre la main d'Aurélie, de baiser sa peau, de sentir ses cheveux. J'y comptais en écoutant Simon et ses amis raconter leur quotidien de paille et d'eau. Je l'espérais avant de comprendre les motivations d'Éric vendant son shit à droite et à gauche afin de réaliser son rêve. J'y aspirais avant de me sentir bien devant la mer, savourant un instant le moment présent.

« Peut-être est-ce ici, la fin de la partie ? »

Peut-être, oui. Au loin devant moi, la mer s'étendait comme un champ de liberté parsemé de quelques voiliers solitaires. La plage de Frontignan m'apparaissait sur le moment comme un havre de paix où je pouvais cuver mes aspirations de liberté.

Ironie de l'histoire, c'est à Agnès que je devais ce sentiment.

Les parents de l'affreuse allumeuse de Jo possédaient en effet une superbe villa donnant sur la plage. En leur absence, Agnès avait proposé d'organiser une petite fête se terminant par une nuit à la belle étoile.

Riche idée, je dus l'admettre, en me retrouvant le corps mouillé, plein de sel et de sable, caressé par les flux et reflux des vaguelettes, allongé à côté d'Aurélie, sur une plage presque déserte.

Le luxe, c'est aussi de pouvoir acheter de la tranquillité, et à ce jeu les parents d'Agnès avaient bien réussi. Leur villa était assez éloignée des parkings publics pour qu'aucun touriste ne vienne troubler notre quiétude.

Je n'aurais jamais ce pouvoir d'éloigner autrui grâce à mon argent, je n'en avais pas, mes parents non plus, et il n'y avait aucune raison tangible pour que cela change, mais je n'étais pas mécontent que le shit m'ait permis de rencontrer Éric et Agnès.

Le haschisch peut-il permettre de dépasser les classes sociales, de rapprocher les enfants de la balle de ceux qui n'ont pas deux balles à dépenser ? L'amitié d'Éric et d'Agnès tendait à le prouver. Ils s'étaient rencontrés autour d'un joint et depuis ne se lâchaient plus. Le dealer de shit et la gosse de riches déliraient ensemble, se voyaient tous les deux ou trois jours, partaient castrer le maïs et suer dans les champs, s'allumer la tête en teknival. Ils étaient inséparables.

— C'est ma bonne conscience, ma fée Clochette, m'avait expliqué Éric un soir à propos de la rouquine, quand je lui

demandais comment il faisait pour la supporter à ses côtés.
« Ils finiront ensemble, si Éric revient un jour de son tour du monde. »
À les voir parler des heures autour du feu que nous avions allumé, préparer les braises pour le barbecue, après avoir organisé l'expédition pour faire des courses au Leclerc du coin, il ne semblait pas y avoir d'autre expectative.
« Pauvre Johan, s'il avait su, il n'aurait pas perdu son temps. »
Jo était loin et nous étions assis en tailleur autour d'un feu ardent, sifflant les canettes d'Heineken comme d'autres boivent des litres d'Évian. Je rallumais ma pipe d'herbe avec un plaisir non feint. Je n'en avais pas fumé depuis que nous avions fini le stock offert par mes cousins et je m'étais réjoui quand Éric m'avait annoncé qu'un de ses potes présents à la soirée ramenait de l'africaine.

— Tu vas voir, Rod a un méchant plan.

Il ne se trompait pas. Le père du pote en question était ambassadeur et disposait, ainsi que sa progéniture, d'une immunité diplomatique et de la valise qui va avec. Au moment d'embarquer dans un avion à l'aéroport de Yaoundé, il passait par un salon spécial où les contrôles de douane étaient inexistants. L'ami d'Éric en profitait pour ramener à chaque voyage une centaine de grammes de camerounaise cachée dans une cartouche de Camel.
J'avais eu du mal à croire cette histoire mais je fumais à présent le fruit de cette embrouille ma foi bien rodée. Éric m'adressa un clin d'œil quand il constata la satisfaction sur mon visage.

— Cette weed me retourne le cerveau, lui soufflai-je, alors qu'un des amis d'Agnès se mettait à jouer un air connu de Noir Désir.

Aurélie se rapprocha de moi et m'entoura de ses bras. Je sentais que nous allions passer une soirée mémorable.
La nuit tomba sans prévenir, une légère brise marine attisa les braises de notre feu et Éric, le chef cuistot de la soirée, lança la série de merguez qui allait remplir nos estomacs et éponger notre ivresse. En attendant de manger à notre faim, les odeurs des saucisses épicées régalaient mon odorat.
Sans un mot, je savourais l'instant présent.

— Tu es bien silencieux, Sacha, lança Agnès, taquine ; déjà trop mort ?

— Non, non, t'inquiète je rêve un peu…

— Ça m'étonne pas de toi.
Complice, Aurélie me baisa la nuque et me fit frissonner. Fanny, Laura et Virginie étaient loin. Je ne pensais plus qu'à la douce Sétoise avec qui je flirtais depuis deux jours. Le sentiment que je ressentais avec elle était étrange, j'avais l'impression d'avoir trouvé une sorte d'âme sœur, de Johan au féminin, mais en bien plus mignonne, évidemment.
Je partageais avec elle de nombreux centres d'intérêt – outre la défonce : la lecture, la musique, le cinéma, la sieste, la quête d'absolu, des rêves d'autre part, un sens de l'humour assez trash, un romantisme gêné et une intransigeance remarquable.
« Hum, qui va te dire qu'il n'aime pas ce que tu partages avec elle, idiot ? Autant demander si les gens sont pour ou contre le sida, la guerre et la faim dans le monde. Une nana comme elle, tu kiffes toutes ses passions… »
La petite voix au fond de mon crâne était d'un machisme désespérant. Je ne voulais pas écouter, ni me résoudre à son point de vue. Je serrai la main de ma belle, excusant en silence les délires de mon inconscient.
L'importateur de sativa s'approcha de nous. Éric lui avait parlé de mon amour de l'herbe et il voulait avoir mon sentiment sur sa ganja.
— Vraiment bonne. On dirait du zamal.
Le compliment toucha Rodolphe, qui sourit de la comparaison de son herbe avec la marijuana réunionnaise, l'une des plus appréciées des amateurs de weed.
— Elle te stone bien la tête et ça d'autant mieux qu'elle est triée.
— Ouais, c'est clair que le principal problème de l'africaine c'est que souvent les graines ne sont pas séparées du reste des têtes…
Nous étions bien d'accord. Il m'expliqua alors comment il s'approvisionnait dans un village près de Douala, où une de ses tantes habitait depuis longtemps.
— C'est toi qui la récoltes ?
— Non, c'est un ami, un Européen qui s'est marié à une fille de là-bas qui produit cette ganja, et il est très minutieux quand à la qualité de son herbe.
— Amen.

Je bourrai ma pipe d'une belle tête de weed, y ajoutai une petite pincée de tabac, et j'embrasai le foyer en aspirant longuement la fumée blanche et opaque. Je sentis l'effet « zap » me prendre le cerveau, endolorissant une partie de mon cortex. Sentiment agréable de confort sensoriel et intellectuel.
Je tendis la pipe à Aurélie qui la termina avant de se lever et de m'indiquer la marche à suivre.

— Viens, on va un peu plus loin.

« Où tu veux, baby. »
Je suivis le corps d'Aurélie et sa voix chaude cassée par les clopes et les joints. Son ombre dansait dans la nuit, répondant au tapis d'étoiles protecteur de nos sentiments. Nous nous éloignions de notre groupe de potes chantant encore des hymnes reggae et les poèmes musicaux de Bertrand Cantat.
Éric m'avait lancé un regard interrogateur, puis protecteur quand il comprit où je partais.
« Mon ami, je m'en vais aimer la vie et une femme sublime, serrer ses hanches menues, baiser sa poitrine d'enfant, pourfendre le creux de ses reins, cracher les dernières forces de mon cœur. »
Nous marchâmes une centaine de mètres pour installer notre nouveau campement, poser un drap frais et un duvet sur le sable doux de la plage. Un peu plus bas, le bruit du va-et-vient des vagues cacherait nos ébats. Je m'allongeai pour admirer la Voie lactée mais Aurélie posa son corps bouillant sur le mien, excitant le dernier souffle de vie qu'il me restait.
Ses baisers sucrés avaient le goût d'une salade de fruits délicieuse. Il y avait dans son haleine un soupçon de framboise, une once de pêche, un brin de banane, un peu de pomme. Un délice.

— Pourquoi tu te défonces autant ?

La question me prit au dépourvu. J'avais envie de tout sauf de parler de moi et de débuter une introspection profonde concernant mes aspirations cannabiques.

— Je sais pas, faudrait que j'y réfléchisse, tentai-je en mordillant le bout de ses lèvres.

— Non, sois sérieux, demanda-t-elle, les yeux brillants et s'enfonçant dans les abîmes de mon cœur.

— Par plaisir, sûrement, et puis aussi pour oublier tout ce que je ne fais pas – comme toi, ajoutai-je, cynique.

— T'es con. Tu veux jamais être sérieux.

— Mais…

— Tais-toi, Sacha.

Elle me coupa la parole en mettant son index contre mes lèvres. La belle ne voulait plus perdre de temps. Deux jours à se courir après, c'était trop. Sa langue lécha le bout de mon nez avant de descendre vers mon menton. Sa bouche baisa mon cou, inscrivant la marque de ses lèvres sur ma peau sensible. Je fermai les yeux pour ressentir encore mieux la douceur de ses gestes. Et puis, inspirée comme les sirènes d'Homère, elle enfonça sa langue humide dans le creux de mon oreille et emplit mon ouïe d'un érotisme divin. Son souffle chaud semblait rythmer les battements de mon pouls. Je chavirai sous les coups de ce violent plaisir.

Je me relevai alors pour l'aimer enfin. Mon sexe, droit, n'attendait que de venir se lover entre ses cuisses ouvertes à mon bonheur.

« Attends. »

Elle attrapa un bout de plastique brillant et carré qu'elle déchira avec ses dents blanches. Préservatif. Je me réjouis de cette initiative mais, sans que je sache pourquoi, la vue de la capote me fit un effet désastreux. Je débandais aussitôt. Horreur.

« Pas maintenant, putain. »

Le contact du plastique lubrifié n'eut pas un effet revivifiant. Loin de là. Continuant d'embrasser de plus belle Aurélie, je cherchai à récupérer ma virilité perdue dans un flot de pensées négatives.

« Je vais pas arriver à baiser. Je suis trop mort. Elle va pas kiffer du tout… Comment tu peux merder comme ça avec une nana au top ! »

Je tentai d'éloigner ces pensées parasites en essayant de me concentrer sur la sensualité dégagée par ma partenaire. Rien n'y fit et les secondes passant comme des minutes d'abstinence finirent par éveiller les doutes d'Aurélie qui chercha avec sa main à comprendre les raisons de mon retard. J'esquivai l'explication en descendant baiser son nombril, caressant d'une main le téton de ses seins blancs et de l'autre tentant de réveiller ma bandaison molle. Je voulais jeter mon désir dans les profondeurs de son plaisir et je plongeai ma langue turgide dans son sexe mouillé.

L'effet fut radical. Il tira de délicieux gémissements à ma belle lascive et réveilla le corps de ma verge couvert de sa robe rosâtre et transparente. Nous pouvions nous aimer. Enfin.

16

La vie sans Jo s'avéra nettement moins drôle. Il n'y avait plus personne pour débiter un flot ininterrompu de conneries toutes plus improbables les unes que les autres. Sans lui, plus personne ne venait réclamer fumer la latte du cow-boy[48] ou mettre à fond *Champion* de Buju Banton. L'appartement d'Éric semblait soudain vide sans le grand échalas chevelu, tireur de bang hors pair, docteur ès fume, maître dans l'art de se défoncer. Nous avions passé plus d'un mois à vivre ensemble sur la route et j'avais l'impression d'avoir perdu mon ombre. Étrange sensation pour un acrobate des sens.

Éric ne paraissait pas troublé outre mesure par le départ de Jo. Il avait d'autres préoccupations professionnelles et artistiques. Un matin il me prévint de son absence :

— Y'a un gros coup de vent aujourd'hui. Mes potes m'ont appelé pour que je vienne shooter leur session de kite surf. Ça te dérange pas de rester cet après-midi ? J'ai des potes qui voulaient passer vers 18 heures pour que je les dépanne.

— Pas de souci, Éric.

— Cool, mec, merci. Je rentrerai peut-être que demain, donc te fais pas de souci, tu fais comme chez toi.

Lui aussi vidait les lieux, me laissant seul face à moi, à mes choix, à mes doutes.

« Et si Jo ne revient pas ? S'il préfère bouger tout seul, maintenant qu'il croit que je peux l'abandonner au premier plan cul venu ? »

Je voyais les jours s'enchaîner les uns après les autres et son absence

48 Dernière bouffée d'un joint ou d'une cigarette.

devenait insupportable. Dans mes pires moments de paranoïa, je l'imaginais me laisser seul, comme un con, bloqué à Sète à scruter l'horizon en espérant apercevoir sa silhouette transpercer l'air. En vain.
Toc, toc, toc.
Les premiers clients d'Éric étaient déjà là. Je montai chercher le cinquante grammes qu'il leur avait préparé.

— J'arrive, criai-je, pour les faire patienter.

Éric m'avait conseillé de ne pas les laisser s'installer si je ne voulais pas qu'ils squattent. Moi, je n'avais envie de rien, si ce n'est de rester tranquille à méditer sur mon sort. Je n'avais pas la pêche, un peu de spleen, je crois. Envie de ne rien faire, de ne voir personne, j'étais à plat. J'allais allumer la télévision et m'abrutir devant toute la journée. Triste programme.

— Salut.

J'ouvris la porte et je me rappelai aussitôt les raisons qui m'avaient poussé à rester : un mètre soixante de charme fatal, deux petits seins à croquer, une robe vert turquoise moulant son corps parfaitement, un sourire à tomber, un regard où se perdre à jamais. Mon cœur s'emballa.
« Une semaine déjà qu'on sort ensemble, et elle me fait toujours le même effet dévastateur ! »

— Hello, miss.

— Je peux rentrer ?

— Bien sûr…

Tout à mes tergiversations silencieuses, je ne lui avais même pas ouvert la porte. Elle passa devant moi et se mit sur la pointe des pieds pour m'embrasser. Je n'avais pas rêvé, je sortais avec une déesse !

— Je pensais que tu resterais ce matin, me reprocha-t-elle avec douceur.

— J'aurais voulu, mais je devais voir si Johan n'avait pas laissé de message.

Je n'avais pas de nouvelles de mon ami depuis une semaine. Pas de nouvelles, bonnes nouvelles, disait-on. Je n'y croyais pas trop. Je me demandais où cet idiot pouvait bien être, craignant qu'il ne soit directement parti à Nantes pour d'obscures raisons.
Peut-être avait-il mal pris le fait que je lui préfère Aurélie, que je le laisse seul prendre la route ; peut-être avait-il eu un accident et

gisait-il dans un fossé en criant mon nom, peut-être ne viendrait-il jamais me chercher, persuadé que nos destins s'étaient séparés. Qui savait ?

En 1995, il n'y avait pas de portables ni de boîtes mail devant lesquels attendre. Tout juste des répondeurs de téléphone fixe, et Éric n'en possédait pas. Alors je guettais la boîte aux lettres et la sonnerie du téléphone.

— C'est trop mignon, se moqua-t-elle, tu ne peux pas te passer de lui une semaine.

Je fus un peu vexé par sa remarque.

— Ben c'est pas ça, mais bon j'ai pas de nouvelles…

— De ?

— Lui.

— Ah !

Je la vis désarçonnée par ma réponse. Elle n'aimait pas cette partie de moi qui lui était inconnue, mais elle n'y prêta pas attention. Elle avait d'autres projets pour nous. Elle me prit par la main et m'emmena sur le canapé pour se blottir dans mes bras.

— T'es tout seul ?

— Oui. Éric est parti faire des photos.

— Cool.

Elle se releva pour me faire face. Elle fit tomber le haut de sa robe sur ses hanches, laissant ses seins pointer vers moi. Elle défit les boutons de mon jean et attrapa mon sexe déjà dur.

— Tu as des capotes ?

— Heu.

« Putain, où est-ce qu'il peut y avoir des préservatifs dans cette piaule ? »

J'avais oublié de passer à la pharmacie en racheter. Il faut dire qu'on en avait consommé un paquet depuis la soirée sur la plage de Frontignan. Nos corps étaient faits l'un pour l'autre et je venais de trouver le seul moyen pour qu'ils ne puissent pas s'aimer.

« Merde. Quel con. »

Aurélie secoua la tête. Ses cheveux tombaient maintenant sur ses seins et lui donnaient un air de madone défoncée, égérie et protectrice de tous les fumeurs de kana du monde.

— Faut que je pense à tout.

Elle se pencha pour attraper dans son sac un bout de plastique lubrifié qu'elle fit glisser avec sa main le long de ma verge. J'ôtai mon tee-shirt et le balançai derrière le canapé. Dans la foulée, j'enlevai mon jean. Elle se leva pour faire tomber sa robe et sa culotte puis se cala sur mes hanches en écartant les cuisses. Son sexe humide m'accueillit avec douceur. Première chaleur. Elle attendit que je sois totalement enfoncé pour commencer à agiter son cul avec douceur et régularité. J'embrassai ses deux seins qui me faisaient face et agrippai ses fesses avec fermeté pour contrôler le rythme de son bassin.

— Fais-moi l'amour, chuchota-t-elle à mon oreille.

« Oh oui, baby, ne me le dis pas deux fois. »

Le canapé d'Éric supporta les premiers ébats de notre après-midi, mais rapidement il ne s'avéra pas assez pratique. On monta donc sur la mezzanine assouvir les envies de sexe qui nous agitaient le corps et l'esprit. C'est fou comme on peut passer sa vie à baiser et à fumer, pour peu que l'on ait trouvé la personne idéale avec qui partager ce style de vie.

Je devais vieillir, car deux mois auparavant je n'aurais pas échangé une soirée entre potes contre une nuit avec une petite, aussi belle soit-elle, et là j'avais laissé filer mon meilleur ami pour une nana.

« Sublime, certes, sensuelle, je l'avoue, intéressante, à n'en pas douter, mais mon frère d'armes, quand même… »

Depuis une semaine, nous ne faisions que ça : l'amour et la défonce. J'avais envie d'elle à chaque fois que je la voyais agiter son corps exotique. Elle me frôlait sans cesse en me demandant de la suivre. Je l'imaginais nue, sexy, érotique, et je plongeais dans ses bras à nouveau, certain de l'issue de nos caresses.

Le matin, le midi, le soir, la nuit, nous étions unis dans une quête frénétique de plaisir. Nous voulions jouir, jouir, jouir. Et quand, repus, nos corps avaient exulté, Aurélie roulait un beau trois-feuilles pour nourrir nos âmes et éveiller nos sens.

Le monde semblait s'être arrêté devant la beauté de nos ébats mais le temps continuait sa route, inexorablement.

Allongé sur le matelas, mon ventre contre son dos, allant et venant dans le creux de ses reins, je ne pensais plus qu'à elle, et à nous, à son corps doré, chaud et sucré, à ses coups de reins, à ses caresses feutrées, à ses mains lutines, à ses gémissements adorables. L'espace de cet instant magique, Jo était loin, Éric aussi, mais ses clients se rappelèrent à ma mémoire au mauvais moment.

Bam, bam, bam.

— Y'a quelqu'un qui frappe, m'arrêta Aurélie alors même que j'allais rendre mes dernières forces.

— Merde, ils peuvent pas attendre cinq minutes, pestais-je avant de crier : j'arrive, une seconde.

Je mis plus d'une minute à leur ouvrir la porte et ils pénétrèrent dans la pièce, le regard suspicieux. Devant eux, un désordre habituel répondait à la surprise de ne pas voir Éric les recevoir. Aurélie était encore en haut, cachée sous les draps, reprenant un souffle que j'avais perdu entre ses jambes.

— Éric vous a préparé un bout et m'a demandé de vous le passer… Il ne pouvait pas être là ce soir, il avait une course à faire.

Je n'avais jamais vu les deux types qui attendaient leur cinquante. Ils ne payaient pas de mine avec leurs claquettes aux pieds, leurs shorts Adidas et leurs polos rayés, mais depuis l'histoire de la BAC j'évitais de me faire une idée sur les gens en fonction de leur tenue vestimentaire. Je leur tendis le bout de shit en leur faisant comprendre qu'ils ne pouvaient pas rester squatter chez Éric.

— OK, merci, répondit le plus grand des deux en tournant les talons pour s'en aller.

— Vous n'oubliez rien ?

— Heu, non, je crois pas, dit le plus petit en tâtant ses poches pour vérifier leur contenu.

— Ben si, je crois, les sous, dus-je préciser.

— Ah oui, bien vu, s'excusa le plus grand. Tiens voilà, y a le compte.

Il me tendit une liasse de billets que je recomptais avec attention. Un, deux, trois, dix billets de cent, le compte était bon. Ils pouvaient partir. Je refermai la porte derrière eux et pris une bouteille d'eau fraîche dans le frigo. J'avalai de longues gorgées quand j'entendis une voix chantante me demander :

— Je savais pas que tu faisais du business…

Je remontai avec la bouteille pour découvrir Aurélie, le dos appuyé contre un coussin, la poitrine en avant, excitante comme jamais, les pieds tendus prolongeant les formes de ses jambes écartées d'une manière si outrancièrement sensuelle que je redescendis aussitôt, prétextant un oubli quelconque.

« Elle va me faire claquer. »

— Mais non, je rends juste service à Éric.

— En tout cas je t'ai trouvé supersexy en dealer d'appartement.

Enroulant le drap du lit autour de son corps, à l'instar d'une grande prêtresse romaine, elle avait quitté son royaume pour me suivre dans le salon.

— Tu te fous de moi ?

— Pas du tout, répondit-elle avec sérieux. On aurait dit que tu avais fait ça toute ta vie.

Et pour se moquer, elle prit une voix grave et m'imita en train de dire « Vous n'oubliez rien ? »

— Une vraie réplique de Scorsese.

— Salope.

Je lui sautai dessus pour la punir de son effronterie. On se battit avec amour de longues secondes, échangeant fessées contre morsures, griffures contre suçons, baisers contre caresses. Elle allait me rendre dingue, nue et belle comme cela. Épuisé par ses chatouilles vicieuses, j'abandonnai le premier, et elle exulta, victorieuse, les bras tendus vers le ciel avant de retomber et de s'allonger contre moi sur le canapé.

— Je peux rouler ?

— Tu sais où trouver le bédo. Je te laisse gérer.

« Pauvre gouvernement qui n'a pas encore compris que Marianne s'appelle désormais Marie-Jeanne. »

Le téléphone sonna à ce moment-là et je décrochai, fébrile. Johan, enfin ? Je croisai les doigts, priai ma bonne étoile, jurai de ne plus fumer si c'était lui. Tricheur !

— Sacha ?

— Oui.

— C'est Éric. Écoute, je vais pas rentrer, finalement, je voulais te prévenir.

La déception me coupa l'usage de la parole, deux longues secondes. Je respirai pour répondre, un peu dépité.

— OK.

— Tout va bien à la maison ?

— Oui, oui, nickel.

— Les gars sont passés ?

— Ouais, t'inquiète.

— Cool. T'es avec Aurélie?

— Oui.

— OK, bon ben tu t'ennuieras pas tout seul, alors, c'est parfait. Embrasse-la et passez une bonne soirée.

— Ça marche. À demain.

— À demain, bye.

Aurélie s'approcha de moi et enroula ses bras autour de mon torse. Son contact me donna la chair de poule.

— C'était Éric, il ne rentre pas ce soir, lui annonçai-je.

— Génial, on a l'appart' pour nous tout seuls !

Il n'y avait pas d'autres mots. La nuit pouvait s'avancer, nous étions ses enfants alambiqués, avides de jeux sans conséquences. On commanda une pizza quatre fromages et quelques bières pour passer une soirée en amoureux et reprendre quelques forces.

« Le romantisme ne se trouve pas dans les cadres des tableaux, mais à l'intérieur, dans les personnages. »

Peine perdue, nos corps avaient besoin de souffler. Aurélie sombra un peu avant minuit et je « comatais » une ou deux heures de plus en bas, essayant d'imaginer où Johan pouvait bien se trouver. Je n'arrivais pas à m'ôter son souvenir de la tête. Sans réponse précise, je montai trouver du réconfort auprès de ma belle. Un dernier joint pour la route, et surtout pour pioncer. Enfin.

La brume vaporeuse de THC censée m'emporter dans des univers lointains prit bien soin de m'éviter. J'enrageais en tournant et retournant mon insomnie. L'absence de sommeil était à la fois excitante et terriblement désespérante. Humaine. Est-ce que j'aimais ces duels à répétition contre le silence ? J'évitais de me poser la question. Ils s'imposaient à moi comme les tréfonds de mon âme.

La nuit blanche restait le négatif improbable de la normalité, un instant inaliénable de perturbation sensorielle constitutive des rêveries agitées des hommes seuls ou tourmentés. Pourquoi moi ? Je délirais, il valait mieux se lever.

À quatre heures du mat', j'embrassais le front d'Aurélie sans la réveiller. Son visage d'ange diabolique était éclairé par les derniers rayons du croissant de lune. Il semblait me souhaiter bon vent. Je me levais doucement sans faire de bruit. Je pris des clopes et la boulette dans la poche de mon jean pour me rouler un dernier spliff avant de dormir. Un bon joint de libanais fumé à la fenêtre ne pourrait pas me faire de mal.

Dehors la rue était silencieuse, pas une voiture ne venait troubler le calme de la nuit. Dans un peu moins de deux heures le quartier se réveillerait et l'agitation quotidienne reprendrait. Je serai peut-être encore debout, à guetter. Qui sait ? Je m'imaginais alors apercevoir au coin de la rue un scooter rouge portant Johan et ses longs cheveux bruns. Je le voyais déjà avec son sourire complice et ses yeux brillants me crier de me dépêcher.

— On a de la route, mon pote !

J'étais bien, ce matin, je n'avais pas besoin de sommeil, en fait. Jo allait débarquer et je ne voulais pas le rater. Je me préparai un nouveau joint et allumai la télévision pour voir quel navet français passait à cette heure improbable de la vie.

« Putain, j'y crois pas ! »

C'était *Les Frères pétard*.

FIN

PLAYLIST

Alabama Song (Whisky Bar), The Doors
(*The Doors*, Elektra/Rhino)

Les Écorchés, Noir Désir
(*Veuillez rendre l'âme (à qui elle appartient)*, Barclay)

En route pour la joie, Noir Désir
(*Du ciment sous les plaines*, Barclay)

Not an Easy Road, Buju Banton
(*Til Shiloh*, The Island Def Jam Music Group)

Complaint, Buju Banton and Garnett Silk
(*Til Shiloh*, The Island Def Jam Music Group)

Licensed to III, Beastie Boys (Def Jam)

Sabotage, Beastie Boys
(*III Communication*, Blue Note)

Hits From the Bong, Cypress Hill
(*Black Sunday*, Columbia Tristar)

The Man Who Sold the World, Nirvana
(*MTV Unplugged in New York*, UMG Recordings)

Doggystyle, Snoop Doggy Dogg (Death Row / Interscope / Atlantic)

Kingston Town, UB40
(*Labour of Love II*, Virgin Records)

Ginette, Têtes Raides
(*Not Dead But Bien Raides*, Tôt ou Tard)

Gino, Têtes Raides
(*Les Oiseaux*, Tôt ou Tard/Warner Music France)

Luna, Têtes Raides
(*Les Oiseaux*, Tôt ou Tard/Warner Music France)

Emily, Têtes Raides
(*Les Oiseaux*, Tôt ou Tard/Warner Music France)

Mala Vida, Mano Negra
(*Patchanka*, Boucherie Productions)

Sous le Soleil de Bodega, Les Négresses Vertes
(*Famille Nombreuse*, Capitol Music, EMI Music France)

Porcherie (*La Jeunesse emmerde le Front National*), Bérurier Noir
(*Concerto pour détraqués*, Bondage Records)

Salut à toi, Bérurier Noir
(*Concerto pour détraqués*, Bondage Records)

Une image, Mano Solo
(*Les Années sombres*, East West France)

Marcia Baila, Rita Mitsouko
(*Rita Mitsouko*, Virgin Records)

C'est comme ça, Rita Mitsouko
(*The No Comprendo*, Virgin Records)

Legalize It, Peter Tosh (Virgin/CBS)

Exodus, Bob Marley & The Wailers (Island Records)

Zion is a Vision, Garnett Silk
(*Gold*, Charm)

Burnin', The Wailers (Island Records)

Murderer, Buju Banton
(*Til Shiloh*, The Island Def Jam Music Group)

Champion, Buju Banton
(*Til Shiloh*, The Island Def Jam Music Group)

Praise Ye Jah, Sizzla
(*Praise Ye Jah*, XTerminator)

One Thing, Anthony B
(*So Many Things*, VP Records)

Raid Di Barn, Anthony B
(*Real Revolutionary*, Greensleeves)

J'entends parler, Raggasonic
(*Raggasonic*, EMI France)

Bleu blanc rouge, Raggasonic
(*Raggasonic*, EMI France)

Légalisez la ganja, Raggasonic
(*Raggasonic*, EMI France)

Aiguisé comme une lame, Raggasonic
(*Raggasonic*, EMI France)

Bam Bam, Chaka Demus & Pliers
(*Tease Me*, Island Records)

Jah Heavy Load, Ijahman Levi
(*Haile I Hymn (Chapter One)*, Island Records)

Are We a Warrior, Ijahman Levi
(*Are We a Warrior,* Island Records)

Marcus Garvey, Burning Spear
(*Marcus Garvey*, Island Records)

Garvey's Ghost, Burning Spear (Island Records)

Spanish Caravan, The Doors
(*Waiting for the Sun*, Elektra)

Here I Come, Barrington Levy
(*Here I Come*, Time I Records)

J'appuie sur la gachette, NTM (Epic)

Brigitte femme de flic, Ministère A.M.E.R
(*Pourquoi Tant de Haine*, EMI France)

Jump Around, House of Pain
(*House of Pain,* Tommy Boy)

ALEXANDRE GRONDEAU
SÉLECTION NATURELLE
UN ROMAN CAPITALISTE
LA LUNE SUR LE TOIT

John, Yan et Jean ont des quotidiens et des parcours professionnels très différents, mais ils arrivent tous les trois à un moment clef de leur vie.

John est un avocat d'affaires sur le point de devenir associé monde dans un grand cabinet. Yan, un petit dealer toujours dans les embrouilles et les galères. Jean, enfin, est un retraité qui vient d'apprendre que ses jours sont comptés. Malgré leurs différences, ces trois antihéros se débattent dans les contradictions de la société de consommation, seuls face à un choix qui met leur conscience et leur intégrité à rude épreuve : écraser les autres ou se laisser écraser.

Sélection naturelle, un roman capitaliste est le récit de leurs destins et de leurs aventures entremêlés, de leurs états d'âme, leurs hésitations, leurs lâchetés et leur humanité. Il les place devant leurs paradoxes, leur égoïsme, leurs espoirs aussi, et posent les deux seules questions qui importent. Peuvent-ils arrêter la machine bien ordonnée qui les broie ? Jusqu'où accepter la compromission dans ce système devenu fou ?

Sélection naturelle, un roman capitaliste est un roman à l'image de notre société : noir, jouissif, amoral.

Plus d'infos et de surprises sur www.selectionnaturelle-lelivre.com

ALEXANDRE GRONDEAU
PANGÉE

Pangée est un jeune homme de trente ans qui n'aime pas la religion. Il moque les croyants, leur foi, leurs rituels, et déteste plus que tout les Églises et leurs clergés. Au détour d'une rue, une voiture le percute et le tue. Il se retrouve alors aux portes du Paradis et mesure la folie de ses erreurs : Dieu existe, son royaume aussi, et, dans sa grande miséricorde, il l'accepte à ses côtés.

Pangée pénètre donc dans l'au-delà et débute une série d'incroyables découvertes : le jardin d'Éden est parsemé de ronces et de mauvaises herbes, il n'a pas été entretenu depuis des siècles. Le paysage est apocalyptique : les ruisseaux et les rivières sont à sec, les fleurs fanées, les arbres morts, aucun animal ne vient perturber un silence lourd et inquiétant. Et puis il y a ces drôles d'angelots qui le regardent de loin mais s'enfuient toujours à son approche. Mais où sont les autres élus ?

Nulle part…

Le jeune homme apprend qu'il est le premier être admis depuis plus de deux mille ans et qu'il n'y a Ici-Haut ni femmes, ni compagnons, personne à qui confier ses espoirs de vie éternelle. Allant de surprise en surprise, Pangée entame une longue quête pour comprendre les dérèglements du Paradis.

Tout au long de son voyage, il réalise qu'il ne pourra compter que sur lui-même, que Dieu existe ou non.

Plus d'infos sur www.pangee-lelivre.com

Photos : © Julien Montenero
Illlustration : © Smithore - Fotolia
Composition : © Mickaël Lasry
–
Achevé d'imprimer en novembre 2014
par l'imprimerie SEPEC
01 960 PERONNAS
pour le compte des Éditions La Lune sur le Toit
Dépôt légal : décembre 2012
(Imprimé en France) - 13094141102

IMPRIM'VERT®

PEFC™ 10-31-1470 / Certifié PEFC / Ce produit est issu de forêts gérées durablement et de sources contrôlées. / pefc-france.org